FETT
NÄPF
CHEN
FÜH
RER

CON
BOOK.

Aufgewachsen im Schwarzwald, unterrichtete **Karin Kaiser** nach einem Kunst- und Pädagogikstudium viele Jahre an Berliner Schulen. In ausgedehnten Zwischenzeiten leitete sie ein Berliner Filmkunsttheater, organisierte Filmreihen und Festivals und leitete ein experimentelles Theater in der Off-Szene.

Die Mitarbeit an einem Soundprojekt führte sie nach Indien – seitdem lässt sie die Liebe und Faszination für das Land und seine Menschen nicht mehr los. Auf zahlreichen Reisen und bei der Zusammenarbeit mit verschiedenen humanitären Projekten lernte Karin Kaiser Indien von allen Seiten kennen. Aus ihrer jahrelangen Erfahrung heraus beleuchtet sie in ihrem Schreiben sowohl die liebenswerten Eigenheiten als auch die Schattenseiten einer der vielfältigsten Gesellschaften der Welt.

INDIEN

FETTNÄPFCHENFÜHRER

BE HAPPY ODER DAS _NO-PROBLEM_-PROBLEM

KARIN KAISER

FSC
www.fsc.org
MIX
Papier aus verantwortungsvollen Quellen
FSC® C083411

8., komplett überarbeitete und aktualisierte Auflage

www.conbook-verlag.de

Projektleitung und Lektorat: Julia Kaufhold
Einbandgestaltung: Weiß-Freiburg GmbH – Graphik & Buchgestaltung unter Verwendung eines Motivs von © istockphoto.com/Mlenny
Satz: Röser MEDIA, Karlsruhe
Druck und Verarbeitung: CPI books GmbH, Leck

Printed in Germany

ISBN 978-3-95889-176-0

Für Ben

INHALT

VORWORT

Indien ist eine Herausforderung. Es überwältigt unsere Sinne, lässt uns hinschmelzen angesichts der Kraft und Schönheit der Natur, dem Zauber der Paläste und Tempel, der Lebendigkeit und Liebenswürdigkeit der Menschen, während es uns gleichzeitig abstößt durch das Elend, das grausame Kastensystem, durch Chaos, Schmutz und Lärm in den Städten. Indien überfällt uns, verunsichert uns, macht uns oft hilflos und manchmal auch wütend.

Irritierend, das ist das Wort, das vielleicht am besten bezeichnet, wie das Rätsel Indien auf uns wirkt. Tatsächlich stimmt, was immer wieder gesagt wird: Auf Indien trifft jede Aussage ebenso zu wie ihr Gegenteil. Die gesellschaftlichen Gegensätze und die inneren Widersprüche sind extrem verwirrend. Indien ist für unseren westlichen Verstand eine Zumutung. Uns fehlen Kategorien, mit denen wir das, was wir erleben und wahrnehmen, einordnen und sicher verwahren können. Wir können uns nicht auf bereits Gewusstes und bereits gemachte Erfahrungen beziehen. Denn, so fragen wir mit dem indischen Autor und Politiker Shashi Tharoor: Wie können wir uns wirklich einem Land der Schneegipfel, Dschungel, Wüsten und Meere nähern, einem Land mit über 20 Amtssprachen, Hunderten von Regionalsprachen und unzähligen Dialekten, einem Land von über einer Milliarde Menschen der verschiedensten Religionen und Kulturen? Wie können wir ein Land verstehen, dessen Bevölkerung einerseits zu mehr als einem Viertel aus Analphabeten besteht und das andererseits in der Vergangenheit unschätzbare wissenschaftliche Leistungen und heute einen sich rasant entwickelnden IT-Sektor hervorgebracht hat? Wie wollen wir die Realität der aus den Nähten platzenden Städte erfassen, während gleichzeitig vier von fünf Indern ihren Lebensunterhalt mühselig der nackten Erde abringen?

Indien ist anders!

»Indien ist ein Land voller Gegensätze, ein gigantischer Subkontinent, der in vielen Jahrhunderten gleichzeitig existiert.« So beschreibt die indische Historikerin und Feministin Urvashi Butalia ihr Land. Unser Maßstab des *Western Way of Life* ist ungeeignet, um sich diesem Land zu nähern. Indien funktioniert aus anderen Tiefen der Geschichte. Jahrtausendealte Mythen und Bilder sind heute noch immer lebendig und prägen das Bewusstsein des ganzen Volkes, ob im Norden oder Süden, ob arm oder reich, ob hochgebildet oder ohne jede Bildung.

Wenn wir wirklich bereit sind, uns für diese fremde Welt zu öffnen, kann es gelingen, uns mit dem Anderssein, dem Fremden zu verbinden. Es besteht die Chance, im Austausch unserer Verschiedenheit mit den Menschen dort Gemeinsamkeit zu schaffen und so Indien wirklich zu begegnen. Dann wird Indien uns aufnehmen und uns beschenken. Und vielleicht geht es uns dann wie Hermann Hesse: »Wer einmal nicht nur mit den Augen, sondern mit der Seele in Indien gewesen ist, dem bleibt es ein Heimwehland.«

INTRO

ALMA UND FRIEDRICH

»Ich hab sofort zugesagt!« Alma stürmt die Stufen hinauf, wirft sich Friedrich, der in der Tür steht, in die Arme. »Indien! Indien!«, jubelt sie. »Stell dir vor, ich werde den Auftrag erledigen, meinen ganzen Urlaub dranhängen und das Land von Norden bis Süden kennenlernen!«

Friedrich schiebt sie behutsam auf Armeslänge von sich: »Alma, das ist großartig!«, und indem er ein Auge zukneift: »Ich schätze, da wird sich Indien warm anziehen müssen!«

»Mensch, Friedrich, was bist du onkelhaft!« Alma fasst ihn um die Taille. »Ich werde arbeiten, ernsthaft arbeiten und mit Verträgen für die genialste Softwareentwicklung *ever* zurückkommen.«

Friedrich wackelt indisch mit dem Kopf. »*Boss will be happy!* Und, Alma, solltest du das vergessen haben – ich *bin* dein Onkel.« Er legt ihr den Arm um die Schultern: »Weißt du, ich sehe dich immer noch kaum ein Jahr alt, unfähig einen Schritt vor den anderen zu setzen, wie du losgestürmt bist – und nach anderthalb Metern, zack, auf der Nase gelegen hast.«

Alma macht sich los und lacht: »Ganz schön draufgängerisch, oder? – Mmmh.«

Sie beugt sich über den Küchentisch, wo rote Chilischoten, Zucchini, gelbe Paprika und Möhren appetitliche Leuchtsignale senden. Mit einer Mohrrübe stupst sie Friedrich vor die Brust: »Sieh mich an. Ich bin jetzt Mitte dreißig«, sie pflanzt sich die Möhre ins Gesicht, »und die Nase ist immer noch dran.«

Friedrich grinst und zieht einen Korbstuhl zum Tisch.

»Außerdem«, fährt Alma fort, »bin ich viel rumgekommen seither, oder?«

»Unbedingt, Meisterin des Universums.« Friedrich deutet eine Verbeugung an und drückt Alma sanft auf den Stuhl. »Und ich sage dir, Indien ist größer. Die Superklasse der Meisterinnen.« Er reicht ihr ein Küchenmesser und ein Büschel Grünes: »Koriander. Schnippeln!«

Mit zärtlichem Blick schaut er auf Almas Kopf, der über das Schneidebrett gebeugt ist. Er greift nach einer Paprikaschote und holt tief Luft: »Alma, Indien ist ein ganz anderes Kaliber als alles, was du bislang erlebt hast.«

Almas Kopf schnellt hoch: »Richtig.« Mit dem Messergriff klopft sie auf den Tisch. »Exakt *mein* Kaliber!«

Energisch zupft sie Blättchen von einem Korianderstängel, und mit einem Mal ist die Luft von einem bittersüßen Duft erfüllt.

Sie hält abrupt inne und tätschelt Friedrichs Arm: »Damals in den Sechzigern auf eurem Trip durch Indien wart ihr doch Babys, aufgezogen hinter den sieben Bergen, ohne Internet, ohne Welt. Ich bin anders, *wir* sind heute anders. Ich geh da hinaus, es ist das einundzwanzigste Jahrhundert, und ich bin vorbereitet.«

Alma packt das Messer und mit gezielten Schnitten zerteilt sie die zarten Blättchen. Friedrich wiegt die Paprika in seiner Hand. Er muss lächeln, als er Alma betrachtet, wie sie so verbissen auf den unschuldigen Koriander einhackt, eine Falte aus Trotz, Widerstand und Rechthaberei über der Nasenwurzel. Er nickt. Diese wilde Kratzbürste, die vor Lebendigkeit nur so funkelt, würde er niemals zähmen, so viel steht fest. Und wenn er ehrlich ist, er will es auch gar nicht.

»Indien bleibt immer Indien«, setzt er dennoch nach. »All die rasante Entwicklung, die ich die letzten Jahre gesehen habe, wenn ich bei Suriya in Südindien zu Besuch war, kann das nicht überspielen. Und«, er streckt die Hand aus, »Friede. Ich verspreche: ab hier, vortragsfreie Zone.«

Alma streicht das geschnittene Koriandergrün mit der Handkante in das bereitgestellte Schüsselchen, dann hebt sie den Kopf und mit einem Lächeln schlägt sie ein. Sie hält Friedrichs Hand fest und zieht ihn auf den Stuhl neben sich: »Eines möchte ich aber doch noch wissen: Wie war das damals für dich, diese Geschichte mit dem heiligen Mann? Diesem orangerot gewandeten, unterwegs ins Nirwana.«

»Ach«, Friedrich zieht die Augenbrauen hoch, »daran erinnerst du dich noch?«

Alma nickt.

Er greift sich in den Nacken, überlegt und stützt dann die Ellbogen auf die Knie: »Mein Gott, war ich erschöpft damals. All das Elend, die Armut, das Chaos – und diese Schönheit. Das Nichtverstehen hat mich ausgebrannt. Und dann war da dieser zerlumpte Mann, mit Schmutzkrusten auf der Haut. Er sei ein Anhänger Shivas, hieß es. Hat mich angesehen, Augen wie Kristalle. Mit seinem harten Englisch, seinem harten Daumen und mit Asche hat er mir die Worte in die Stirn gerieben: *You take India nice and slow!* Immer und immer wieder. Und die Asche ist in meine Augen gerieselt, und Tränen sind geflossen.« Er richtet sich auf und sieht Alma mit einem langen Blick direkt in die Augen: »Ich habe mich immer daran erinnert. Alles war anders danach.«

Alma neigt sich zu Friedrich, nähert ihre Stirn der seinen und flüstert: »Das nehm ich mit. Danke.« Und während sie aufspringt und nach den Zucchini greift: »Rufst du mich an, damit ich's nicht vergesse?« Mit Daumen und kleinem Finger simuliert sie ein Handy an ihrem Ohr: »Stell dir vor, die haben jetzt Buschtelefon da unten.« Sie dreht den Wasserhahn voll auf. »Und übrigens, auf der Hochzeit der Tochter deines Freundes Suriya vertrete ich dich gerne, aber die Idee mit dem Cousin der Braut, diesem Karthik, als Reisebegleitung – das kannst du komplett streichen.«

»Alma …«

»Nein!« Sie stößt prustend Luft aus. »Entschuldige mal, ich brauche wirklich kein Kindermädchen!« Blitzschnell dreht sie sich um: »Kapiert?!«, und schleudert eine Zucchini quer durch die Küche. Friedrich erwischt sie mit einem Hechtsprung, kurz bevor sie am Kühlschrank zerschellt wäre.

»Genau!«, ächzt er. *»Forever nice and slow!«*

1 EINREISE? *NO PROBLEM!*

DER INDISCHE PAPIERTIGER

Alma, auf den Knien, kauert neben dem Immigrationsschalter. Um sie herum, wie nach einer Explosion verstreut, der Inhalt ihrer Tasche.

»Dieser blöde Wisch!«, schnaubt sie. »Will ich hier etwa meine Einbürgerung beantragen? Oder was?«

Mist! Offensichtlich hat sie das obligatorische Einreiseformular – tausenderlei Fragen auf einem winzigen Zettel – im Flugzeug vergessen. Nach zehnstündigem Flug um drei Uhr früh auf dem Indira-Gandhi-Flughafen in Neu-Delhi, nach einer gefühlten Ewigkeit in der Ausländerschlange mit einem Vorgeschmack auf das Schneckentempo der indischen Bürokratie vernebelt Müdigkeit Almas Kopf.

Endlich hat sie ein Ersatzpapier für das vergessene Einreiseformular ausgefüllt und sich erneut am Ende der Schlange eingereiht. Wieder fixiert sie der Beamte missmutig. Mit herablassender Miene blättert er vor und zurück im Pass, hält das Visum dicht vor seine Augen, setzt den Stempel aufs Stempelkissen, legt ihn wieder ab und starrt ihr ins Gesicht. Alma blinzelt. Stimmt etwas mit ihrer Augenfarbe nicht? Jetzt blättert er wieder. Almas Fußspitze tappt auf den Boden, ihre Nackenmuskeln spannen sich an. Mit geradezu übermenschlicher Anstrengung hält sie zurück, was ihr ganz vorne auf der Zunge liegt und was sie Autofahrern, die in zugeparkten Straßen millimeterweise vorankriechen, gerne aufmunternd zuruft: »*Come on, baby*, du schaffst es!«

Neidisch blickt sie auf die Inder, die lässig und zügig den Schalter für *residents* passieren und, wie Alma findet, mit einem aufreizend triumphierenden Lächeln zu ihr herüberblicken. Doch, jetzt! Tatsächlich ergreift der Beamte den Stempel und nach einer weiteren zögerlichen Schweberunde landet dieser mit einem Knall wie ein Startschuss auf den Seiten des Visums.

Vor lauter Erleichterung strahlt Alma den alten Miesepeter an, der schon mit allerknappster Handbewegung den nächsten Reisenden heranwinkt.

»*Bye, bye!*«, flötet sie und eilt erlöst Richtung Gepäckausgabe.

Am Kofferband herrscht Hochbetrieb. Rumpelnd und polternd trifft Koffer auf Koffer über die Rutsche ein. Gepäckkarren, kreuz und quer vor dem Band geparkt und teilweise schon turmhoch bepackt, versperren Alma den Weg. Auf Zehenspitzen tänzelnd versucht sie, ihren Koffer auszumachen. Der vertraute dunkelgrüne ist nicht zu entdecken. Ihre Augen brennen vor Schlafmangel und den Nachwirkungen der Desinfektionswolke, die kurz vor Verlassen der Maschine wie eine Unkrautbekämpfungsmaßnahme von den indischen Stewardessen über alle Passagiere gesprüht wurde. Bei dem Gedanken daran wallt in Alma noch einmal Empörung auf: Kommt sie nicht aus einem geradezu keimfreien Land? Und besucht sie nicht einen zugegebenermaßen von vielen Plagen heimgesuchten Subkontinent? Wie kann es sein, dass *sie* desinfiziert werden muss? Irgendwie setzt das ganze Empfangsprogramm ihren freudigen Erwartungen einen Dämpfer auf.

Jetzt stoppt die Kofferrutsche. Und wo ist nun ihr Koffer? Sie drängelt sich nach vorne – nichts! Sie hat es ja geahnt! Hier steht sie nun in Delhi, und ihr Koffer wurde einfach nach Vancouver durchgecheckt. Oder Sydney. Alles verloren: ihr weißes Kostüm für den Vortrag bei der Konferenz, ihr neuer Bikini, ihre Sonnencreme Lichtschutzfaktor 50 – ach, ach, ach.

»*No problem!*«, tönt es da von der Seite.

Alma wendet sich nach links. Aber hallo, klar gibt's hier ein Problem, möchte sie sofort gereizt dagegenhalten, doch augenblicklich steigt warme Freude in ihr auf, als ihr ein breites Lächeln entgegenblitzt, viele weiße Zähne und strahlende dunkle Augen.

»*No problem. Coming, coming!*«, beruhigt sie kopfwackelnd der Inder neben ihr, der mit weicher Geste in Richtung der stillstehenden Kofferrutsche wedelt.

Problem hin oder her, plötzlich fühlt Alma sich glücklich. Da hat Indien echt hart daran gearbeitet, dem sich womöglich überlegen fühlenden *firangi* (Weißer/Fremder) die kalte Schulter zu zeigen, mit giftigen Dämpfen, kleinkrämerischer Bürokratie und arroganten Staatsdienern – und was hat's genützt? Gar nichts! Ein einziges herzliches Lächeln plus liebenswürdigem Wortgeklingel, und Alma fühlt sich willkommen und freundlich aufgenommen.

Und Wunder über Wunder, nach weiteren zehn Minuten setzt sich die Kofferrutsche abermals aufheulend in Bewegung und speit drei Nachzügler aus, darunter Almas grünen Koffer, den sie mit einer überschwänglichen Umarmung vom Band stemmt.

In der Ankunftshalle empfängt Alma dröhnender Lärm. Massen dunkler Menschen drängen gegen Barrieren, schwenken Schilder mit aufgemalten Namen, winken, rufen, schreien. In Almas Kopf dreht sich alles. Klar, Indien hat mehr als eine Milliarde Einwohner, meldet ihr Verstand, aber warum sind die verflixt noch mal alle hier? Ihr inneres System funkt Alarm: Nix wie weg!

Widerstandslos lässt sie sich vom strudelnden Strom der Reisenden fortspülen. Undeutlich taucht in ihr der Gedanke auf: Geld wechseln? Ach, später! Sie hat ja noch die 2.000 Rupien, etwa 24 Euro, die ein Kollege ihr zugesteckt hat, Überbleibsel von seiner letzten Indienreise. Erst mal raus hier!

Schiebende, schubsende Menschen bugsieren sie auf den Vorplatz. Die Nachtluft, die ihr entgegenschlägt, ein feuchtheißes Tuch, nimmt ihr den Atem. Ihre Wolljacke, Rettung während des tiefgekühlten Flugs, umschließt sie wie ein Panzer. Und plötzlich hat sie das Gefühl, in einen Mahlstrom gerissen zu werden. Überfallartig umringen sie gestikulierende Männer, sie drängeln, überschreien sich: »*Taxiiiii! Taxiiiii, Madam!*«. Einer zerrt an ihrem Koffer, ein anderer versucht sie in die Gegenrichtung zu schieben, ein Dritter reißt an ihrer Jacke: »*Come! Come!*«

Dunkle Hände fuchteln vor ihrem Gesicht herum. Alma möchte laut schreien, aber unter dem Angriff versagt ihr die Stimme. Wie ein Schwimmer ans rettende Ufer wirft sie sich auf den Rücksitz eines Ambassador-Taxis, dessen kleiner, flinker Fahrer die Autotür aufgerissen hat, und hievt ihren Koffer neben sich. Entkommen!

What's the problem?

»Alma, *India nice and slow* – das war wohl nix«, seufzt Friedrich.

Alma hat sich ihren Start durch ihre Ungeduld und Anspannung ganz schön erschwert. Verständlich, wenn man die Umstände betrachtet. Und schon ganz zu Beginn wird klar, was Indien für uns alle bereithält: eine Lektion in gelassenem Annehmen aller möglichen und unmöglichen Situationen. Wir lernen, dass wir Kräfte sparen, wenn wir langsam und weich reagieren und den indischen Schwingungen Zeit geben zu wirken. Hat sich die angespannte Situation am Kofferband nicht schließlich in Wohlgefallen aufgelöst? Glauben Sie mir, immer wieder wird es Alma so ergehen: Chaotische, nervenzerfetzende, scheinbar ausweglose Situationen lösen sich schließlich wie Zauberknoten, und alles fällt an seinen Platz – na ja, meistens.

Und doch, Alma hat sich an der Stelle, wo sie wirklich empfindlich ist, da, wo bei ihr alle Widerstände gegen autoritäre Behandlung losgetreten werden, bewundernswert beherrscht. Sie hat das Fettnäpfchen »Genervter Ausländer sagt mal ganz klar, was er von dem Betrieb hier hält« tapfer, wenn auch knapp, umschifft. Gut so!

Das Fettnäpfchen aber, in das Alma mitten hineingesprungen ist, ja, das ist schon ein richtig großes, weil regelrecht illegal: ihre unbedachte Mitnahme von Rupien. Es ist definitiv verboten, Rupien einzuführen. Selbst eine so kleine Summe wie 2.000 Rupien kann Ihnen vielfältigen Ärger bescheren, sollte diese bei einer stichpunktartigen Zoll-Überprüfung entdeckt werden.

No problem – relax!

Der Flughafen von Neu-Delhi, Indira Gandhi International Airport, ist Indiens größter Flughafen. Hier kommen die meisten Indien-Reisenden an. Flüge von Europa nach Indien landen regulär zwischen null und vier Uhr morgens. Weitere wichtige internationale Flughäfen sind: Mumbai (Bombay) – Sahar International Airport, Chennai (Madras) – Chennai Madras Meenabakkam International Airport und Kolkata (Kalkutta) – Netaji Subhas Chandra Bose Airport.

Wechseln Sie gleich nach der Ankunft am Flughafen eine größere Summe Bargeld. Die Wechselschalter befinden sich innerhalb der Ankunftshalle, außerhalb dieses Bereichs gibt es keine Möglichkeit mehr, Geld zu tauschen. Lassen Sie sich eine Quittung ausstellen, um sich nicht dem Verdacht der unerlaubten Einfuhr von Rupien auszusetzen. Übrigens, anders als in vielen anderen Ländern erhält man in Indien am Flughafen oft den besten Kurs.

UMGANG MIT GELD

Die Währung in Indien ist die Indische Rupie (INR):

1 Euro = 85 INR

1.000 INR = 11,80 Euro

(Stand: September 2018)

Beim Geldwechseln sollten Sie auf möglichst kleine Werte bestehen. Kleingeld ist immer Mangelware in Indien, und die einzelnen täglichen Ausgaben belaufen sich meist insgesamt auf Beträge unter 200 Rupien. Alle Vorgänge wie Rikschafahrt bezahlen, Obst kaufen, Chai trinken, Trinkgeld geben verkomplizieren sich mit großen Scheinen. Ob Sie Bargeld, Reiseschecks, EC- oder Kreditkarte als Zahlungsmittel einsetzen, ist eine Entscheidung der persönlichen Vorliebe. Getauscht wird an Flughäfen, in Banken, Hotels oder Reisebüros. Der Kurs für Reiseschecks ist meistens etwas besser als der für Bargeld. Mit einer EC-Karte ist es möglich, an den in Städten inzwischen zahlreichen ATM-Geldautomaten Geld zu ziehen.

Einige Banken in Deutschland bieten in Kooperation mit bestimmten ausländischen Banken die Abhebung per EC-Karte im Ausland kostenfrei an. Am besten, Sie informieren sich hierzu vor Abflug bei Ihrem Bankinstitut.

Nehmen Sie keine beschädigten Geldscheine an! Sie werden sie nicht mehr los. Der Umtausch solcher Scheine, der bei einer Bank möglich ist, gestaltet sich meist so zeitaufwendig und umständlich, dass er sich in der Regel nicht lohnt.

Bevor Sie den Einreiseschalter verlassen, überprüfen Sie, ob Ihr Pass ordnungsgemäß abgestempelt wurde, um Komplikationen beim Rückflug zu vermeiden. Überprüfen Sie außerdem Ihr Gepäck vor Verlassen des Flughafens auf eventuelle Beschädigungen. Sollte das der Fall sein, reklamieren Sie diesen Umstand sofort bei der zuständigen Fluggesellschaft.

Für den Zoll können Sie die internationalen Flughäfen durch zwei Ausgänge verlassen: durch einen roten und einen grünen. Rot, wenn Sie zu verzollende Ware anzugeben haben, grün, wenn Sie nichts zu verzollen haben. Sollten Sie beim Verlassen über den grünen Weg dazu aufgefordert werden, etwas, das Sie zum persönlichen Gebrauch mitgebracht haben, zu verzollen, veranlassen Sie, dass ein Eintrag in Ihren Pass gemacht wird, der Sie dazu verpflichtet, den Gegenstand beim Rückflug wieder auszuführen, um keinen Einfuhrzoll bezahlen zu müssen.

Und was das Einreiseformular betrifft, das die Stewardessen kurz vor der Landung verteilen: Besser, Sie halten es sorgfältig ausgefüllt bereit. Vielleicht fehlt Ihnen sonst nach all dem Warteschlangenstress einfach die Kraft, lächelnd in die neue Daseinsform einzutauchen, die Indien für uns Weißnasen darstellt – und das wäre doch schade.

2 SCHLEPPER? *NO PROBLEM!*

KIDNAPPING À LA HINDUSTANI

Endlich raus aus diesem Flughafen-Wahnsinn! Alma atmet tief durch. Das Taxi startet, rollt wie ein kleiner Panzer los, teilt die Menschenmenge, die draußen knäult. Alma schüttelt ihren Rucksack von den Schultern und knöpft die Jacke auf.

»Pahar Ganj!«, versucht sie die wummernde Musik aus den Lautsprechern zu übertönen. Von dort will sie weiterreisen.

Pahar Ganj, auch *Main Bazar* genannt, befindet sich an der Nahtstelle von Alt- und Neu-Delhi am Hauptbahnhof Neu-Delhi. Der Bereich, außerhalb der (ehemals) ummauerten Altstadt mit der großen Freitagsmoschee und dem Roten Fort gelegen, erfuhr nach der Teilung Indiens durch den Zustrom der Hindu-Flüchtlinge aus Pakistan einen enormen Aufschwung. Dort, in zentraler Lage, gibt es heute ein großes Angebot an günstigen Hotels, Restaurants und *dhabas* (Einfachst-Restaurants bzw. Garküchen an der Straße), außerdem eine Vielzahl von Läden für Einheimische und Touristen.

Die Musik rast, die Trommeln dröhnen, die Sänger jodeln. Ein Schrein mit einer tanzenden Gottheit auf der Ablage über dem Armaturenbrett und die Lichterkette rund um die Windschutzscheibe senden soundsynchrone Blinkzeichen, erleuchten das Wageninnere wie ein Lichtgewitter. Vom Fahrer keine Reaktion.

Alma beugt sich nach vorne und brüllt: »Pahar Ganj!«

Wieder nichts.

Ist er taub? Alma rüttelt an seiner Schulter.

Ruckartig dreht er sich zu ihr um, die Augen schreckgeweitet: *»Ohhh Madam ... ohhh ... biiiiig accident! Terrrrrrible! Bombing! Pahar Ganj not possible ... no! Burned down ... police closed all ... not possible!«*

»Was?« Alma, völlig perplex, sinkt auf den Sitz zurück.

»No problem, Madam, no prrrroblem!« Der Fahrer dreht sich wieder zu ihr – *»I bring you to very best hotel, no prrrroblem!«* – und wirft mit einem unverständlichen Wortschwall beide Hände in die Luft. Die Kiste schlingert führerlos über die Mittellinie und rast in die aufgeblendeten Scheinwerfer eines Truckdämons. Panisch schlägt Alma die Hände vors Gesicht und hört den Laster vorbeidonnern. Das war knapp! *»No prrrroblem! You see, very suuuuper hotel!«*, sieht sie den Fahrer durch ihre Finger in den Rückspiegel grinsen.

Alma streicht sich die verschwitzten Haare aus der Stirn. Ihr ist übel.

Draußen zieht in der Dunkelheit Brachland vorüber, gesäumt von riesigen Reklametafeln, auf denen Menschen – alle geisterhaft weißhäutig – strahlend auf sie herablächeln. Um die Bogenlampen wallen grünliche Nebelschwaden. Die Luft, die durch die halb heruntergekurbelten Autofenster dringt, schmeckt gelbgiftig. Sie drückt ihren Schal fest auf Mund und Nase, wagt kaum zu atmen.

LUFTVERSCHMUTZUNG

Bereits 1985 richtete die indische Regierung ein Umweltministerium ein. Genutzt hat es wenig – die Luftverschmutzung in den indischen Metropolen sucht ihresgleichen, und Neu-Delhi gehört noch immer zu den Städten mit der stärksten Luftverschmutzung weltweit. Obwohl im September 2002 die U-Bahn in Betrieb genommen wurde und sogar die Motorrikschas mit Erdgas durch die Straßen knattern, verdunkeln fast täglich, besonders im Winter, wenn wegen der warm-kalten Luftschichten der Smog nicht abziehen kann, Abgaswolken das Tageslicht. Schon jetzt verstopfen über vier Millionen Autos die Straßen von Neu-Delhi und täglich kommen fast 1.000 neue dazu. Der Staub der nie endenden Bautätigkeit und die unzähligen Dieselgeneratoren, die bei den täglichen Stromausfällen eingesetzt werden, tun ihr Übriges. Viele Motorradfahrer und Fußgänger tragen an den schlimmsten Tagen Gazemasken, um sich vor dem giftigen Luftgemisch zu schützen.

Sollten Sie besonders empfindliche Atemwege haben, empfiehlt es sich, dass auch Sie sich mit einer solchen Maske ausrüsten.

Nervös rutscht Alma auf dem Rücksitz des Ambassadors herum: »Was ist denn um Himmels willen im Pahar Ganj passiert? Ein Terrorangriff? Gibt es Verletzte? Tote?«

Ihre aufgeregten Fragen prallen am Rücken des Fahrers ab. Das Lenkrad nun fest im Klammergriff brettert er, angetrieben von den fiebrig heißen Rhythmen aus den Boxen, durch menschenleere Straßen. Haltsuchend packt Alma ihren Koffer fester am Griff und tastet nach ihrer Handtasche mit den Papieren – wenigstens hat sie ihre Habe noch beisammen. Angst schnürt ihr die Kehle zu. Was kann sie bloß tun?

Nichts. Sie ist dem Fahrer vollkommen ausgeliefert. Alma strafft ihre Schultern: Na, das schaff ich schon. Ich bin ja, Gott sei Dank, Berlinerin. Doch die von Marlene Dietrich entlehnte Beschwörungsformel scheint heute nicht zu greifen. Ihr Magen krampft sich zusammen.

What's the problem?

»Herrje!« Friedrich schlägt die Hände über dem Kopf zusammen. »Alma! Das ist ja nun gleich zu Beginn die volle Packung!«

Touristenverschaukeln, tja, das ist ein Job in Indiens Megametropolen – *nothing personal*, überhaupt nicht persönlich gemeint. Pahar Ganj ist zu diesem Zeitpunkt völlig intakt, und der Fahrer darf sich auf eine Provision freuen, wenn er die in der menschenleeren Stadt hilflose Alma in einem Hotel ablädt, mit dem er einen Deal vereinbart hat. Nichts für ungut! Das Leben ist hart, und besser man ist flink und schlau und nimmt sich, was erreichbar ist. Und natürlich ist eine solche Situation, praktisch eine Entführung, für die Betroffenen zutiefst beängstigend und stressvoll.

Zum Trost: In der überwältigenden Mehrzahl der Fälle ist dabei niemals Gewalt im Spiel. Betrügereien und Schlitzohrigkeit: ja. Offene Bedrohung und Aggression: nein. Und noch ein Trost: Fast jeder tappt mal in so eine Falle. Die kleinen Gauner sind begnadete Schauspieler und überrumpeln geschickt verunsicherte Reisende. Und das sind wir alle, zumindest zu Beginn auf diesem fremden Planeten namens Indien.

Direkt nach der Ankunft besteht an den Touristen-Hotspots immer das Risiko, von Schleppern oder Rikschafahrern übers Ohr gehauen zu werden. Und die Provision, die diese Schlepper von den Hotelbesitzern dafür bekommen, Ihnen ein Zimmer aufgedrängt zu haben, wird direkt auf den Zimmerpreis aufgeschlagen.

No problem – relax!

Um eine solche Situation, wie Alma sie gerade erlebt hat, zu vermeiden, gibt es die Möglichkeit, ein sogenanntes Prepaid-Taxi zu benutzen. Überall im Land befindet sich in jeder Flughafenankunftshalle ein offizieller Taxischalter, den Sie leicht beim Flughafenpersonal erfragen können, der auch gut sichtbar gelb ausgeschildert ist. Dort haben Sie die Möglichkeit, ein Taxi zu buchen. Sie geben Ihren Zielort an, zahlen den behördlich festgesetzten Preis, Ihr Name, Ihr Ziel und der Fahrer sind registriert. Selbst wenn der Fahrer versuchen sollte, am Ende der Route mit irgendwelchen haarsträubenden Geschichten noch mehr Rupien herauszuschlagen – alles ist beglichen. Sie befinden sich auf der sicheren Seite, buchstäblich.

Leider haben sich in der letzten Zeit in Prepaid-Taxen immer wieder Überfälle auf allein reisende Frauen ereignet. Deshalb empfiehlt sich hier Vorsicht. Als Alleinreisende sollten Sie sich zu ihrem Schutz am Flughafen unbedingt anderen Reisenden anschließen, um ins Zentrum zu gelangen. Am Flughafen von Neu-Delhi haben Sie allerdings mit der Metro eine komfortable Alternative. Hier bringt Sie die Airport-Express-Linie in zwanzig Minuten absolut sicher in die Innenstadt. Einziger Nachteil: Der Fahrbetrieb beginnt erst um 4.45 Uhr morgens, das heißt, Sie müssen je nach Ankuft Ihres Fliegers einige Zeit im Flughafen verbringen.

Ein Hotel müssen Sie nicht unbedingt vorab buchen: In Ihrem Reiseführer sind Hotels nach Standard aufgelistet und bewertet, sodass Sie sich gut informiert selbst auf die Suche machen können. Normalerweise. Denn drei oder vier Uhr morgens ist eben keineswegs »normalerweise«, sondern noch mitten in der Nacht, und eine Suche um diese Zeit vergeblich. Am einfachsten ist es natürlich, schon von Deutschland aus ein Zimmer in einem guten Hotel zu reservieren, am besten über ein Reisebüro, wo man sich beraten lassen kann. Außerdem gibt es im Internet viele Adressen samt ausführlichen Beschreibungen, Bewertungen und Fotos. Diese Hotels bieten auch einen Abholdienst an. Für den Betrag, den Alma für die betrügerische Taxifahrt loswerden wird, hätten diese ihr glatt zwei Autos geschickt, Wartezeit von jeweils vier Stunden inbegriffen. Eine sichere, relativ bequeme Methode.

3 ARMUT? *NO PROBLEM!*

AUG' IN AUG'

»Verdammt, verdammt!«, murmelt Alma vor sich hin. Kalte Angst presst ihren Brustkorb zusammen. Völlig kraftlos hängt sie, mehr als dass sie sitzt, auf der Rückbank des Ambassadors. Der Wagen röhrt durch die Nacht, durch eine unwirtliche, verlassene Welt. Weit und breit keine Menschenseele zu sehen, nur ab und zu taucht ein Fahrzeug auf der Gegenfahrbahn auf. Millionen Menschen scheinen wie vom Erdboden verschluckt. Sie ist in einem Paralleluniversum gestrandet! Was soll bloß aus ihr werden?

Plötzlich schreckt sie auf. Der Fahrer stoppt an einer Kreuzung. Mit offenem Mund starrt Alma hinauf zur Ampel. *RELAX!* Weiße Buchstaben auf leuchtendem Rot springen ihr in die Augen. *RELAX!* Gebieterisch, von oben herab gesprochen. Sie ist fassungslos. Ha, braust sie auf, will sie da jemand verhohnepipeln? Einfach mal so entspannen in diesem Horrorfilm, klar, *no problem!* Schaudernd zieht sie ihre Jacke trotz der Hitze enger um die Schultern und stiert aus dem Fenster, wirft der Ampel einen feindseligen Blick zu. Das Grün hält wenigstens die Klappe, sendet keine Befehle in weißen Lettern. Die Fahrt geht weiter, und sie hat keine Ahnung, wohin.

Wie eine Erscheinung taucht in der Ferne eine dunkle Silhouette aus dem Nebel auf. Ein ungeheuerer Hügel, nein, ein Berg wächst urplötzlich aus der flachen Landschaft. Almas Augen verengen sich zu Schlitzen: Was ist das? Und was bewegt sich da? Sie beugt sich nach vorne und erkennt schattenhafte Wesen an den Abhängen. Riesige Krähen? Als der Wagen abermals hält, sieht sie in der nebligen Reflexion der Straßenlampen, dass Abhänge in ausgefaserten Rändern auslaufen, geschichtete Klippen aufragen, Hänge scharfkantig abbrechen, in Verwerfungen enden. Das ist Müll, dämmert es Alma. Ein Gebirge aus Müll!

Und dort, Alma beißt sich auf die Unterlippe, dass es weh tut, das, was sie für Krähen gehalten hat, das sind Menschen. Gebückt krauchen zehn, zwanzig abgezehrte Gestalten in Fetzen, Säcke hinter sich herschleifend, über Hänge und Schwellen. Sie sieht gesenkte Köpfe, gebeugte Rücken. Hände wühlen in der schwarzen Aschemasse, befingern Fundstücke, stopfen sie hastig in Säcke. Alma schnappt nach Luft. Drüben erblickt sie eine Gruppe, vielleicht eine Familie, fünf Menschen, die auf Händen und Füßen hügelaufwärts kriechen. Die Kinder rutschen plötzlich ab, wirbeln im Fallen Staub auf, und die ganze Szene versinkt unter einem dunklen Schleier.

Almas Gedanken rasen. »Das ist ein Film, das geschieht nicht wirklich«, plappert ihr Hirn. »*Relax! Relax!*«, stößt sie höhnisch aus.

Wenn sie doch nur ein Wort mit jemandem wechseln könnte! Wenn da bloß eine Stimme wäre, die ihr versicherte, dass alles gut würde – für alle. Der Fahrer vor ihr trommelt im Rhythmus eines aufbrausenden Songs kleine Wirbel auf das Lenkrad. Ja, der ist völlig relaxt, stellt Alma erbittert fest. Ihr kribbelt es in den Fingern, ihn wieder an den Schultern zu packen, um irgendeine Reaktion aus ihm herauszuschütteln. Fest schlingt sie die Arme um ihren Körper – bloß keine unkontrollierbaren Wutreaktionen! Sie lässt den Kopf hängen und starrt auf ihre Knie.

Die Dämpfe des schwelenden Müllbergs dringen stechend ins Wageninnere. Alma fühlt erneut Übelkeit, die in einer Welle über sie hereinzubrechen droht. Sie schluckt verzweifelt, atmet flach und versucht das Fenster zu schließen. Vergeblich. Nach ein paar Umdrehungen klemmt die Kurbel und eine Öffnung bleibt. Mit zitternden Fingern kramt sie im Rucksack nach einem Taschentuch.

Ein Schreckensblitz durchzuckt sie, als sie sich wieder aufrichtet. Sie fährt mit einem Aufschrei zurück: Ein schwarzes Gesicht starrt aus dem Dunkel zu ihr herein. Unter einem Wust filziger Haare glühen riesige Augen. Eine blutrote Narbe zieht sich vom Nasenflügel zur Stirn. Aug' in Aug' findet Alma sich mit einem Gnom! Der schartige Mund öffnet und schließt sich, stößt unverständliche Laute aus. Alma hört das Getrommel kleiner Fäuste auf dem Glas der Scheibe. Jetzt drängt sich eine schmutzverkrustete Kinderhand durch den Fensterschlitz, grapscht nach ihr und streift ihre Wange. Alma wirft sich entsetzt zur Seite und hält eine Hand schützend vor ihr Gesicht. In diesem Augenblick schaltet die Ampel auf Grün, und der Fahrer, der im Diskorausch nichts mitbekommen hat, haut den Gang rein, sodass der Wagen mit einem Satz nach vorne schießt. Das Kind, das buchstäblich am Auto klebt, wird roh zur Seite geschleudert. Schockiert fährt Alma herum und sieht durchs Rückfenster gerade noch ein kleines Wesen barfuß über die Straße taumeln, bevor es der Nebel verschluckt.

Ihr drehen sich Herz und Magen um. Erschüttert schließt sie die Augen. Sie hat genug, sie will nichts mehr sehen! Auf welchem Planeten ist sie hier um Himmels willen gelandet?

What's the problem?

Friedrich möchte Alma am liebsten in die Arme nehmen. »Ich verstehe deinen Schrecken, dein Zurückweichen«, will er sie trösten. »Ich habe das auch erlebt.«

Das Elend am Straßenrand, von dem Alma sich abwendet, ist eine alltägliche indische Realität. Immer und überall wird Ihnen auf Ihrer Reise schreiendes Elend begegnen, denn in Indien ist Armut noch immer ein Problem der Massen. Bilder von verrottenden Slums, von Bettlern auf Straßen und Plätzen und von Elendsgestalten, die auf dem nackten Boden schlafen – diese Bilder sind real. Leben im Elend ist für Millionen Menschen in Indien Wirklichkeit. Um diese Art von Leben, das sich da vor unseren Augen entfaltet, zu verstehen, fehlen unserem Verstand meist alle Referenzpunkte.

Wie schnell und weit das Wachstum in bestimmten Sektoren auch vorangeschritten sein mag, extreme Armut bleibt ein riesiges Problem für den Subkontinent. Auf der Weltbühne deutlich sichtbar strebt Indien politisch und wirtschaftlich nach globaler Macht, während im Land selbst die Kluft zwischen Arm und Reich weiter auseinanderklafft als je zuvor.

IM ARMENHAUS

In nüchternen Zahlen: Mehr als 40 Jahre nachdem Indira Gandhi »*Garibi hatao* – Kampf der Armut« zu ihrem politischen Programm erklärt hat, leben noch immer 44 Prozent der Einwohner Indiens unter der Armutsgrenze, mit weniger als einem US-Dollar pro Tag.

Wenn es auch gelungen ist, Hungersnöte zu bannen, so sind Unter- und Fehlernährung besonders auf dem Land alarmierend. Vor allen Dingen Kinder sind in dramatischem Ausmaß vom Mangel betroffen. Nach einer Studie des Internationalen Ernährungsforschungsinstituts IFPRI sind 43 Prozent aller Kinder bis zum Alter von fünf Jahren unterernährt. Die Landbevölkerung – massenhaft durch staatliche Liberalisierungsmaßnahmen im Sinne des globalen Marktes (z. B. durch genmanipuliertes Saatgut oder Baumwollimporte) in den Ruin getrieben – drängt in die Städte, um zu überleben. In direkter Nachbarschaft der Prachtbauten von Reichen und Superreichen errichten sie ihre Hütten im Staub und Dreck. Ein Drittel der Einwohner der Millionenstädte lebt in Slums. Im größten Slum Asiens, Dharavi in Mumbai, ballen sich eine Million Menschen auf einer Fläche von einer Quadratmeile zusammen.

Unterwegs in Indien – im Süden seltener als im Norden – werden Bilder größter Not auf Alma einstürmen. Es wird schwer für sie sein, das Gesehene und Erlebte zu verarbeiten. Vielleicht wird sie sich unter Druck setzen, etwas unternehmen zu müssen, um ein diffuses Schuldbewusstsein als überaus privilegierte Westlerin zu besänftigen. Oder aber sie wird sich abwenden, verschließen, vielleicht sogar wütend werden.

No problem – relax!

Ja, entspannen Sie sich, hier geht es tatsächlich nicht ums Richtig- oder Bessermachen, sondern ums Bewusstmachen. Für Alma und uns alle ist es dabei wichtig, sich klar vor Augen zu halten, dass wir bloß Besucher in Indien sind – für sehr kurze Zeit. Es liegt nicht in unserer Macht und es ist nicht unsere Aufgabe, die vielschichtige indische Realität zu ändern. Eines aber können wir tun: Wir können genau hinschauen, diese bestürzende Realität ungefiltert aufnehmen und die Gefühle, die entstehen, zulassen. Mit unserem offenen Blick zollen wir dem Schicksal der Menschen Respekt, erkennen die Schwere ihrer Bürde an und verhindern so, dass diese Menschen im Elend von uns zu einem Nichts degradiert werden. (Mehr zum Umgang mit Bettlern in Episode 12, Seite 85)

4 TOILETTE? *NO PROBLEM!*

SHIT HAPPENS

Hinter Almas geschlossenen Augen wollen die Bilder des menschlichen Elends, das sie gerade so hautnah erlebt hat, nicht verschwinden. Als sie aufblickt, biegt der Wagen in einen schmalen, trübe beleuchteten Weg ein. Der Straßenbelag, aufgerissen, wie zerbombt, lässt den Ambassador holpern und schlingern, sodass Alma durchgeschüttelt wird wie ein Sack Erbsen. Links und rechts der Straße reihen sich niedrige Gebäude in unklarem Zustand – Abriss oder Aufbau? Ein dunkler zweistöckiger Betonkasten, dessen verwaschenes Schild »Hotel Kashmir Palace« verkündet, taucht vor ihren Augen auf. Schwungvoll hält der Ambassador vor den Eingangsstufen, scheucht eine Bande gelber Straßenköter aus den Papier- und Plastikfetzen im Straßenstaub auf, die kläffend auf das Auto zustürzt. Alma zieht scharf den Atem ein und reißt die schon halb geöffnete Autotür wieder zu sich heran. Der Fahrer droht der Meute mit der Faust und zischt einen harschen Befehl. Winselnd stieben die Hunde davon.

»Palast! Na super«, seufzt Alma mit einem Blick auf die von Feuchtigkeit schwarzfleckigen Wände des Hotels. »Davon habe ich doch immer schon geträumt – just Bollywood!«

Im funzeligen Licht des Vorraums schläft ein Mann auf einer Bastmatte. Als der Fahrer Almas Koffer neben ihn knallt, fährt er auf. Der heftige Wortwechsel zwischen den beiden klingt in Almas Ohren wie ein beginnender Streit. Mürrisch greift der Mann hinter den Tresen, holt eine Kladde hervor, deutet auf die Spalten *»name«*, *»passport number«* und hält ihr einen Stift hin. *»800 Rupies – now«*, verlangt er gähnend, und der Fahrer fällt hastig ein: *»Madam, taxi is 1.200 Rupies only.«*

Alma zuckt zusammen. Viel Geld, oder? Sie kann es nicht festmachen, ihr Rechenzentrum ist unter dem Stress zusammengebrochen. Über ihre Angst legt sich Wut. Wird sie hier ausgenommen wie eine Weihnachtsgans?

»But ...«, stammelt sie, schaut vom einen zum anderen, von der ausgestreckten Hand des Fahrers in die düstere Miene des Verschlafenen. Blitzschnell wird ihr klar: Je eher sie die Tür ihres Zimmers hinter sich verriegeln kann, desto besser. Während sie hastig die Scheine auf den Tresen legt, schickt sie im Stillen ein Dankeschön an ihren Kollegen, der ihr die Rupien zugesteckt hat – für alle Fälle. Und »alle Fälle« haben sich auf alle Fälle gerade materialisiert.

Endlich in ihrem Zimmer, den Riegel sorgfältig zugeklinkt, sinkt Alma wie vor den Kopf geschlagen aufs Bett, ein Brett auf Stützen, darauf eine klumpige, gräuliche Matratze. Das blau milchige, zittrige Licht der Neonröhre an der Decke beleuchtet abgeblätterte Wände und einen löchrigen Zementfußboden. Da, wo vorher ein Ventilator gehangen haben muss, ragen zerfranste Kabel aus einer Höhlung. Keine Hoffnung auf ein wenig Kühlung in der Hitze der Nacht. Alma versucht, einen klaren Gedanken zu fassen, doch all die Eindrücke, die sie seit ihrer Ankunft überrollt haben, wirbeln wild in ihrem Kopf herum. Die überstandene Angst macht ihre Glieder schwer, sie wünscht sich, endlich schlafen zu können. Ach ja, und waschen würde sie sich auch gerne. Ihre Kleidung klebt wie eine zweite Haut am Körper, ihre Hände fühlen sich dreckig an. Hinter einer halben Zwischenwand entdeckt sie ein rostiges Waschbecken. Als Alma den Hahn aufdreht – wie? Nach rechts? –

stößt dieser bloß ein heiseres Röcheln aus und spuckt ein paar braune Tropfen ins Waschbecken. Ende. Enttäuscht schaut sie sich um, tritt näher an das Loch im Boden in der Ecke heran – und würgt: die Toilette. Und was hat es mit dem Plastikeimer und dem kleinen Kännchen daneben auf sich? So gerne sie sich frisch machen würde, sie traut dem Wasser im Eimer nicht.

Nachdem Alma trotz ihres Ekels widerstrebend die Toilette benutzt hat, ist ihr völlig klar, dass Yoga aus Indien stammen muss. Um die nötige hockend-schwebende Haltung einnehmen zu können, sollte man gut trainiert sein und kein Knieproblem haben! Klopapier? Natürlich Fehlanzeige, damit hat sie schon gerechnet. *No problem* – sie hat ja glücklicherweise Papiertaschentücher dabei. Jetzt findet sie es doch sehr praktisch, dass der Wassereimer daneben steht. Mit Schwung kippt sie eine Ladung Wasser das Loch hinunter. Und gleich noch den Rest hinterher. Geschafft! Gerade als sie sich wieder zum Zimmer wenden will, passiert es. Ein tiefes gurgelndes Geräusch lässt sie herumfahren. Hilfe! Aus dem Loch im Boden quillt eine dunkle Brühe, die sich sekundenschnell ausbreitet. Alma macht einen Satz hinter die Zwischenwand.

»*Shit! Shit! Shit!*«, zischt sie durch die Zähne – und fast hätte sie gelacht, als ihr klar wird, wie treffend sie die Situation damit beschrieben hat. Ratlos lehnt sie an der Wand, atmet krampfhaft durch den Mund, um den Gestank abzuwehren. Was tun? Soll sie nach unten gehen, dem Typen am Tresen Bescheid sagen, Radau schlagen wegen dieser Schrottbude?

What's the problem?

»*Hai bhagwan!*« (Oh, mein Gott!) Was für ein Desaster!«, ächzt Friedrich.

Doch zuerst die gute Nachricht: Es war klug und richtig von Alma, sich so schnell wie möglich aus der angespannten, unklaren Situation im Hotelfoyer zurückzuziehen. Kein Streiten, Rechthaben, keine Konfrontation, das bringt nur eine Verschärfung der Lage. Alma ist in dieser Situation tatsächlich ausgeliefert, es gibt niemanden, bei dem sie sich Hilfe holen könnte.

Die Polizei? Vergessen Sie's. Ein guter, *very suuuper* Rat für Indien: Meiden Sie immer und unter allen Umständen die Polizei. Damit ersparen Sie sich möglicherweise unangenehme, demütigende Erfahrungen und Verwicklungen. Sie wissen nie, mit wem der Polizist Ihnen gegenüber gerade unter einer Decke steckt, von wem er geschmiert wird. Polizisten sind unterbezahlt, schlecht ausgebildet, die werden keinen Finger für Sie krumm machen, auf jeden Fall nicht ohne kräftig abzukassieren. Eher werden sie ihre Macht gegen Sie ausspielen – wer weiß, in welchem Schlamassel Sie dann landen. Sollten Sie wirklich Unterstützung und Hilfe brauchen, ist es ratsam, sich an die Deutsche Botschaft in Delhi oder die Konsulate in den anderen indischen Großstädten zu wenden.

SPEED MONEY – KORRUPTION

Für viele Inder gehört die Bestechung korrupter Beamter zum Alltag. Fast jede staatliche Dienstleistung wird nur durch Zugabe eines extra Obolus gewährt. Üblich ist, dass Justizbeamte, Polizisten und Verwaltungsmitarbeiter *speed money* fordern, Geld, das Anträge beschleunigt oder bewirkt, dass sie überhaupt zur Kenntnis genommen werden. Schätzungen von Wirtschaftsexperten gehen von mehr als 50 Milliarden Dollar aus, die jährlich für Bestechung aufgebracht werden. Mittellose Menschen sind durch den Zwang der Extraausgaben am härtesten betroffen, da diese ihre kargen Einkünfte, die meist unter dem Existenzminimum liegen, völlig erschöpfen und somit ihre Armut drastisch vergrößern. Seit Anfang 2011 gewinnt jedoch eine Anti-Korruptionsbewegung an Macht, deren Vorkämpfer Anna Hazare, ein bekannter indischer Bürgerrechtler, die Regierung durch einen öffentlichen Hungerstreik zu der Zusage genötigt hat, ein Anti-Korruptionskomitee einzusetzen. Die Kongresspartei, die seit 1947 fast ohne Unterbrechung die Regierung gebildet hatte, verlor 2014 unter anderem deshalb die Wahl, weil sie immer wieder vermieden hat, gegen die grassierende Korruption einzuschreiten.

Was ist wirklich schiefgelaufen? Welches Fettnäpfchen hat Alma im wahrsten Sinne des Wortes zum Überlaufen gebracht? Tja, die Toilettenkatastrophe hat sie selbst verschuldet. Mag das Hotel auch lausig und abbruchreif sein, das Röhrensystem der indischen Toiletten ist nicht für Toilettenpapier ausgelegt; es genügt wenig davon, um eine Verstopfung hervorzurufen.

No problem – relax!

Gemäß der Redewendung »*When in Rome, do as the Romans do*« verhalten Sie sich in Indien in vielen Situationen am besten so wie die Inder. Obwohl das WC (als *Western Style Toilet* ausgewiesen) inzwischen in den besseren Hotels und Restaurants Standard ist, werden Sie immer wieder sogenannte Hocktoiletten (einfach *toilet*) antreffen. Verwenden Sie für die Reinigung nach dem Toilettengang das Wasser aus dem Eimer und benutzen Sie das Schöpfkännchen, bei der luxuriöseren Ausführung die kleine Handbrause. Die linke Hand leitet den Wasserstrahl an die zu säubernde Stelle, und dann funktioniert alles wie bei einem Bidet: spülen, spülen – nur eben im Handbetrieb. Am Schluss wird der Rest des Wassers aus dem Eimer in das Loch gekippt.

So befremdlich diese Toilettenkultur auch anmuten mag, hat sie doch bei korrekter Anwendung – und ausreichend Wasser – hygienische Vorteile: Gerade an öffentlichen Orten ist es angenehm, nicht in Körperkontakt mit einem Toilettenbecken zu geraten, und das Säubern mit Wasser ist tatsächlich reinlicher als nur mit Papier. Allerdings bedarf es einiger Übung und Geschicklichkeit, um das Ganze mit einigermaßen trockener Kleidung zu überstehen. Anfänglich ist es vielleicht keine schlechte Idee, alles Störende auszuziehen. Lassen Sie sich Zeit! Relax!

DAS INDISCHE ÖRTCHEN

Wie ein Bericht der Vereinten Nationen darlegt, haben in Indien nur 31 Prozent der Gesamtbevölkerung, also etwa 400 Millionen Menschen Zugang zu einer privaten Toilette. (Die Zahl der angemeldeten Mobiltelefone liegt mit fast 800 Millionen weit darüber.) Dieser Mangel zwingt unzählige Menschen, öffentliches Gelände wie z. B. Bahndämme, Flussufer, Strände und Grünanlagen zu nutzen. Die Folgen sind unhaltbare hygienische Zustände an vielen Orten. Schon Gandhi empfahl, dass jeder Inder einen kleinen Klappspaten bei sich tragen sollte, um die Exkremente wenigstens sofort in der Erde zu vergraben – ohne Erfolg. Frauen haben es in diesem Zusammenhang, wie so oft in Indien, schwerer. Aus Gründen des Anstands ist es ihnen nur erlaubt, im Dunkeln auszutreten. Sie werden schon von klein an darauf trainiert, den Stuhlgang tagsüber zu verhalten.

Nun gibt es Hoffnung auf Verbesserung der Lage, denn der indische Soziologe Bindeshwar Pathak hat eine Toilette neuer Art entwickelt. Diese besteht aus einem System von Filtern, das die Ausscheidungen in Biogas und sauberes Wasser umwandelt. Das System ist preiswert und durch seine einfache Bauweise kann es in Eigenarbeit von den Bewohnern in Slums und Dörfern leicht selbst installiert werden. Mit einem Sichtschutz versehen kann diese Örtlichkeit auch am Tage benutzt werden, wodurch sich die Situation der Frauen in diesem Punkt erheblich verbessert.

5 STROMAUSFALL? *NO PROBLEM!*

WARTE, BIS ES DUNKEL WIRD!

Allein beim Gedanken daran, den grimmigen Manager zu wecken, wehrt sich alles in Alma, doch das Gefühl, in Hitze und Gestank zu ersticken, gibt den Ausschlag. Sie mobilisiert ihre letzten Kräfte: Unbedingt wird sie den Typen zwingen, ihr ein anderes Zimmer zu geben, wird ihm die Meinung sagen über diese miese Absteige!

Eher verzweifelt als entschieden geht sie zur Tür, kämpft fluchend mit dem Riegel, der wie festgeschweißt in der Halterung steckt. Ist hier eigentlich alles gegen sie? Als sie endlich die Tür geöffnet hat, liegt der Flur im Dunkeln. Nur der Treppenabsatz, vom Licht aus ihrem Zimmer diffus beleuchtet, ist zu erkennen. Sie zögert, mit klopfendem Herzen steht sie da. Für einen Moment ist sie nahe daran, zurück ins Zimmer zu flüchten. Dann ballt sie die Fäuste: auf keinen Fall! Der Gedanke daran, wie übel sie für diese Bruchbude abgezockt wurde, und die Abscheu vor dem stinkenden Zimmer treiben sie vorwärts. Gerade als sie entschlossen einen Schritt auf die Treppe zugeht, erlischt mit einem letzten Zucken die Neonröhre hinter ihr. Rabenschwarze Finsternis überfällt sie. Sie steht erstarrt, wagt sich nicht zu rühren. Zaghaft schickt sie ein »*Hello?*« in die Schwärze. Als nichts geschieht, lauter: »Hey, ist da keiner?«

Als wieder keine Antwort erfolgt, stampft Alma wütend auf, dreht sich um und stolpert blind ins Zimmer zurück. Au! Sie hat den Türrahmen gerammt, stößt sich ihre Zehen schmerzhaft am Koffer und strauchelt. Mit rudernden Armen versucht sie Halt zu finden. Endlich spürt sie die rissige Oberfläche der Wand unter ihren Fingern und tastet sich Schritt für Schritt vorwärts, bis sie das Fenstergitter fühlen kann. Tatsächlich, auch draußen ist alles stockdunkel. Heiße Panik packt sie an der Kehle. Terrorattacke?, zuckt eine Schreckensvorstellung durch ihren Kopf. Sie klammert sich ans Fenstergitter und kämpft mit den Tränen. Obwohl draußen alles ruhig bleibt, spürt Alma ihr Herz bis in den Hals schlagen, und ein heftiger Wunsch überfällt sie: Friedrich anrufen! Sie gleitet an der Wand hinab auf die Knie, rutscht hinüber zum Bett. Hektisch tastet sie den Boden ab.

»Wo, wo, wo ist bloß meine Tasche?« Sie stöhnt. Auf der Matratze, die sich klebrig anfühlt, erwischt sie den Riemen und zieht die Tasche zu sich heran.

Das Handydisplay leuchtet auf und spendet tröstliches Licht. 9:30 Uhr in Berlin, verzeichnet es – ideal für einen Anruf. Alma atmet erleichtert auf. Pfeif auf die Roamingkosten! Morgen wird sie sich sofort eine indische SIM-Card besorgen. Und, pah, das Toilettenproblem kann auch bis morgen warten, entscheidet sie mit neu gewonnenem Mut. Viel ist von der Nacht sowieso nicht mehr übrig, das schafft sie auch noch. *No problem!* Sie tippt die vertraute Nummer ein. In null Komma nichts steht die Verbindung nach Berlin – Friedrichs Stimme: »Hey, Zausel«, und schon heult Alma los.

INDIENZEIT

Der Zeitunterschied zwischen Indien und Deutschland beträgt 4½ Stunden (Bsp. 15 Uhr in Deutschland – 19.30 Uhr in Indien), in unserer Sommerzeit eine Stunde weniger. In Indien selbst gilt nur eine Zeitzone: die *Indian Standard Time* (IST). Die Zeit zwischen Sonnenaufgang (etwa um sechs Uhr) und -untergang beträgt ganzjährig ungefähr zwölf Stunden (plus/minus einer halben Stunde). Ist die Dämmerung durch die Äquatornähe auch kürzer als bei uns, so wird es jedoch niemals schlagartig dunkel.

What's the problem?

»Was für ein Pech, Alma! In dem ganzen Schlamassel auch noch Stromausfall.«

Leider, lieber Leser, kann Ihnen das selbst auch immer und überall passieren, denn in allen Städten Indiens wird die Stromversorgung – und häufig auch die Wasserversorgung – oft mehrfach am Tag unterbrochen. Auf dem Land gibt es nur für die Hälfte aller Haushalte Strom, und das meistens auch nur für wenige Stunden am Tag, und das Wasser muss über Gemeinschaftsbrunnen in die Haushalte befördert werden. Reisen in Indien heißt also, dass Sie auf diverse Alltagskatastrophen vorbereitet sein sollten, unter denen Stromausfall und Wasserstopp sozusagen der Normalfall sind.

STROMAUSFALL

Für den täglich mehrfachen Stromausfall überall in Indien gibt es zwei Ursachen. Zum einen wird in regulären, also vorhersehbaren Überlastungszeiten im Netz ein sogenannter Lastabwurf vorgenommen, um einen Zusammenbruch des gesamten Netzes zu verhindern. Dabei wird die Stromleistung in bestimmten Gebieten kontrolliert heruntergefahren (abgeschnitten – *power cut*), um die Sicherung von Versorgungsbereichen mit vordringlichem Bedarf gewährleisten zu können. Da sich Indien in puncto Stromversorgung im Gegensatz zu vielen europäischen Staaten in keinem Verbundnetz befindet, können bei Problemen im eigenen Netz keine Leistungen von benachbarten Netzen angefordert werden.

Zum anderen ist Stromdiebstahl, der in Indien epidemieartigen Charakter hat, für Stromausfälle verantwortlich. Offizielle Statistiken belegen, dass über 40 Prozent der nach Delhi gelieferten Elektrizität durch angeblichen *transmission loss* (Übertragungsverlust) verlorengeht – tatsächlich wird sie geklaut. Mit Hilfe von Hakenkrallen über Stromleitungen und manipulierten Zählern in Haushalten geht der Klau vonstatten. Verursacht werden die hohen Verluste jedoch vor allen Dingen durch Diebstahl in großem Stil, durch Industrieunternehmen, die damit ihre Produktionskosten niedrig halten.

Polizei und Wachdienste haben es bisher nicht geschafft, die Situation in den Griff zu bekommen. So sehen die Betreibergesellschaften der indischen Kraftwerke nur eine Möglichkeit, die Verluste auszugleichen, nämlich indem sie mit regelmäßigen Unterbrechungen Einsparungen vornehmen. Die Unterbrechungszeiten werden auf den Websites der Kommunen und in den Tageszeitungen angekündigt, sodass sich die Bürger darauf einstellen können.

Zusätzlich kommt es aber immer und überall wegen unvorhergesehener Störungen im Netz zu spontanen Stromausfällen, z. B. nach heftigen Regengüssen im Monsun oder bei Ausfällen im Bereich der technischen Anlagen. Jeder, der sich die Ausgabe leisten kann, hat deshalb einen Dieselgenerator im Haus.

Stromausfälle sollen, zusammen mit der schlechten Infrastruktur, das Haupthindernis für Geschäftspartnerschaften mit dem Westen darstellen.

WASSERSTOPP

Indiens Metropolen leiden zunehmend an Wasserknappheit. Das rasante Wachstum der Städte hat zur Folge, dass natürliche Gewässer zugeschüttet und zu Baugrund umfunktioniert werden und der Grundwasserspiegel ständig sinkt. Zudem gehen riesige Mengen

Wasser durch marode Leitungen verloren, werden mit Hilfe von illegalen Abzweigungen geklaut oder verschwinden in privat gebohrten Brunnen der Reichen. Durch die von *power cuts* lahmgelegten Pumpen, Druckverlust in den Leitungen oder den extrem abgesunkenen Grundwasserspiegel in der heißen Zeit bricht regelmäßig die Versorgung durch die städtischen Wasserwerke zusammen und Millionen von Haushalten sind ohne Wasser.

No problem – relax!

Wenn auch bessere Hotels, Restaurants und die gediegeneren Internetcafés mit Generatoren ausgerüstet sind, kann es doch immer wieder Situationen geben, in denen Sie den Stromunterbrechungen hilflos ausgesetzt sind. Um alles möglichst entspannt zu überstehen, gibt es vorab ein paar Dinge zu bedenken: Es empfiehlt sich, immer eine kleine Taschenlampe, am besten eine Stirnlampe, mit der Sie in der Dunkelheit die Hände frei haben, mitzuführen. Handys haben oft eine integrierte Taschenlampe, und selbst das aufleuchtende Display ist eine erste Hilfe. Kaufen Sie vor Ort Kerzen, um für längere Dunkelzeiten gewappnet zu sein. Vorsicht sollten Sie bei Laptops und anderen empfindlichen elektronischen Geräten walten lassen und sie nie direkt am Netz in Betrieb nehmen. Bei Stromausfällen können Spannungsspitzen auftreten, mit Folgeschäden. Sie können Geräte auch mit sogenannten *spike busters* oder *surge protectors*, die Sie in indischen Elektroläden für umgerechnet etwa fünf Euro erstehen können, absichern. Probleme mit Steckern sind selten, da Sie in Hotels meist universale Steckdosen vorfinden, in die auch europäische Stecker passen, sodass die Anschaffung eines Adapters überflüssig ist.

Um sich bei Stromausfällen in Internetcafés, die nicht mit Notgeneratoren ausgerüstet sind, vor dem Verlust bereits angefangener E-Mails zu schützen, sollten Sie Texte nie online schreiben. Sicherer ist es, sie auf der Festplatte oder einem USB-Stick zwischenzuspeichern und erst zum Schluss in die Mail zu kopieren.

Auf einen plötzlichen Wasserstopp in einfacheren Hotels und Guest Houses sind Sie am besten vorbereitet, wenn Sie nach Bezug Ihrer Unterkunft als Erstes alle vorhandenen Eimer mit Wasser füllen.

Und noch ein guter Rat, sozusagen aus Großmutters Nähkästchen: Ordnung ist das halbe Leben – insbesondere in Indien. Wenn plötzlich die Dunkelheit hereinbricht, finden ordentliche Menschen sofort ihr Handy, die Kerzen und die Streichhölzer. Und was die andere Hälfte des Lebens betrifft, darum brauchen Sie sich keine Gedanken zu machen: Indien kümmert sich zu einhundert Prozent verlässlich, einfallsreich und buntschillernd um diesen Teil.

DEUTSCHLAND? *NO PROBLEM!*

Eine Inderin erzählt

Vishakha Tak, 23 Jahre alt, ist Journalistin aus Bhopal. Mit einem Stipendium lebt sie ein Jahr lang im brandenburgischen Lehnin. Für den FETTNÄPFCHENFÜHRER schildert sie ihren Kulturschock nach den ersten sechs Wochen in Deutschland.

Ich befinde mich zum ersten Mal außerhalb Indiens und Deutschland hat mich geradezu überwältigt. Alles, aber auch alles, ist so ganz und gar anders als in Indien – die Landschaft, die Häuser, das Klima. Das und auch die kleinen, alltäglichen Dinge, alles ist mir sehr fremd.

Als ich z. B. kurz nach meiner Ankunft abends um 8 Uhr vom Bus zum Institut ging, da habe ich keinen einzigen Menschen getroffen. Das hat mich wirklich umgehauen. Wo waren die Leute alle? Was würde passieren, wenn ich stürzte, und niemand wäre da, um mir zu helfen? Ich war wirklich geschockt. In Indien bin ich immer und überall und zu jeder Zeit unter Menschen – in einer Masse von Menschen. Selbst an einem Abend in Berlin waren nur sehr wenige Leute unterwegs. Diese Menschenleere, das Gefühl des Alleinseins ängstigt mich.

Etwas, das mich auch immer wieder irritiert, ist die Sprache und die Art des Sprechens. Die Wörter tun mir manchmal in den Ohren weh, weil sie so hart und scharf klingen, so wenig melodisch. Und vor allen Dingen kann ich beim Sprechen nur schwer die Gefühlslage meines Gegenübers einschätzen. Ist er traurig, wütend, erfreut? Die Stimmen haben wenig Ausdruck, und auch Mimik und Gestik werden sehr sparsam eingesetzt. Das macht mich unsicher im Kontakt.

Noch etwas macht mir hier zu schaffen: Die Stille – es ist viel zu still. Ich höre manchmal meinen eigenen Atem – das habe ich bisher noch nie erlebt. Wenn ich jetzt nach Hause telefoniere, wundern sich alle, wie leise ich spreche. Ich passe mich wohl der Umgebung an.

Was den Verkehr angeht, bin ich total überrascht, dass sich alle an die Regeln halten. Als ich meinem Großvater am Telefon erzählt habe, dass wir für die 40 Kilometer von Berlin nach Lehnin 45 Minuten gebraucht haben, konnte er es kaum glauben. So langsam! Inder, meinte er, hätten höchstens 20 Minuten für die Strecke gebraucht. Na ja, die lassen sich auch nicht von irgendwelchen Verkehrsregeln aufhalten …

Sehr ungewöhnlich und sogar etwas peinlich ist für mich, dass ältere Leute, oder sogar Vater und Mutter, mit Vornamen angeredet werden. Das gilt in Indien als äußerst respektlos. Ich gewöhne mich nur langsam daran.

Und dann ist da natürlich noch das Essen. Mir fehlen die Gewürze, alles schmeckt ziemlich fad – selbst Salz fehlt meistens. Ich vermisse mein *hot 'n' spicy* indisches Essen.

Vor der Reise war ich ziemlich nervös bei dem Gedanken an die Menschen, denen ich begegnen würde, denn die Deutschen gelten hier bei uns als ziemlich ernst und zurückhaltend, sogar als etwas streng. Doch ich habe von Beginn an, als ich in München meinen Anschlussflug nach Berlin verpasst hatte, immer wieder sehr zugewandte, offene Menschen getroffen. Sie haben mich freundlich angelächelt und haben mir spontan geholfen.

No problem, habe ich gedacht. Ich werde klarkommen hier.

6 TRINKGELD? *NO PROBLEM!*

LÄCHELN RUPIEN?

»*Good morning, India!*«

Alma, auf der Dachterrasse im Pahar Ganj, möchte die Arme ausbreiten und die Welt umarmen.

Unter diesem unendlich weiten Himmel, gesprenkelt mit Papierdrachen, die sich im blendenden Sonnenlicht wiegen, verfliegt die Erinnerung an die Nacht mit ihren Schrecken. Almas Blick folgt den himmelwärts gleitenden Bussarden, die getragen vom Ruf des Muezzins, der über den bis zum Horizont ausgebreiteten Flickenteppich der Stadt herüberweht, höher und höher steigen. Die Sonnenwärme auf ihrer Haut empfindet Alma wie eine herzliche Umarmung. Ihr kommt in den Sinn, dass die Einheimischen ihre Hauptstadt *Dilli* nennen. Da steckt *dil* drin, was auf Hindi »Herz« heißt. Gerade jetzt kann sie es spüren, das Herz dieser Stadt - oder ist es vielleicht ihr eigenes?

Dort unten pulsiert es im Bienenstock der Gassen. Das große Konzert der Stadt flutet über die Brüstung der Dachterrasse. Alma hört Motorrikschas knattern, Zweiräder surren und das Pling der Fahrradglocken. Rufe steigen auf – »*Aiee, aiee!*« (Kommt, kommt!) –

aus dem rauschendem Grundklang. Der Bass eines langgezogenen Muhs, trötende Hupen, rasselnde Karren – Almas Ohren vibrieren von den ungewohnten wild wirbelnden Lauten. Wie das tönt und dröhnt, fremd und aufregend! Sie kneift sich in den Arm, nein, sie träumt nicht.

»Ich bin da!«, möchte sie am liebsten hinunterrufen, selbst mit einstimmen in dieses Fortissimo.

Sie ist ein wenig stolz auf sich: Heute Morgen hat sie den Wechsel des Hotels, Aus- und Umzug, ruckzuck bewältigt. Jetzt ist sie voller Vorfreude, sie wird eintauchen in diesen Wirbel aus Bewegung, Klang, Gerüchen und Farben – nenn es Chaos, egal! Sie will mehr von diesem fremden Leben spüren. Und als sie ihre Haare schüttelt, fühlt es sich an, als ob sich die Zellen in ihren Gehirnwindungen frisch zusammenwürfeln. Hat da eine geheimnisvolle Alchemie zu wirken begonnen?

Ein Krachen und Splittern reißt sie aus ihrer Selbstversunkenheit und lässt sie herumfahren.

Donnerwetter! Volltreffer! Das, was ihr Frühstück hätte sein sollen, liegt jetzt wie nach einem Meteoriteneinschlag über die Terrasse verteilt, überall Scherben, Schlieren, Pfützen. Der junge schmalbrüstige Kellner, hochgezogene Schultern unterm hellblauen Hemd, streckt ihr mit abwehrender Geste die Handflächen entgegen, lächelt schief und wiegt im Schnellgang den dunklen Schopf: *»No problem – one minute, no problem – breakfast ready!«*

»Okay, das wird länger als eine Minute dauern«, seufzt Alma, als sie beobachtet, wie er mit spitzen Fingern, Scherbe um Scherbe einzeln zum Müll trägt. Als er schließlich mit einem badetuchgroßen Lappen ungeschickt herumfuhrwerkt, den ganzen Schmodder gleichmäßig auf dem Boden verreibt, möchte sie am liebsten eingreifen. Das wird doch nie was! Im Gefolge erscheint noch so ein Knabe, der, mit einem feuchten Feudel am Besenstiel bewaffnet, die Feinverteilung vornimmt – ohne Wassereimer. Alma schlägt die Beine übereinander, verschränkt die Arme und lehnt sich im Korbsessel zurück, um nicht aufzuspringen.

Endlich, sanftgrün beschattet von der Sonnenplane, fällt Alma heißhungrig über ihr spätes Frühstück her: schwarzer Tee, Toast, Butter, Honig. Wahrlich nicht gerade ein typisch indisches *nashta* (Frühstück), stellt sie schulterzuckend fest. Aber köstlich!

NASHTA – FRÜHSTÜCK

Die indische Küche ist reich an unterschiedlichsten Speisen, und jede Region bietet zum Frühstück mit sowohl warmen als auch kalten Gerichten, die alle ziemlich würzig und recht fettig sind, eine vielfältige Auswahl. In ärmeren Familien gibt es meist einfach Reis mit *dal* (Linsengericht).

Im Norden besteht das typische Frühstück gewöhnlich aus *parathas* (Weizenpfannkuchen) mit frischer Butter, gekochtem gewürztem Gemüse, wie *aloo sabji* (Kartoffelgemüse), oder aus *chole/channa* (Kichererbsen) mit *puri* (Weizenfladenbrot). Beliebte Leckereien wie *jalebi* (brezelartiges, in Sirup getunktes Gebäck) oder *halva* (eine Süßigkeit aus Ölsamen und Honig) ergänzen die Mahlzeit. Ein Frühstück im Süden besteht hingegen immer aus heißen Reismehlküchlein, *idlis*, und hauchdünnen Pfannkuchen, ebenfalls aus Reismehl, *dosas*. Diese werden meist mit scharfem *sambar* (Tomaten-Linsen-Soße) und mindestens einer Art von *chutney* (würzig-scharfe Soße) aus Kokosnuss, Mango oder Chili serviert. Immer gibt es dazu frische Früchte wie Mango, Papaya, Wassermelone oder Granatapfel. Im Norden wird zum Frühstück *chai* (Tee) getrunken, im Süden dagegen *kaapi* (Kaffee), beide mit viel Milch und Zucker zubereitet.

In den großen Städten spielt das Frühstück keine wichtige Rolle mehr, da die meisten Familienmitglieder morgens in Eile das Haus verlassen. Einfache Sandwichs, Omelettes und sogar Cornflakes sind inzwischen als schnelles Frühstück populär. Viele nehmen auf dem Weg zur Arbeit einen *chai* an einem Straßenstand zu sich und Snacks wie *samosas* (Teigtaschen gefüllt mit würzigen Kartoffelstücken) oder andere frittierte Kleinigkeiten.

Als der Junge ihr die Rechnung präsentiert, ist Alma von den Socken: Meine Güte, dafür kriegt sie zu Hause noch nicht einmal ein Schokocroissant! Und weil alles so gut geschmeckt hat, fast nichts kostet, die Zahlen auf der Rechnung so schön gemalt sind und die Jungs einfach heldenhaft die Putzlappen niedergerungen haben, rundet sie gerne bis zum vollen Betrag auf und freut sich an dem ungläubigen Lächeln des jungen Mannes, das langsam wie die Morgensonne in seinem Gesicht aufgeht.

What's the problem?

»Gratuliere, Alma!«, lacht Friedrich, als er sich vorstellt, wie sie in der Zwangsjacke der selbst auferlegten Beherrschung schmort. »Ja, still sitzen und zurücklehnen. Du wirst sehen, Alma, irgendwann stellt sich wirklich Gelassenheit ein. Die Dinge gehen sowieso immer ihren indischen Gang, auch mit Feudel und Lappen.«

Was das Trinkgeld betrifft, gibt es Stimmen, die Alma bezichtigen, mit dieser Üppigkeit die Preise zu verderben oder sich lächerlich zu machen als westliches Weichei, das mühelos ausgenommen werden kann. Als Leitfaden fürs Trinkgeldgeben sind das jedoch wenig taugliche Argumente, wenn wir uns als geneigte Reisende auf die Bedingungen des Landes einlassen wollen.

Trinkgeld ist in Indien, mit Ausnahme von Besuchen in großen Hotels und teuren Restaurants, eine freiwillige Angelegenheit, die abhängig von Ihrer eigenen Einschätzung und Ihrer Erfahrung ist – manche Leute geben Trinkgeld, manche nicht, manche mehr, manche weniger. Obwohl in Indien für Wohlhabende ein ungeschriebenes Gesetz der Großzügigkeit existiert, kann man leider bei einheimischen Gästen der Mittelschicht häufig beobachten, dass sie das Personal verächtlich behandeln, viele Ansprüche haben und dann keine müde Rupie für Trinkgeld übrig haben. Wie auch immer sich die Einheimischen verhalten, wir, die wir als Ausländer eindeutig zu den Reichen gehören – manchmal scheint es, als ob auf unseren T-Shirts in Leuchtbuchstaben *crorepati* (Millionär) geschrieben steht –, sollten freigiebig sein. Trinkgeld oder *bakshish* ist in Indien, einem Land ohne soziale Absicherung, eine wichtige Sitte, um Geringverdienende zu unterstützen, der wir uns anschließen sollten. So gesehen hat Alma mit ihrem nach Gutdünken gegebenen Trinkgeld instinktiv angemessen gehandelt.

Entwarnung! Kein Fettnäpfchenalarm für Alma an dieser Stelle.

No problem – relax!

Sie können sicherer darin werden, wo wie viel Trinkgeld angemessen ist, und damit dafür sorgen, dass die Trinkgeldfrage nicht ständig wie ein Druck auf Ihnen lastet und Ihnen die Laune verdirbt. Unsicherheiten entstehen natürlich immer da, wo Verhaltensweisen nicht offiziell geregelt sind. Verlassen Sie sich auf Ihr Fingerspitzengefühl: Wenn Sie mit dem Service zufrieden sind, geben Sie auf alle Fälle Trinkgeld. Wenn nicht, zahlen Sie einfach für den geleisteten Service und lassen es gut sein.

Die Höhe des Trinkgelds variiert mit den geleisteten Diensten. Kellner, deren Lohn in der Regel sehr niedrig ist, sind auf das Trinkgeld angewiesen. Sie können sich dabei an die Zehn-Prozent-Regel halten, wobei wir als Westler ruhig auch ein bisschen mehr geben können, da dies unseren Geldbeutel kaum belastet. Gerade in kleinen Restaurants, wo die Angestellten hart arbeiten und oft schamlos ausgenutzt werden, kann es dem Kellner viel bedeuten, ein paar Rupien mehr mit nach Hause zu nehmen. In großen Restaurants, wo auch die Löhne höher sind, werden die zehn Prozent bereits in die Gesamtsumme eingerechnet, entweder auf der Rechnung vermerkt oder auf Anfrage bestätigt, sodass kein extra Trinkgeld anfällt.

Autorikscha- und Taxifahrern muss grundsätzlich kein Trinkgeld gegeben werden. Wenn Sie allerdings mit dem Fahrer zufrieden waren, ist es nett, den Betrag aufzurunden, und wenn er Ihnen mit dem Gepäck geholfen hat, geben Sie zusätzlich etwa 10 Prozent mehr. Mieten Sie ein Auto mit Fahrer für einen Tag oder länger, stehen dem Fahrer ein Mittagessen und am Ende zehn Prozent Trinkgeld zu. Fremdenführer erhalten zusätzlich zum vereinbarten Preis bis zu 20 Prozent Trinkgeld. Und natürlich sollten Sie auch nach einer Bootsfahrt, sei es auf dem Ganges oder an der Küste, dem Bootsführer ein Trinkgeld geben. Im Hotel können Sie dem Room Service ruhig täglich etwas geben, dann haben Sie nämlich mehr davon, als wenn Sie das erst vor der Abreise tun – für die Zeit Ihres Aufenthalts können Sie mit verbessertem Service rechnen. Sollten Sie sich in einem Hotel etwas länger aufhalten, so ist es außerdem angemessen, den dort für einen Hungerlohn arbeitenden Gärtnern, Wachmännern, Fege-Ladys, die Ihnen Ihren Aufenthalt verschönern, von Zeit zu Zeit etwas zuzustecken. Der Boy, der die gewaschene und gebügelte Wäsche anliefert und Ihnen Essen aufs Zimmer bringt, sollte auch nicht vergessen werden. In allen erwähnten Fällen sind bis zu 50 Rupien angebracht. Die Träger mit den roten Hemden an den Bahnhöfen, *kulis*, die mehrere Gepäckstücke auf dem Kopf aufgetürmt transportieren können und pro Gepäckstück bezahlt werden, erhalten am Schluss zehn bis 20 Prozent der Gesamtsumme zusätzlich als Trinkgeld.

Ja, diese ganze Trinkgeldgeberei verlangt ziemlich viel Aufmerksamkeit, vor allen Dingen weil Sie auch stets dafür sorgen müssen, dass Sie genügend kleine Scheine bei sich haben; die Lady mit dem Besen kann Ihnen bestimmt nicht auf 100 Rupien herausgeben. Und das ist die Mühe unbedingt wert, denn hier können wir durch unser Verhalten für unser Land und unsere Kultur Punkte sammeln. Und wünschen wir uns nicht alle, was ein indisches Sprichwort verspricht: »Das Lächeln, das du aussendest, kommt zu dir zurück«? Glauben Sie mir, Rupien lächeln – von einem Ohr zum anderen.

7 MÄNNER? *NO PROBLEM!*

RAHUL, ROHIT, RAJ & CO.

Von der Dachterrasse im sechsten Stock flitzt Alma im Slalomlauf die steilen Marmortreppen hinab und taucht, ohne zu stoppen, mitten in den wogenden Strom von Pahar Ganj ein. Sie taumelt ein wenig, aber keine Sorge, hier kann sie unmöglich umfallen – es ist einfach nicht genug Platz. Auf der unasphaltierten Straße, wie üblich ohne Gehweg, drängen sich in der vom Staub gelben Luft nebeneinander, hintereinander, durcheinander Menschen, Motorrikschas, Kühe, Motorräder, Fahrräder, Hunde, Motorroller, Fahrradrikschas, Karren und wieder Menschen. Alma schnappt nach Luft. Um sie herum mäandern Strom und Gegenstrom. Was für ein Getümmel! Handkarren mit Säcken und Stoffballen hoffnungslos überladen schwanken vor ihr her, Fahrradfahrer im Zweierpack auf einem Drahtesel trudeln von einer Seite zur anderen, Motorräder, besetzt mit Papa, den Kleinen vor sich auf dem Tank und Mama, elegant im Sari und Damensitz auf dem Sozius, das Baby im Arm, schlängeln sich durch die Menge. Menschen schlendern. Autos, im Schneckentempo, schieben Fußgänger sanft zur Seite. Alle setzen, völlig unbeeindruckt von dem Gewimmel, unbeirrbar ihren Weg fort, passen sich mit kleinen Wendungen des Körpers der Strömung an, finden zielstrebig eine Lücke fürs Fortkommen.

Wie machen die das? Haben die eingebaute Navigatoren?, staunt Alma, die bei jedem Schritt das Gefühl hat, dass dort, wo sie ihren Fuß hinsetzen will, schon einer ist. Ungeschickt rempelt sie hier eine Schulter an, prallt dort gegen einen langsam voranschnurrenden Ambassador, bleibt zwischen zwei Fahrradrikschas stecken, stößt gegen einen Karren mit Melonen. Immer wieder wird sie selbst zum Hindernis im Fluss und wird – *no problem!* – elegant umflossen. Sie bemerkt einen jungen Mann, tiefschwarze Tolle, korrekt gescheitelt, ein schmales Bärtchen auf der Oberlippe, der sich dicht an ihrer Seite hält und forsch »*Where from? What country?*« fragt.

»*Germany*«, lächelt Alma.

Links von ihr noch ein anderer: »*Hello!*«, und jetzt schiebt sich ein Dritter vor sie. Das Basecap sitzt locker auf seinen großen braunen Ohren, die von einem breiten Lächeln – »*Hi!*« – fast berührt werden. Richtig putzig findet Alma den und lächelt amüsiert zurück. Er tritt ihr in den Weg und drängt sich neben sie. Plötzlich fühlt Alma sich eingeengt, will schneller gehen, die Typen abschütteln. Die drei jedoch bleiben ihr auf der Pelle, dicht dran, unangenehm nah – viel zu nah!

»*Go, please!*«

Mit einer Handbewegung versucht sie die jungen Männer wegzukomplimentieren. Ein dreifaches Auflachen ist die Antwort. Und plötzlich steht Alma vor einer Hauswand, rechts von ihr ein Karren. Sie ist eingekeilt. Die Männer rücken noch näher, sodass sie fast Almas Schultern berühren, flüstern einander zu und kichern. Sie gestikulieren, ein Schwall aus unverständlichen Worten rauscht über Alma hinweg. Zorn brodelt in ihren Adern. Und – verdammt! – einer hat ihr an den Po gefasst! Da geht ihre Ladung hoch: Heftig stößt sie den Typen zurück und schreit mit überschnappender Stimme: »Pfoten weg! Hau ab! Zieh Leine!« Mit beiden Ellbogen stoßend quetscht sie sich an den Männern vorbei.

Ein paar Leute sind stehen geblieben, ein älterer Mann blafft die Jungs an und stellt sich ihnen in den Weg. Die Augen gesenkt, scheren sie zur Seite aus, schlängeln sich geduckt durch die Menge und verdrücken sich so schnell sie können. Als Alma sie so sieht, flüchtend wie geprügelte Hunde, tun sie ihr fast leid, doch sie spürt noch immer den Druck der Finger und beim bloßen Gedanken daran schüttelt sie sich und ballt die Fäuste.

Als sie sich umblickt, fällt ihr auf, dass die ganze Straße nur so von Männern wimmelt. Jungen Männern, alten Männern, Halbwüchsigen, Knaben. Hier und da sieht sie eine Frau, eindeutig zielgerichtet unterwegs. Dort drei Frauen in einer Fahrradrikscha, beladen mit Einkaufstüten, drüben eine alte Frau, die Müll in ein eisernes Wägelchen sammelt. Die Männer hingegen scheinen im Entspannungsmodus, zumindest die jungen. Adrett in Bügelfaltenhose oder Jeans gekleidet und in der Hemdtasche eine Garnitur Kugelschreiber. An Wände gelehnt, auf Plastikstühle gelümmelt, über ihre Motorräder gestreckt, auf Karren hockend räkeln sie sich lässig, locker, beinahe gockelig. Haben die nichts zu tun? In der Hand das unvermeidliche Handy oder ein *chai*-Glas, palavernd. Und immer wieder der angeberische Griff an die kostbare Männlichkeit. Meine Güte, was für ein Zirkus! Alma muss fast lachen über diese naiven Machoposen. Aber sie ist immer noch wütend. Wehe, einer wagt es, ihr noch mal zu nahe zu kommen! Jawohl, sie wird sich Respekt verschaffen! Vielleicht wäre es eine gute Idee, ihren schwarzen Judogürtel sichtbar zu tragen? Der Spaßvogel, der sie angefasst hat, kann jedenfalls von Glück sagen, dass sie ihn nicht in den Würgegriff genommen hat. Echt!

DEMOGRAFISCHES

Am 11. Mai 2000 überschritt Indiens Bevölkerungszahl offiziell die Milliardengrenze. Mit rund 1,15 Milliarden Einwohnern hat Indien nach der Volksrepublik China den zweiten Platz der bevölkerungsreichsten Staaten der Erde inne. Indiens Reichtum ist seine Jugend: Mehr als 40 Prozent der Bevölkerung ist jünger als 30 Jahre. Ein Drittel der Bevölkerung ist unter 15 Jahre alt, und die Gruppe der 15- bis

20-Jährigen umfasst fast 300 Millionen Menschen. Die durchschnittliche Lebenserwartung liegt in Indien bei 63 Jahren (Deutschland: 79 Jahre). Indien gehört zu den Ländern, in denen es mehr Männer als Frauen gibt.

What's the problem?

»Genau, lass dir nichts bieten!«, feuert Friedrich Alma an und freut sich, dass sie die Situation so energisch gemeistert hat.

Bevor Sie selbst aber in den Ring steigen, lassen Sie uns das Geschehen noch einmal genauer ansehen. Wie konnte es überhaupt so weit kommen? War Alma möglicherweise an der Eskalation der Situation beteiligt? Das soll natürlich keinesfalls heißen, dass sie selbst schuld daran war.

Tatsächlich aber konnte Alma die Lage nicht realistisch einschätzen und adäquat darauf reagieren, da sie keine Ahnung hatte, welches Bild viele indische Männer von Frauen aus dem Westen haben und welche Konsequenzen sich daraus ergeben. In den Augen der meisten Inder sind wir Ausländer, gemessen an den strengen Moralvorstellungen, die in der indischen Gesellschaft herrschen, hemmungslose Charaktere oder sexbesessene Unholde. Eine Vorstellung, die durch US-Kinofilme und das Satellitenfernsehen beeinflusst ist. Und so ist es kaum ein Wunder, dass in den Augen indischer Männer eine westliche Frau, wie die Kinobilder suggerieren, »leicht zu haben« ist. Touristenpaare, die durch zu freizügiges Auftreten gegen einheimische Tabus verstoßen, verstärken dieses verzerrte Bild zusätzlich. So kann es geschehen, dass ein interessierter Blick, ein freundliches Lächeln, ein paar unverbindliche Worte als Einladung zum Sex missverstanden werden. Die wilden Fantasien, die dadurch in zuweilen eindimensional funktionierenden Männerköpfen ausgelöst werden, setzen ein Verhalten frei, das über anzügliches Kichern und unflätige Bemerkungen bis zu körperlichen Übergriffen führen kann. Dieses mit dem beschönigenden Begriff *Eve teasing* (wörtlich: Eva necken) umschriebene Verhalten, dem auch indische Frauen ausgesetzt sind, geht meist im täglichen Chaos unter. Aufgrund entsprechender Kampagnen von Frauenverbänden werden Übergriffe jedoch neuerdings polizeilich verfolgt, sofern die Beamten durch die öffentliche Meinung dazu gezwungen werden. Ansonsten ist die indische Polizei hier wie in anderen Bereichen des gesellschaftlichen Lebens oft Täter-Sympathisant, wenn nicht gar selbst Täter.

Sexualität ist in Indien stark tabuisiert. Die Zeiten des Kamasutra sind längst vergangen und sie hatten zudem nur auf höfischer Ebene Gültigkeit. Indische Mädchen, die ihre Reputation und ihre Chance, einen Ehemann zu finden, nicht aufs Spiel setzen wollen, können es sich nicht leisten, mit einem Jungen nahen Kontakt zu haben. Daher ist die sexuelle Frustration unter jungen Männern erheblich. Bedenken Sie, dass das Durchschnittsalter in diesem Land unter 25 Jahren liegt (Deutschland: 42 Jahre) und Millionen junger Männer in der virilsten Phase ihres Lebens keine Möglichkeit haben, sexuelle Erfahrungen zu sammeln. Die einzige Aussicht auf regelmäßigen Sex ist die Heirat, doch dazu müssten sie über einen guten Job verfügen, eine halbwegs gesicherte Zukunft, was zumeist nicht der Fall ist. Hinzu kommt der Frauenmangel, hervorgerufen durch die massenhafte Abtreibung weiblicher Föten (mehr dazu in Episode 30, Seite 184). Die weite Verbreitung der Prostitution in Indien, sicher auch ein Ergebnis der herrschenden Moralvorstellungen, ist unter den genannten Bedingungen nicht verwunderlich.

No problem – relax!

Wie Sie gesehen haben, kann es leicht passieren, dass Sie als Frau in Indien von Männern belästigt werden. Um Situationen zu vermeiden, in denen Sie bedrängt werden, gibt es ein paar einfache Regeln. Zuallererst: Wenn es Ihnen auch noch so schwer fällt, weil Sie als Gast in einem fremden Land gerne höflich und freundlich auftreten möchten, begegnen Sie fremden indischen Männern grundsätzlich abweisend, um jedes Missverständnis auszuschließen. Seien Sie niemals »zu nett«. Fangen Sie nie im Zug, im Bus oder in Geschäften ein Gespräch mit Männern an. Vermeiden Sie Augenkontakt. Antworten Sie nicht auf Fragen. Bleiben Sie stur. Vertreiben Sie hartnäckige Verfolger mit einer wegscheuchenden Handbewegung und entschieden lauter Stimme: *Jao! Jao!* (Hau ab!; gesprochen: tschao). Achten Sie darauf, nirgendwo alleine mit einem Mann zu sein. Lassen Sie nicht einmal den Room Service, der immer männlich ist, in Ihr Hotelzimmer, wenn Sie alleine sind. Es versteht sich von selbst, dass Sie es als Frau vermeiden sollten, alleine bei Dunkelheit unterwegs zu sein, auch nicht mit einer Rikscha.

Sollten Sie dennoch einmal in eine Situation geraten, in der Sie bedrängt werden, ist es ganz wichtig, dass Sie sich lautstark empören, um Passanten auf sich aufmerksam zu machen, die Ihnen sicherlich helfen werden. Ein ernster sexueller Angriff ist ein traumatisches Erlebnis, und Sie benötigen in einer solchen Situation allergrößte Unterstützung. Sie sollten sich deshalb auf keinen Fall allein an die Polizei wenden. Dort werden Sie unter Umständen nicht ernst genommen, selbst beschuldigt oder sind weiteren Angriffen ausgesetzt. Rufen Sie Ihre Botschaft an und bitten Sie dringend um Unterstützung.

ALLEINREISENDE FRAUEN IN INDIEN

Nach der brutalen Vergewaltigung einer jungen Frau im Dezember 2012 ließen zahllose Medienberichte über sexuelle Übergriffe Indien als ein für Frauen gefährliches Reiseland erscheinen. Auch wenn an den verstörenden Tatsachen der Übergriffe kein Zweifel besteht, so haben doch viele unausgewogene und schlecht recherchierte Berichte eher Angst geschürt, als die Hintergründe differenziert zu erörtern. Es stimmt: Indien ist eine patriarchalisch geprägte Gesellschaft und Frauen sind grundsätzlich in einer schwächeren Position (siehe auch Episode 30, Seite 184). Und es muss betont werden, dass Indien international kein herausragendes Negativbeispiel ist, was Gewalt gegen Frauen betrifft. Hochgerechnet auf die jeweilige Einwohnerzahl liegt die gemeldete Zahl der Vergewaltigungen in anderen Ländern höher – wie auch immer die Dunkelziffer aussehen mag – und niemand hat für diese Länder je entsprechende Warnungen ausgesprochen.

Die Frage, ob alleinreisende Frauen in Indien sicher sind, lässt sich nicht pauschal beantworten – wie auch in keinem anderen Land der Welt. Gerade in Indien, diesem gigantischen Subkontinent der Vielfalt und Extreme, kann das, was in einem Teil des Landes zutrifft, in einem anderen falsch sein. Nirgendwo auf der Welt gibt es einen hundertprozentigen Schutz vor Übergriffen. Frau kann jedoch mit gesundem Menschenverstand, guter Vorbereitung und stets wacher Vorsicht die Risiken auf ein Minimum reduzieren. Die Tipps für ein angemessenes Verhalten, die im vorigen Abschnitt benannt wurden, um Konfrontationen zu vermeiden, sollten in der Vorbereitung auf die Reise sehr ernst genommen und während der Reise befolgt werden. Auch der grundsätzliche Respekt vor der Kultur des Landes und die Anpassung an die ungewohnten Restriktionen vermindern die Wahrscheinlichkeit, in brisante Situationen zu geraten (siehe auch: *Dresscode,* Seite 197 und *Paare,* Seite 184) In Situationen, die reisenden Frauen verunsichernd oder gefährlich erscheinen, ist es immer zu empfehlen, die Nähe anderer zu suchen. Speziell unter Frauen gibt es eine starke Solidarität, und Familien unterwegs werden immer bereit sein, Schutz und Hilfe zu gewähren. Wer sich selbstbewusst und einfühlsam auf die Andersartigkeit Indiens einlässt, kann unbeschwert ein faszinierendes Land mit unglaublich freundlichen Menschen entdecken – ohne sich unwägbaren Gefahren auszusetzen. Frauen, die schon vor Reiseantritt Angst empfinden bei dem Gedanken, welche Gefahren lauern könnten, sollten lieber von der Reise absehen. Angst ist ein schlechter Reisebegleiter.

8 STRASSENVERKEHR? *NO PROBLEM!*

ANGRIFF DER KILLERWESPEN

Der Anruf ist gleich morgens gekommen: »*I am Karthik*«, mit einem eigenartig kehligen, dunklen Akzent. Laute wie grob geschmirgelte Holzperlen.

So also klingt der Süden, dachte Alma angenehm überrascht. Sie hatte allerdings Mühe, Karthiks Englisch zu verstehen. Was sie schließlich mitgekriegt hat: Die Drehzeit des Bollywoodfilms, bei dem er als Tonmeister mitwirkt, hat sich verzögert, er wird es nicht schaffen, nach Delhi zu kommen. Schade. Klang eigentlich ganz nett, das Macho-Kindermädchen. Aber deshalb sofort nach Mumbai aufbrechen? Auf keinen Fall! Jetzt, wo es gerade anfängt, Spaß zu machen. So vieles gibt es, was sie noch sehen will hier im Norden. Karthik hat ihr dann noch eine Menge erklärt über den Bundesstaat Bihar, Bahntickets und Zugfahren. Sein Englisch klang wie eine Fahrt über einen Hochgeschwindigkeitsparcours. Wo hörte das eine Wort auf, wo begann das nächste? Ein Wettrennen der Wörter.

Genauso wie die Fahrt mit der Rikscha, in der Alma gerade sitzt. Einer wild gewordenen Wespe gleich flitzt die Nussschale auf drei Rädern mit nichts drum herum als einer flappenden Plane zwischen wankenden Trucks hindurch, wedelt tollkühn durch Lücken im Stau, drängelt sich fast im Hautkontakt zwischen zwei glänzende Karossen, immer die Nase vorn. Und der Fahrer – dauernd mit dem Finger auf der Hupe. Alle anderen auch. Stakkatohupen, Quaken, Tröten, ein schrillendes, dröhnendes, Trommelfell zerreißendes Hupkonzert.

Gibt es eine tiefere Bedeutung hinter diesem Dauergehupe? Etwa *nada brama*, die ganze Welt ist Klang, und Hupen ist eine religiöse Teilhabe an diesem Sein? Oder ist Hupen eine Möglichkeit, sich in dem babylonischen Sprachengewirr zu verständigen? Alles knattert, brettert, braust, und Bremsen scheint nur als Vollbremsung mit kreischenden Reifen erlaubt zu sein. Vergiss Malariamücken! Das hier gilt es erst mal zu überleben!

Alma stemmt ihre Füße fest auf den Boden des Gefährts, klammert sich an das Gestänge über ihr, Fingerknöchel weiß, und erwartet mit zusammengebissenen Zähnen jeden Augenblick den endgültigen Zusammenprall. Sind die alle irre hier? Offensichtlich befindet sie sich mitten in einer verrückten Autoskooterfahrt, nur ohne die dicken Schutzpuffer rund ums Gefährt. Hier ist sie selbst der Puffer! Minütliche Beinahzusammenstöße lassen sie erstarren. Mit dem Gedanken an die abendlichen Starschwärme über der Museumsinsel in Berlin versucht sie sich zu beruhigen.

Die Vögel sollen über ein hochsensibles System verfügen, das Kollisionen verhindert, obwohl sie mit rasender Geschwindigkeit durcheinanderwirbeln. Hochsensibles System – ja, dafür schickt sie ein Bittgebet gen Himmel, dass es serienmäßig im Modell »Inder« eingebaut sein möge. Ansonsten scheint die Katastrophe unabwendbar.

»Die fahren, als ob es kein Morgen gäbe«, ächzt Alma. *Life is cheap*, es gibt ja noch so viele andere? Sie würde am liebsten die Augen schließen, um diese Höllenfahrt auszublenden. Aber irgendwer muss hier ja wohl die Kontrolle behalten. Wer sonst als sie? Der

Rest der Verkehrsteilnehmer ist offensichtlich komplett unzurechnungsfähig.

Und schon – Rumms! – hat die Rikscha ein Fahrrad am Pedal erwischt, und ihr Fahrer schreit augenblicklich los: »*Bhenchod! Salaah!*« (frei übersetzt: Wichser!), und sendet Drohgebärden in Richtung des Opfers. Alma ist fassungslos. Der Radfahrer, Gott sei Dank unverletzt, tritt mit dem nackten Fuß gegen das hoffnungslos verbogene Pedal und brüllt zurück.

Hinter ihnen schwillt das Hupkonzert bedrohlich an. Zu Almas Überraschung springt der Fahrer plötzlich aus der Rikscha, und nun treten sie zu zweit auf das Pedal ein. Pünktlich zur nächsten Grünphase ist der Spuk auch schon vorüber. Der Fahrradfahrer strampelt mürrisch davon, und Almas Fahrer rast, noch ein paar Verwünschungen ausstoßend, wieder hinein in diesen Sturzbach von Verkehr, der sich sechsspurig über die dreispurige Straße ergießt.

RIKSCHAS

Die Motorrikscha, meist einfach als *auto, rickshaw* oder auch als *threewheeler* bezeichnet, ist das bevorzugte Transportmittel im Stadtverkehr, zwar teurer als der Bus, aber viel billiger als ein Taxi. Erstmals 1948 in Italien von Piaggio produziert, ist die Rikscha quasi ein Motorroller auf drei Rädern, der mit einer metallenen Fußschale und einer Plastiküberdachung an mehreren Stangen ausgerüstet ist. Der Zweitakter röhrt wie ein Motorrasenmäher und wird auch manchmal wie dieser mit einem Zugseil angeworfen. Die Standardfarben sind schwarz-gelb oder grün-gelb. Wegen ihrer Wendigkeit und ihrer geringen Größe kommt die Rikscha im dichtesten Verkehr schnell voran. Oft ersetzt sie deshalb in eiligen Notfällen den Krankenwagen. Ihre Höchstgeschwindigkeit liegt ungefähr bei 50 km/h und beträgt bei normaler Fahrt etwa 35 km/h. Rechtmäßig darf sie drei Passagiere und einen Fahrer transportieren, doch wird dieses Maß oft um ein Vielfaches überschritten.

What's the problem?

»*Sabkutch* (Alles), Alma!«

In einer von einem Kamikazefahrer gesteuerten Eierschale den tobenden Kräften des indischen Straßenverkehrs ausgesetzt zu sein, ist, durch westliche Augen gesehen, ein ultimatives Szenario des Schreckens. Nichts läuft auch nur im Entferntesten so, wie wir es gewöhnt sind: Es droht akute Gefahr für Leib und Leben, die Dauer der Fahrt ist ungewiss, Verkehrsregeln existieren nicht. Chaos herrscht. Was könnte problematischer sein?

No problem – relax!

Gibt es eine Lösung für dieses Problem? Im Grunde: nein. Die einzig mögliche Haltung an dieser Stelle: Akzeptanz. *That's India. When you are in, you are in.* Wenn Sie der Gedanke an das gefährliche Chaos jedoch zu sehr schreckt, gibt es die Möglichkeit, sich für jede Stadtfahrt ein echtes Taxi, z. B. einen Ambassador, zu mieten. Das ist sicherer – und unendlich viel umständlicher, teurer und zeitaufwendiger.

9 RIKSCHAFAHRER? *NO PROBLEM!*

HOLY COW, ÜBERNEHMEN SIE!

Mit Alma auf dem Rücksitz bricht die Rikscha schleudernd in einen Kreisverkehr ein, wo inmitten eines Rasenrondells auf einem hohen Sockel Gandhi, der dürre Wanderer, in Überlebensgröße und Goldbronze marschiert, die Augen unerschütterlich, trotz des Dezibelgewitters zu seinen Füßen, in die Ferne gerichtet. Mit einem Ruck, der Alma gegen den Rücken des Fahrers schleudert, landet die Rikscha ausgebremst hinter einem Tata Sumo, dem Geländewagen des größten indischen Autoherstellers Tata.

»Phhhh!« Da passt bloß noch ein hauchdünnes *tulsi*-Blättchen (indisches Basilikum) dazwischen.

Als ob die Welt angehalten wurde, steht urplötzlich alles still. Der Fahrer breitet die Arme aus und zuckt mit den Schultern. Nach ausgiebigem Protestgehupe nimmt er eine gemütliche Sitzposition ein, Beine über dem Lenker gekreuzt, lehnt sich zurück und gähnt. Alma ist verblüfft. Der gleiche Mann, der eben noch wie ein Berserker Furchen durch den Verkehr gepflügt hat, verwandelt sich plötzlich in einen Buddha der Ruhe. Verständnislos starrt Alma ihn an und verharrt selbst reglos.

Langsam verebbt das Hupkonzert. Aus den Gefährten um sie herum steigen mehr und mehr Männer aus, recken sich, dehnen die Arme über dem Kopf, rufen sich Fragen zu. Spontan entstehen

Diskussionsrunden, über Autotüren gelehnt werden Plauschs per Handy geführt. Ein paar Männer schlängeln sich durch die Masse der Fahrzeuge weiter nach vorn, mit ausholenden Gesten rufen sie einem größeren Publikum Mitteilungen zu.

Was in aller Welt ist geschehen? Alma erklimmt das Trittbrett der Rikscha und reckt ihren Hals. Und dort, weiter vorne, entdeckt sie des Rätsels Lösung: eine Gruppe Kühe, fünf hellbraune Tiere mit bunt bemalten Hörnern. Die ganze Straßenbreite nehmen sie ein, haben sich vor Gandhi aufgereiht und blicken wiederkäuend zu ihm auf. Wollen sie sich ihm anschließen? Behäbig lässt sich eines der Tiere nieder. Männer scharen sich nach und nach um die Kühe, stemmen sich gegen die Kuhkörper, schieben, drücken, um sie in die Ausgangsrichtung zurückzubewegen, und reden ihnen dabei gut zu. In Anbetracht der erklärten Heiligkeit der Kühe klingt das dann wohl etwa wie: »Ihre Heiligkeit, würden Sie gnädigst geruhen, sich zu entfernen?«, stellt sich Alma vor und wünscht sich, jemand würde stattdessen in die Luft schießen, um Bewegung in den Laden zu bringen. Die Kühe verkörpern von Kopf bis Huf Unerschütterlichkeit, Monumente der Ewigkeit, wie Gandhi auf seinem Sockel, rühren sich nicht vom Fleck. Nun knickt auch noch eine andere schwerfällig ein und legt sich nieder.

»Das war's dann wohl für heute«, seufzt Alma. Ist das nicht lächerlich? Fünf Kühe legen den Verkehr auf einer Magistrale der Hauptstadt lahm – andere Länder ... na ja. Eines ist klar, lange würde sie das nicht mitmachen, sie hat ja schließlich noch etwas vor. Das Rote Fort, eine Festungs- und Palastanlage aus der Zeit des Mogulreichs, kann nicht mehr weit sein, zur Not würde sie zu Fuß dorthin gehen.

Im nächsten Augenblick sieht Alma jedoch, wie ein Mann mit einem Bündel riesiger Rettiche im Arm vom Außenrand her die Szene betritt. Was hat das zu bedeuten? Action! Das will sie sehen! Einem Stierkämpfer gleich wedelt der Mann mit den Rettichen vor dem Maul der hintersten Kuh und setzt sich tänzelnd rückwärts in Bewegung. Das Tier reagiert prompt und dreht bei, unerwartet behände in Anbetracht der vorhergehenden katatonischen Darstellung, und strebt dem verlockenden Happen hinterher. Hinweg auch die träge Ruhehaltung der nächsten Kuh. Als auch die liegenden Tiere Witterung aufnehmen und sich aufrappeln, preschen alle Fünfe los und stoßen zwei Männer um, die unter Gejohle wieder aufgerichtet werden.

Und schon kehrt Leben zurück in die Masse der Fahrzeuge, die wie im Dornröschenschlaf der kommenden Dinge geharrt hat. Motoren heulen auf, Zweitakter knattern los, Hupen explodieren, Gandhi verschwindet in Abgaswolken. Im Vorbeifahren sieht Alma am Rand die Kühe träge auf den Rettichen kauen. Ein bisschen neidisch ist sie schon, mit welch unerbittlicher Sturheit diese sanften Tiere dem Rest der Verkehrsteilnehmer ihren Willen aufzuzwingen vermögen und dafür auch noch mit Leckereien belohnt werden. Hat sie da gerade etwa Gandhi ein Auge zukneifen gesehen?

HEILIGE KÜHE

Selbst heute noch ist der Schutz der Kuh in der hinduistischen Religion ein Dogma. Auch für jene, für die die Kuh nicht heilig, sondern nur ein bedeutendes Symbol ist, hat sie doch einen besonderen Stellenwert. Das Töten von Kühen wird in keinem Fall akzeptiert. Für die meisten Hindus, auch wenn sie keine Vegetarier sind, ist es ausgeschlossen, Rindfleisch zu essen. Die besondere Bedeutung der Kuh wird auch heutzutage noch darin begründet, dass sie ein Symbol der Mütterlichkeit, der Fürsorge und der Sanftheit ist und dem Menschen vier lebenswichtige Gaben spendet:

1. das *ghee*: Butterschmalz zur Zubereitung von Speisen und zur Verwendung bei sakralen Zeremonien, wie bei der Verbrennung der Toten und als Opfergabe für Götterstatuen und -Bilder,
2. der Mist: Brenn- und Baumaterial sowie Dung,
3. der Urin: Heilmittel,
4. die Milch: Eiweißlieferant.

Kühe gehören zum täglichen Straßenbild Indiens. Da sie praktisch immer Vorfahrt haben, stellen sie durch ihre pure Anwesenheit Verkehrsregeln auf. Wer eine Kuh im Straßenverkehr verletzt, kann bestraft werden. Die überall umherstreifenden Tiere sind übrigens nicht immer herrenlos; einige kehren abends unfehlbar zu ihrem Besitzer zurück. Da dieser für das Futter meist nicht aufkommt, fressen sie die Abfälle in den Straßen und auf den Basaren. Dabei verschlingen sie auch alle Arten von Kunststoffen, was zu ihrem qualvollen Tod führen kann.

Mit der Sicherheit eines Trapezakrobaten wirft sich der Fahrer wieder in den Verkehr, kreuzt, schneidet, überholt von rechts und links, drängelt in halsbrecherischem Tempo durch das Gewühl und dreht ungeduldig an Ampeln das Gas hoch, um dann mit einem Satz wieder loszubrausen. Was für ein Wahnsinn, denkt Alma.

In kürzester Zeit erreichen sie das Rote Fort. Einen Fünfzig-Rupien-Schein schon in der Hand fragt sie mit Blick aufs Taxameter: »*How much?*«, und runzelt die Stirn. Was ist denn das? Jetzt erkennt sie es: Die Zahlen auf dem Taxameter sind aufgemalt! Der Fahrer, der ihren Blick bemerkt hat, lässt die flache Hand auf den kleinen Kasten niedersausen, dass es rasselt.

»*Not work!*«, ruft er und schaut Alma vorwurfsvoll an.

Wie? Alma ist platt, ist das etwa ihre Schuld?

»*One hundred rupies!*«, proklamiert er nun den Fahrpreis mit der Miene eines vom Elend heimgesuchten Mannes.

Dreist! Das ist bestimmt das Doppelte des üblichen Preises! Mal wieder gibt es statt korrekter Abrechnung bloß Fantasie und Schneegestöber. Alma funkelt den kleinen Mann mit dem lässig gebundenen Halstuch wütend an und drückt ihm den Schein in die Hand: »*Bas!*« (Genug!) – das Wort hat sie von Friedrich –, macht auf dem Absatz kehrt und läuft mit großen Schritten auf das Rote Fort zu. Hinter sich hört sie einen Aufschrei, gefolgt von einer wilden Wortkaskade, unbeirrt läuft sie weiter. Er wird seine Rikscha nicht alleine lassen, um ihr nachzusetzen, vermutet sie. Flink und mit einem triumphierenden Lächeln taucht sie gleich darauf in einer Reisegruppe unter.

What's the problem?

»Alma, Alma, nicht gerade die feine Art«, schüttelt Friedrich missbilligend den Kopf.

Aber, werden Sie vielleicht einwenden, hat Alma nicht einfach aus Selbstschutz gehandelt, um nicht schon wieder über den Tisch gezogen zu werden? Und doch, sie selbst trägt die Verantwortung dafür, dass sie ihre indischen Alltagsgeschäfte in angemessener Form abwickelt und für einen respektvollen Umgang mit Menschen sorgt. Und das bedeutet eben immer wieder, gut vorbereitet und stets wach zu sein. Dann sind solche groben Mittel überflüssig.

No problem – relax!

Mit ein paar klaren Verhaltensweisen an der Hand können Sie dem Abschluss einer Rikschafahrt ruhig entgegensehen.

1. Suchen Sie sich Ihren *rickshaw-wallah* (Rikschafahrer) immer selbst aus, fahren Sie nicht bei irgendeinem mit, der Sie anspricht. Schlepperalarm!
2. das leidige Taxameterproblem. Alle Rikschas müssen ein Taxameter, geeicht gemäß der entsprechenden städtischen Vorschriften, haben. Doch wen kümmert es? Da gibt es unterschiedliche Einschaltpflichten in verschiedenen Städten, die Umrechnung des angezeigten Betrags erfolgt nach einer unverständlichen Tariftabelle. Oft weigert sich der Fahrer, das Ding überhaupt einzuschalten, und wenn er es tut, ist es meist sowieso kaputt, und selbst wenn es funktioniert, könnte es manipuliert sein. Und obendrauf noch die Verständigungsschwierigkeiten? Vergessen Sie das Taxameter! Besser Sie gehen so vor: Erkundigen sie sich vor der Fahrt im Hotel oder bei Bekannten, was die geplante Strecke üblicher-

weise ungefähr kosten darf. Nennen sie dem Fahrer das Fahrtziel und fragen Sie im Voraus nach dem Fahrpreis. Ein kräftig überhöhter Preis wird die Antwort sein. Feilschen Sie dann so lange, bis der Preis ungefähr die Zone Ihrer Vorstellung erreicht hat. Bleiben Sie locker, nehmen Sie es als Spiel – Ihr Gegenüber liebt es, zu spielen. Für ihn erhöht Feilschen mit einem entschiedenen Gegner den Spaß und seinen Respekt Ihnen gegenüber. Wenden Sie sich ab, wenn Sie glauben, zu keiner vernünftigen Lösung zu kommen. Winken Sie eine andere Rikscha heran (*»auto!«* oder *»rickshaw!«* sind die üblichen Rufe), es schwirren immer genug davon herum. Auch hier gilt: Wir sind die reichen Westler, und es ist unangemessen, verbissen um ein paar Rupien zu kämpfen.

3. Inder hassen es, zuzugeben, dass sie etwas nicht wissen. Es kann also durchaus vorkommen, dass der Fahrer, der bei Ihrer Zielansage – *yes, yes!* – begeistert mit dem Kopf gewackelt hat, nun ewig in der Gegend herumkurvt, obwohl Sie Ihrer Einschätzung nach schon längst das Ziel erreicht haben sollten. Ganz einfach, er kennt den Weg nicht. Ehrenrühriges Fragen will er auf keinen Fall riskieren und hofft nun schicksalergeben, dass sich der richtige Weg irgendwie vor ihm auftun möge. Stoppen Sie ihn und insistieren Sie, dass er an einem Teestand oder bei einem Kollegen nach dem Weg fragt. Nun wird er sich schlecht fühlen, er hat eine Menge Sprit verbraucht und sich blamiert, also seien sie freundlich zu ihm. Da der Fahrpreis bereits feststeht, ist es bloß Zeit, die Sie verloren haben – und die ist in Indien längst nicht so kostbar wie bei uns.
4. der Akt des Bezahlens. Haben Sie nur einen größeren Geldschein bei sich, zahlen Sie erst, wenn der Fahrer wechseln kann. Einmal das große Geld in seine Hand gegeben, kann es schwierig werden, den Schein wiederzubekommen. Ist alles gut gelaufen, denken Sie beim Bezahlen daran, dass der Fahrer oft zwölf bis 16 Stunden am Tag in einem kriegsähn-

lichen Verkehr auf den indischen Straßen für sein Überleben schuftet. Die Rikscha, die er fährt, ist in der Regel gemietet, was bedeutet, dass er den größten Teil dessen, was er einnimmt, abgeben muss, und nicht selten dient sie ihm auch als einzige Unterkunft. Und allen widrigen Umständen zum Trotz hat er Sie mit vollem Einsatz heil ans Ziel gebracht.

10 HEILIGE? *NO PROBLEM!*

NIRVANA CALLING

Zurück im Pahar Ganj hat Alma ein seltsames Gefühl von Nach-Hause-Kommen. Dieses überbordende Gewusel, die vor Farben und Kram überquellenden Läden – sie fühlt sich bereits ganz heimisch. Dort drüben die Gruppe Rikschafahrer in *lungis* (um die Hüften geschlungene lange Tücher) am Teestand, der wackelige Karren mit den aufgetürmten Bananen, und da das Schild mit dem Zähne bleckenden Gebiss, »DENTIST«, schrecklich schön. Das alles ruft bei ihr ein vertrautes Gefühl hervor. Sogar der Geruch, staubig trocken, würzig aufgeladen von dem siedenden Öl der *samosa*-Stände in einem Grundton von, tja, Urin, durchzogen von Räucherstäbchenduft, gehört dazu: Indien. Aus dem Laden des Silberschmieds, wo im Hintergrund ein ganzes Bündel der Stäbchen vor einer Gottheit glüht, quellen Schwaden des herben Duftes nach draußen. Den will Alma unbedingt mit nach Hause nehmen. Simsalabim, wie Aladins Geist aus der Flasche würde beim Abbrennen der Räucherstäbchen der Basar in ihrem Wohnzimmer auferstehen.

RÄUCHERSTÄBCHEN

Indische Räucherstäbchen, dünne Holzstäbe bestrichen mit einer Paste aus Holzpulver und Ölen, setzen beim Abbrennen Düfte frei. Die *agarbatti* werden vor allen Dingen während religiöser Zeremonien oder für das Gebet verwendet. Der Rauch individuell ausgewählter Inhaltsstoffe soll den Menschen ins geistig-körperliche Gleichgewicht bringen. Räucherstäbchen werden außerdem bei allen Arten von Familienfeiern, am Arbeitsplatz und natürlich bei der Meditation eingesetzt.

Almas Augen suchen die Zeile der Ladengeschäfte nach den allgegenwärtigen Zeichen der Handyanbieter ab, als ihr Blick an einer Gestalt hängenbleibt, die dort zwischen einer geparkten Fahrradrikscha und drei Motorrollern in aufrechter Haltung mit gekreuzten Beinen auf dem nackten Boden sitzt. Alma starrt fasziniert hinüber. Der Mensch ist in eine Art Toga von leuchtendem Orange gehüllt, um den Hals hat er mehrere Reihen *malas* (Gebetsketten) aus kugeligen Samen, Holz- und Glasperlen geschlungen. Unter dem hoch aufgetürmten graufilzigen Haar, einem Nest aus Dreadlocks, die ihm seitlich bis auf die Schultern hängen, nimmt sie ein Gesicht wahr wie aus gegerbtem Leder, durchzogen von tief eingekerbten Falten, umrahmt von einem weißwolkigen Vollbart. Auf seiner Stirn leuchten drei breite, quer verlaufende grauweiße Streifen mit einem blutroten Punkt über der Nasenwurzel. Seine Augen sind geschlossen. Alma ist wie gebannt von diesem Gesicht, von der Ruhe, die es ausstrahlt, eine Ruhe, von der der ganze Mann umgeben scheint. Die Flächen der Hände und die Finger mit hornigen, schmutzigen Fingernägeln vor der Brust gegeneinandergepresst sitzt er reglos da. Er erinnert Alma an den Mann in Friedrichs Geschichte, und sie tritt näher an ihn heran. Meditiert er? Mitten in diesem Tohuwabohu? Ein echter *sadhu* (heiliger Mann)? Vor ihm steht ein Messinggefäß, einer kleinen dickbauchigen Vase ähnlich, Räucherstäbchenrauch kringelt sich über seine Oberarme mit den schlangenartigen

Tattoos. Hingerissen mustert Alma dieses Gesicht, das ihr wie aus sehr alter Zeit erscheint. Sie ist sich nicht bewusst, dass sie vor dem Orangefarbenen in die Hocke gegangen ist, während sich hinter und neben ihr Menschen vorbeidrängeln. Wo er wohl gerade ist?

Sein Blick trifft Alma wie ein Blitz. Graue Augen strahlen sie an. Das Lächeln, das jetzt über den Furchen und Falten im Gesicht aufleuchtet, schmeißt sie fast um – ein Lichtstrom purer Freundlichkeit.

»*Namaste*«, grüßt er, die Stimme ein tiefes Summen, »*om saha naavatu*« (möge Gott uns beide beschützen).

Alma ist zu keiner Regung fähig. Wie Mogli im Dschungelbuch von der Schlange Kaa umschlungen kann sie den Blick nicht von diesen Augen wenden. Mit einer Bewegung, sanft und gleitend, faltet der Wirrhaarige jetzt seine Hände auseinander und neigt die offene Handfläche der rechten Hand zu einem Gefäß, sodass die Fingerspitzen hineinweisen. Und jetzt erkennt sie, dass auf dessen Grund Münzen und Scheine liegen. Sie versteht sofort. Natürlich! Aus der kleinen Börse zieht sie einen Schein und lässt ihn in das Gefäß schweben. Instinktiv schließt sie die Augen, faltet die Hände vor der Brust und erhält mit hartem Daumendruck vom *sadhu* einen Streifen heiliger Asche und ein *tilak*, ein punktförmiges Segenszeichen, mit *sindur*, einer zinnoberroten Paste, auf die Stirn gezeichnet.

Und jetzt, genau in diesem Augenblick, schrillt eine Stimme mit fistelndem Gesang: »*Sai saranam baba saranam, saranam ...!*«

Alma reißt die Augen auf. Blitzschnell verschwindet die Hand des *sadhu* unter den orangefarbenen Falten über seiner Brust und taucht wieder auf mit einem scheppernden Handy. Fast hätte Alma sich vor Überraschung die Augen gerieben. Ein Handy-Heiliger!? Der *sadhu* redet schnell und abgehackt. Führt er gerade ein Ferngespräch mit Lord Shiva? Ohne Alma aus den Augen zu lassen, versenkt er das Telefon gleich darauf wieder in den Stoffbahnen. Irritiert erhebt sich Alma und schert mit einem Abschiedsnicken wieder in den Strom der Passanten und Vehikel ein. Und jetzt, obwohl sie doch etwas gegeben hat, fühlt sie sich merkwürdigerweise beschenkt. Echter Heiliger, Scheinheiliger – was soll's, denkt sie leichtherzig. Sie ist sich ganz sicher, ein Segen begleitet von einem solchen Lächeln kann auf keinen Fall schaden.

What's the problem?

»Glück gehabt, Alma«, lächelt Friedrich, »da hat wohl das Handy Shir Khans Rolle übernommen und dich davor bewahrt, ins Nirwana abzuschwirren.«

Was ist letztlich schon geschehen? Alma ist ein paar Cent an einen möglichen *sadhu*-Schwindler losgeworden – ein Handy scheint schwer mit den Grundsätzen eines der Welt entsagenden Mystikers zu vereinbaren. Schlimm ist das nicht. Und vielleicht wird es Ihnen auch so ergehen, dass die *sadhus* einen ganz merkwürdigen Zauber auf Sie ausüben. Diese sogenannten heiligen Männer – es gibt vereinzelt auch Frauen – sind schon ganz besondere Erscheinungen, selbst in Indien, das wirklich reich ist an Exotischem. Allein durch ihr Äußeres ziehen sie unweigerlich die Blicke auf sich: Meist sind sie in die Farben des Safrans, gelb, orange und rot, weithin leuchtend gekleidet und oft prunken sie mit eindrucksvollen Gesichtsbemalungen und Tätowierungen.

SADHUS – INDIENS HEILIGE MÄNNER

Die heiligen Männer Indiens, Mystiker, Asketen und wandernde Bettelmönche – *sadhus* (Sanskrit: guter Mann) genannt –, widmen ihr Leben ganz den spirituellen Praktiken des Hinduismus. Sie entsagen der materiellen Welt, leben ein Leben außerhalb oder an den Rändern der Gesellschaft, um durch ihre Askese dem Göttlichen nahezukommen. *Sadhus* rekrutieren sich aus allen Bereichen der Gesellschaft. Zu Beginn schließen sie sich einem *guru* (Lehrer) an, später begeben sie sich alleine auf Pilgerfahrt und durchwandern das Land als Bettelmönche. Sie lassen traditionell ihre Haare wachsen, die dann verfilzen und oft als Dreadlocks getragen werden.

Indien, wo es heute ungefähr vier bis fünf Millionen heilige Männer gibt, ist das einzige Land, in dem die Tradition des der Welt entsagenden *sadhu* praktiziert wird. Da die Askese der *sadhus* nicht nur als persönliche Aufgabe, sondern auch als Handlung zum Wohle aller Menschen gesehen wird, erfahren sie meist aufrichtigen Respekt in der Bevölkerung. Während ihrer Wanderung über die Dörfer nehmen sie oft Aufgaben als Berater in spirituellen und gesundheitlichen Fragen wahr oder sind Vermittler bei Konflikten der Gemeinschaft. Heutzutage wird ihnen allerdings immer häufiger mit einem gewissen Grad an Misstrauen begegnet. Besonders von Menschen in den Städten wird ihnen oft unterstellt, dass sie die Rolle eines *sadhu* nur spielen, um leichter an Almosen zu gelangen.

No problem – relax!

Scheinheiliger oder echter Heiliger, können wir das überprüfen? Völlig unmöglich! Alles, was sich im Bereich des religiösen Empfindens und Ausdrucks abspielt, ist für uns aus dem Westen sehr geheimnisvoll und rätselhaft. Wollen Sie einen Geschmack dafür bekommen, dann bleiben Sie offen, gehen Sie in Berührung mit einer vollkommen fremden Welt beim Kontakt mit einem *sadhu*. Möglicherweise erfahren Sie dabei sogar eine Menge über sich selbst, wer weiß. Und machen Sie es doch einfach wie zu Hause bei den Musikanten in der U-Bahn oder der Einkaufsstraße und vertrauen Sie auf Ihr Gefühl: Gefällt Ihnen die Performance, geben Sie etwas!

11 TELEFONIEREN? *NO PROBLEM!*

BOLO, INDIA! BOLO![1]

Jetzt gibt es kein Halten mehr für Alma. Sie braucht endlich eine SIM-Card, sehnt sie sich doch so nach Friedrichs Stimme, einem ausführlichen Gespräch, seiner Anteilnahme. Manchmal überfällt sie hier, verloren unter diesen Massen von Menschen in einer fremden Galaxie, wie aus heiterem Himmel übermächtig das ET-Gefühl: »nach Hause telefonieren«. Dem Himmel sei Dank, dass es Handys gibt. Hätte doch ET mobil telefonieren können – sie selbst hätte nicht so viele Taschentücher vollheulen müssen. Hier in Indien scheint das Handy inzwischen eine ähnlich wichtige Stellung eingenommen zu haben wie das dritte Auge. Wenn das dritte Auge die Verbindung und die Einsicht in das Göttliche herstellt, überlegt Alma, so kann das dritte Ohr ein anderes tiefes Bedürfnis stillen: permanent mit allen Menschen des persönlichen Kosmos verbunden zu sein, mit unzähligen Familienmitgliedern, der Freundesgruppe und den Geschäftspartnern. Das ganze Volk scheint dauernd *mobile* zu quasseln, wenn es nicht gerade hupt. Doch viele

1 Hindi: *Bolo!* ist der Imperativ von »reden/sprechen«, also »Rede!/Sprich!«.

bewältigen auch spielend beides gleichzeitig, und die verrücktesten Klingeltöne schrillen mit im Schwall des übrigen Lärms. Glückliches Indien, gesegnet mit dem Reichtum dreier Augen und Ohren.

Dort drüben, die Frau im gelb leuchtenden Sari, die auf einem Tablett vor sich auf der Erde gesalzene Snacks zum Verkauf anbietet, sie redet, während sie im Schneidersitz Gurken mit einem riesigen Messer in Streifen schneidet, im Stakkato auf ihr Handy ein, das sie zwischen Schulter und Ohr geklemmt hat. Vor Anstrengung atemlos ächzt der Fahrradrikscha-*wallah* in sein Handy, das ihm vielleicht gerade einen neuen Auftrag verschafft, während er mit einer Hand lenkt. Und der Erdnuss-*wallah* mit einem Korb vor dem Bauch, in dem sorgsam gefaltete kleine Zeitungspapiertütchen im Berg der Nüsse stecken – auch aus seiner Hemdtasche lugt ein Handy.

Da! Alma hat den Laden entdeckt, eingeklemmt zwischen einem Friseur und einem Sari-Laden, offen zur Straße, der über und über mit den Labeln der Netzbetreiber bepflastert ist. Frohgemut tritt sie an den Tresen und schiebt ihr Handy hinüber. Gleich wird sie Friedrich anrufen, sozusagen eine interplanetare Kommunikation aufbauen können. Also, *hurry up, sweetoo*, drängt sie im Stillen, während sie dem Shopbetreiber zulächelt.

Wenig später schleicht sie grimmig und schwitzend wie nach einem verlorenen Ringkampf wieder in die Lobby ihres Hotels zurück.

»Diese verflixten Inder«, grummelt sie und lässt sich auf einen der Plastikstühle fallen, »sind die auf olympisches Gold für ihre dämliche Bürokratie aus?«

Statt mit einer indischen Telefonnummer hat sie nach vielem Hin und Her die Handybude nur mit Papierkram verlassen.

Sie breitet alles auf dem kleinen Glastisch vor sich aus, bläst die Backen auf und atmet prustend aus: Büroarbeit statt Sightseeing, so sieht's aus. Nun muss sie nicht bloß Antragsformulare ausfüllen, sondern auch zwei Passbilder, eine Kopie ihres Reisepasses und des Visums sowie eine Aufenthaltsbestätigung ihres Hotels beilegen. Sie stöhnt. Was für ein Aufstand! Der Junge, der ihr eine Cola bringt, äugt neugierig auf die Blätter vor ihr.

»*SIM-Card, Madam?*« Als Alma müde nickt, nimmt er den ganzen Blättersalat – »*no problem!*« – und schmeißt ihn in den Papierkorb hinter sich. »*Ek minute!*« (Eine Minute!)

Ausgerüstet mit 500 Rupien für eine SIM-Card plus Start-Account verschwindet er nach draußen. Zehn Minuten später kehrt er zurück und präsentiert Alma stolz die geladene Karte und ihre indische Telefonnummer – ohne einen einzigen bürokratischen Federstrich.

»*Shukria!*« (Danke!) Alma atmet erleichtert auf. Wieder einmal hat sich ein indischer Knoten durch Zauberhand gelöst, tatsächlich ganz ohne *problem*.

What's the problem?

»Hm«, grübelt Friedrich, »ist das nun ein Fettnäpfchen oder nicht?«

Die ganze Handy-Prozedur für Ausländer dient dazu, in der Terrorismusbekämpfung verdächtige Spuren nachverfolgen zu können, wobei die Terroristen sicher nur ein müdes Lächeln für derlei Bemühungen übrig haben. Wenn Alma diesen Papierkrieg umgeht, ist das dann ein Vergehen? Tatsächlich ist es gängige Praxis für Ausländer, einen einheimischen Freund, einen Bekannten oder einen Hotelangestellten die Besorgung der SIM-Card vornehmen zu lassen. Es ist auch nichts bekannt darüber, dass dies je nachgeprüft wurde. Also, entscheiden Sie selbst ...

No problem – relax!

Beim Reisen in Indien mit einem Handy ausgerüstet zu sein, ist eine große Erleichterung. Viele schwierige Situationen können entspannter angegangen werden, wenn Hilfe und Rat immer zur Hand sind. Alleine die Nummern der deutschen Vertretung gespeichert zu haben, kann Ihnen ein Gefühl der Sicherheit und des Beistands verleihen.

Am einfachsten ist es, wenn Sie Ihr deutsches Handy mit Ihrer heimischen Telefonnummer verwenden. Da die meisten deutschen Mobilfunkanbieter Roamingverträge mit indischen Anbietern haben, klappt das prinzipiell ohne Probleme. Nachteil: Die Kosten sind extrem hoch.

HANDY-EKSTASE

1947, nach Erlangen der Unabhängigkeit von den Briten, übernahm die indische Regierung das Post- und Fernmeldewesen. Aufgrund der sozialistischen Politik des monopolistischen Staatsunternehmers Jawaharlal Nehru stagnierte die Entwicklung im Telekommunikationswesen über Jahrzehnte. Telefone wurden als Luxus angesehen. Nach der Liberalisierung der indischen Wirtschaft zu Beginn der 90er-Jahre wurden Mobiltelefone 1995 offiziell auf dem Markt eingeführt. Heute ist das indische Telekommunikationswesen der mit China weltweit am schnellsten wachsende Markt dieser Branche. Im Jahr 2018 gab es in Indien über 750 Millionen Handynutzer – Tendenz rasant steigend.

Erwerben Sie daher lieber eine indische SIM-Card mit indischer Telefonnummer. Da in Indien Prepaidkarten üblich sind, brauchen Sie dafür keinen Vertrag abzuschließen; die SIM-Card muss einfach nur ins mitgebrachte Handy eingelegt werden. Für etwas mehr als einen Euro erhalten Sie eine solche SIM-Card. In den überall anzutreffenden Handyshops ist das Aufladen der Karte möglich. Bei den niedrigen Kosten sowie Roamingkostenfreiheit bei eingehenden Anrufen ist es einfach, den Kontakt nach Hause zu halten. Wählen Sie sinnvollerweise einen der größten Provider, etwa Airtel, Reliance, Vodafone oder TataDoCoMo. Da diese in allen indischen Bundesstaaten vertreten sind, sind Sie damit beim Umherreisen unabhängig.

Achten Sie darauf, dass Ihr deutsches Handy kein SIM-Lock hat, dann passt die indische Karte nicht hinein. Erkundigen Sie sich im Zweifelsfall beim eigenen Anbieter oder beim Handyladen um die Ecke. Sollte die Karte tatsächlich nicht in Ihr Handy passen, können Sie vor Ort für wenig Geld ein geeignetes Handy erstehen.

Eine indische SIM-Card zu erwerben, ist leider mit einem sehr umständlichen bürokratischen Akt verbunden. Wenn Sie sich den Vorgang erleichtern wollen, halten Sie zwei Passbilder und Kopien von Pass und Visum bereit. Sollte der Shopinhaber auf der Anmeldebestätigung des Hotels bestehen, wechseln Sie einfach zu einem anderen – diese Bedingung ist optional. Die einfachste Methode, einen indischen Bekannten zu bitten, einem eine Karte zu besorgen, operiert in einem Graubereich der Zulässigkeiten.

INTERVIEW: DAS NEUE INDIEN

Arne Harms arbeitet am Institut für Ethnologie an der Universität Leipzig. Er forscht seit über 15 Jahren in Indien, hat lange dort gelebt und ist viel im Land gereist.

Herr Harms, gibt es Bereiche in der modernen Entwicklung, in denen Indien uns voraus ist?

Da gibt es einiges. Die Netzabdeckung selbst in abgelegenen Gebieten ist weit besser als in Deutschland. Und dann funktioniert z. B. das Recyclen in Indien viel besser als bei uns, auch wenn dies – und das ist die bittere Note – von armen und entrechteten Menschen geleistet wird, die den Müll durchforsten. Drittens sind die Inder uns meilenweit voraus in ihrem Umgang mit sprachlicher Vielfalt. Das ist nicht eine Sache der Moderne, sondern gründet in der heterogenen und polyglotten Realität: Vielsprachigkeit gehört zum Alltag, die Menschen sind neugierig, andere Sprachen zu lernen, und gehen leichtfüßiger mit Fehlern in der Aussprache und der Grammatik um. Verständigung zählt.

Wie sieht es im Bereich der Digitalisierung aus?

Da passiert viel Spannendes jenseits der IT-Hochburgen. Ich erinnere mich noch, wie ich Anfang des neuen Jahrtausends den ersten Inder mit Handy sah. Allein stand er auf einem Bahnsteig und eine große Ansammlung Menschen um ihn herum beobachteten ihn neugierig, was er da mit diesem Ding trieb. Heute sind Smartphones aus dem Alltag nicht mehr wegzudenken. Selbst die ärmsten Bauern nutzen sie regelmäßig, um ihre Kinder anzurufen, die sich auf entfernten Baustellen verdingen, oder um selbst im Internet nach Jobs zu suchen. Gleichzeitig treibt der Staat die Digitalisierung voran. So sind Armutsbekämpfungsprogramme heute davon abhängig, dass Empfänger – also die Ärmsten der Armen – sich digital authentifizieren.

Welchen Herausforderungen in Umweltfragen muss sich Indien stellen?

Indien gehört zu den wenigen Ländern, die eine megadiverse Artenvielfalt haben. Und leider ist diese Vielfalt fast überall bedroht. Klimawandel, Umweltverschmutzung und Übernutzung der Ressourcen setzen der Umwelt zu – und damit auch den Menschen. Dagegen formiert sich Widerstand – und es gibt in Indien faszinierende Initiativen, die versuchen, sensibler mit der Umwelt umzugehen. Dennoch ist der Großteil der Gesellschaft auf rasante Entwicklung aus, und Umweltstandards werden als Störung empfunden und oft nicht eingehalten.

Klafft die Schere zwischen Arm und Reich heute weiter auseinander, als noch vor wenigen Jahren?

Ja, das tut sie. Der neue Wohlstand, von dem so viel die Rede ist, kommt auf dem Land und in armen Stadtvierteln kaum an. Indien wird heute gerne als Ort turbulenten wirtschaftlichen Aufschwungs gesehen – und da ist viel dran. Es hat sich eine neue Oberschicht gebildet, die westliche Konsumgüter schätzt und sie sich leisten kann. Doch weiterhin leben nirgendwo so viele Menschen in extremer Armut wie in Indien.

Welche Auswirkungen hat diese Entwicklung auf das Zusammenleben der Menschen?

Indien verfügt über eine robuste Demokratie mit einer enorm diversen Parteienlandschaft. Doch ist auch in Indien seit geraumer Zeit ein Rechtsruck zu beobachten, in dessen Folge Muslime zu Bürgern zweiter Klasse werden. Gleichzeitig brodelt es auf dem Land, ganze Landstriche scheinen abgehängt vom wirtschaftlichen Aufschwung. Im sogenannten Roten Korridor, in Zentral- und Ostindien, toben seit Jahren maoistische Aufstände, die vom Staat mit aller Härte bekämpft werden. Es bleibt abzuwarten, wie das Land diese Herausforderungen ausbalancieren kann.

12 BETTLER? *NO PROBLEM!*

MAA! PAISE, MAA![2]

Oh nein, wie sie das hasst! Schon wieder! Jedes Mal erwischen sie diese Nervensägen. Die lauern ihr stündlich, minütlich vor dem Hotel auf. Fünf verzottelte Gören stürzen sich auf sie.

»*Maa! One rupee, maa! One rupee!*«, schrillt es in Almas Ohren.

Sie beschleunigt ihren Schritt, die Kinder rennen barfüßig nebenher. Eine kleine Wilde, die einen noch kleineren Jungen an der Hand hinter sich herschleift, packt Alma am Arm und krallt sich fest.

»*Only one! Maa, maa!*«, schreit sie mit erbärmlich brechender Stimme, während der Rest der Bande an Almas Tasche zerrt und »*Rupee! Rupee!*« kreischt.

Almas Nerven liegen blank. Kaum gelingt es ihr, den Klammergriff des Mädchens zu lösen, da spürt sie, dass einer der Knaben ihr Hosenbein gepackt hält, wie ein Terrier seine Beute. Sie reißt ihre Tasche zu sich heran.

»*No! No! Go away!*«, schreit sie und blickt hektisch um sich. Wohin kann sie sich retten? Wie wird sie die bloß los?

Gestern erst flüchtete sie vor einer Horde dieser Bettelkinder in einen zur Straße offenen Sari-Laden, nur um vom Regen in die Traufe zu geraten, da sich sofort drei Verkäufer auf sie stürzten, und

2 Hindi: *paise* steht für das Hundertstel einer Rupie, aber auch allgemein für »Geld«, *Maa* für »Mutter«; also etwa »Mutter! Geld, Mutter!«

sie »*sorry, sorry*« murmelnd wieder nach draußen stob, um erneut zwischen den furiosen Kindern zu landen. Mit einem Sprung in eine Rikscha und dem atemlosen Befehl »Connaught Place, *jaldi-jaldi!*« (schnell!) konnte sie sich am Tag zuvor schließlich retten. Und jetzt?

Niemals wird sie ihnen Geld geben, das hat sie sich geschworen. Da fällt ihr Blick auf den Händler mit den aufgetürmten Bananen auf dem Karren. Sie macht eine scharfe Wendung und der Pulk Kinder mit ihr, ein Bienenschwarm auf der Verfolgung eines Honigtopfes. Der Händler reagiert augenblicklich mit drohenden Handbewegungen und schnellen harten Worten, als sie sich nähern. Die Kinder bleiben auf Abstand. Eilig bezahlt Alma drei Büschel Bananen, braun gefleckt, während sie die bohrenden Blicke der Kinder im Rücken spürt und ihre heiseren Rufe hört.

»Heiliger Strohsack!«, entfährt es ihr, als sie sich umwendet – die Horde hat sich verdoppelt.

Kaum hat sie einen Schritt auf sie zu gemacht, fällt die Meute johlend über sie her, grapschen dürre kleine Hände nach den Bananen, reißen an den Früchten, sodass sie aufplatzen und zu Boden fallen. Die Kinder stoßen sich zur Seite, boxen, rangeln mit dünnen Armen, grölendes Lachen mischt sich mit gellenden Schreien. In jähem Schrecken reißt Alma die Arme in die Luft, während ihr der Gedanke durch den Kopf schießt: Das sind doch bloß Bananen! Sie schwankt. Da platschen zwei Büschel in den Dreck, werden im Nu von kleinen Händen gegrapscht und auseinandergerissen. Die restlichen Bananen, die Alma an ihre Brust gepresst hält, entwindet ihr ein Bürschchen, das wie ein Hund an ihr hochspringt. Schreiend laufen die Kinder davon und jagen hinter der Beute her.

Ende der Geisterstunde, wie auf einen Schlag sind alle verschwunden. Völlig verdattert steht Alma da, die Finger klebrig, die Bluse fleckig, ihre Sandalen bekleckst. Über ihr im Baum haben die Krähen ihr Geschrei verstärkt, höhnisches Gelächter in Almas Ohren. Sie beißt die Zähne zusammen und unterdrückt den Impuls, eine der zermatschten Bananen nach ihnen zu werfen.

»Blöde Vögel«, knurrt sie, »ihr habt ja recht.«

What's the problem?

Friedrich kann sich nicht halten, er lacht hemmungslos: »Tja, Alma, diesen Wirbelsturm wirst du nie wieder auslösen wollen. Fehlte bloß noch, dass es wie bei Donald Duck am Ende Federn geschneit hätte!«

Scherz beiseite, liebe Leser, die allgegenwärtige Bettelei ist eine ewige Herausforderung für uns Touristen. Der Anblick von all den elenden Menschen, manche von ihnen schwerstbehindert, lässt niemanden kalt. Wir alle werden angesichts dieses Jammers ständig hin- und hergerissen zwischen Mitgefühl, Schuldbewusstsein, unterdrückter Wut wegen der andauernden Belästigung und Resignation, weil es nie genug ist, was wir geben.

No problem – relax!

Überall, vor jedem Tempel, vor jeder Moschee, an Bahnhöfen und auf Basaren, an jeder Ampel und auch vor Ihrem Hotel treffen Sie auf zerlumpte Frauen, Krüppel, Leprakranke, Lahme und Bettelkinder. Wir Weiße werden als die Reichen – was wir tatsächlich sind gegenüber Menschen, die mit weniger als einem Dollar pro Tag den Lebensunterhalt einer ganze Familie bestreiten müssen – immer wieder aufs Korn genommen und häufig genug handgreiflich bedrängt und hartnäckig verfolgt. Es gibt leider keine allgemeingültige Lösung, wie Sie mit den Notleidenden, die Sie bestürmen, am besten umgehen. Viele Hilfsorganisationen raten vom Almoseverteilen ab, das hatte auch Alma immer wieder gelesen. Denn wenn auch die Armut und das Elend real sind, findet die Bettelei doch häufig organisiert und kontrolliert durch mafiöse Banden statt. Es wird befürchtet, dass, wenn das Geschäft mit dem Betteln blüht, die Bettelmafia immer mehr Kinder entführt, Mädchen zur Prostitution zwingt und jungen Männern Gliedmaßen amputiert, um den größtmöglichen Gewinn aus ihnen herauszuholen.

Auch wenn es herzlos erscheinen mag, machen Sie es wie die Inder, wenn Sie in Ruhe gelassen werden wollen, die jeden, der etwas von ihnen will, unbeachtet lassen und entschlossen weitergehen – wenn das leider oft bei uns Touristen auch keine Wirkung zeitigt.

Wollen Sie in bestimmten Situationen doch etwas geben, beachten Sie folgende Tipps, damit die Situation nicht in Stress für Sie ausartet:

Geben Sie nur Menschen etwas, die selbst unter den Bettlern benachteiligt sind, die nicht in der Lage sind, alleine für sich zu sorgen, etwa Lepra- und Poliokranken oder alten Frauen und gebrechlichen alten Männern.

Kindern sollten Sie niemals Geld geben, das landet mit allerhöchster Wahrscheinlichkeit in den Taschen von Erwachsenen. Mit Bonbons und Keksen können Sie ihnen allerdings eine Freude machen.

Geben Sie niemals eine größere Summe, das zieht andere Bettler an, und es besteht die Gefahr, dass Sie extrem bedrängt werden.

Geben Sie nur etwas, wenn Sie gerade im Aufbruch sind, andernfalls werden Sie nach der Almosengabe keinen Augenblick Ruhe haben.

REICHE BETTLER?

Laut amtlicher Zahlen leben in der indischen Hauptstadt etwa 60.000 Bettler, von denen 20.000 jünger als 18 Jahre sind. Überwiegend sind diese Bettler männlich, ungefähr 30 Prozent sind Frauen. Ähnliche Zahlen treffen auf alle großen indischen Städte zu. *Aashray Adhikar Abhiyan*, eine Nichtregierungsorganisation, die sich Obdachloser annimmt, ist mit einer Studie dem Verdacht entgegengetreten, dass Bettler unter verhältnismäßig guten Bedingungen leben. Tatsächlich verdienen Bettler nicht mehr als durchschnittlich zwischen 5 und 50 Rupien am Tag und leben damit deutlich unter der Armutsgrenze. Sie haben keine Chance, anderweitig Arbeit zu finden, da sie meist *Dalits* sind (Kastenlose – mehr zum Thema Kaste in Episode 31, Seite 190) und weder lesen noch schreiben können.

In Mumbai, Delhi und einigen Bundesstaaten existiert eine Verordnung, nach der Menschen, die betteln, von einem speziellen Gericht zu bis zu zehn Jahren Verwahrung verurteilt werden können. Sie werden in sogenannte *beggars' homes* eingewiesen, wo sie unter wesentlich schlechteren Bedingungen als die Kriminellen in den Gefängnissen dahinvegetieren.

13 TICKETKAUF? *NO PROBLEM!*

RETTE SICH, WER KANN!

New Delhi Railway Station. Überwältigt vom Wogen der Massen, überrollt von einem Schwall unverständlicher Ansagen aus den Lautsprechern und dem Geschrei von tausenden Stimmen kann Alma keinen klaren Gedanken fassen, ihr wird schwindelig. Morgen schon will sie weiterreisen. Wo, hat Karthik gleich noch gesagt, soll sie die Fahrkarten kaufen? In einem Touristenbüro? Und wo soll sich das befinden? Drüben? Oben? Draußen? Jetzt wünscht sie sich, sie hätte besser zugehört.

NEW DELHI RAILWAY STATION

Indiens Bahnhof mit dem höchsten Verkehrsaufkommen, der Hauptbahnhof von Delhi, liegt an der Nahtstelle zwischen den Stadtteilen Neu- und Alt-Delhi. Hier werden an 18 Bahnsteigen täglich 300 Züge mit 400.000 Passagieren, in Spitzenzeiten sogar bis 500.000, abgefertigt. Aus Anlass der Commonwealth Games 2010 erfuhr der Bahnhof, der 1953 erbaut wurde, eine komplette Renovierung. Doch aller neu installierten Elektronik zum Trotz wird der Ansturm der Reisenden selten komplikationslos bewältigt. Es kommt regelmäßig zu Ausfällen der Informationssysteme, und die meisten der neuen Fahrkartenschalter sind oft nicht besetzt, was stundenlange Wartezeiten zur Folge hat. Immer wieder endet der Sturm auf einfahrende Züge in einer Massenhysterie mit Verletzten und auch Toten.

In schier endlosen Schlangen ballen sich Menschen an den Fahrkartenschaltern. Beim bloßen Gedanken daran, sich dort einreihen zu müssen, kriegt Alma weiche Knie. Wo befindet sich bloß dieses ominöse Büro? Orientierungslos dreht sie sich um sich selbst. Irgendwo muss es doch einen Hinweis geben.

»Suchen Sie das Touristenbüro, meine Dame?« In makellosem Englisch spricht sie ein gutaussehender Inder mit grauen Schläfen an. Seine randlose Brille und die Aktentasche lassen ihn distinguiert aussehen.

Alma lächelt unsicher: »Ja, ich habe keine Ahnung, wie ich dorthin komme.«

»No problem!«, lächelt nun auch der Inder und deutet auf die Gerüste an der Frontseite der Halle. »Bauarbeiten, das Touristenbüro ist zeitweise ausgelagert.«

Ah, das leuchtet Alma ein. Erleichtert, in diesem tosenden Ozean aus Menschen einen Halt gefunden zu haben, folgt sie ihm aus der Halle hinaus. Gegenüber dem Bahnhof steigen sie in den zweiten Stock eines mit Schildern zugepflasterten Hauses hinauf, wo Alma tatsächlich den Schriftzug *»International Tourist Bureau«* erkennen kann, und betreten – eine Baustelle. An der Wand lehnen Bretter, die Backsteine in der Ecke scheinen gerade aus der Mauer herausgebrochen worden zu sein. Auf Kisten und Kartons stehen ein Telefon und Teegläser, Papiere liegen verstreut herum. Ein dicker Mann auf einem Klappstuhl, schmuddeliges kariertes Hemd, rabenschwarzer Schnäuzer, brüllt in sein Handy und unterstreicht seine aufgebrachten Worte mit Fausthieben auf seine Knie. Irritiert sieht sich Alma um: Das soll das Ticketbüro für Touristen sein? Niemals! Ihre Alarmglocken beginnen zu schrillen. Blitzschnell dreht sie sich um, und begleitet von den Rufen des Aktentaschenträgers – *»ek minute, ek minute!«* – saust sie die Treppen hinunter.

Sie könnte sich schwarz ärgern über sich selbst. Wie dämlich war das denn wieder?!

»Wach auf!«, ruft sie sich selbst zu. »Ab jetzt zählst du bis zwanzig, bevor du auch nur die winzigste Entscheidung triffst!«

Dass sie einem fremden Mann in dubiose Räume gefolgt ist, wird sie lieber nicht Friedrich erzählen. Er könnte sonst denken, dass ihr die indische Sonne das Gehirn durchgekocht hat, und sich womöglich Sorgen machen.

»Zurück auf Los«, sagt Alma sich, holt tief Luft und taucht an den pseudoklassizistischen Säulen vorbei, zwischen denen sich eine Kuh verlaufen hat, wieder in den Hexenkessel der Bahnhofshalle ein.

Und nun? Das Touristenbüro scheint eine Chimäre zu sein, also muss sie in den sauren Apfel beißen und Schlange stehen – *in India do as the Indians do.*

Und kaum hat sie sich eingereiht, geht es auch schon wieder los: *»Madam, you need ticket? I help you, bring you to Tourist Bureau. Come, come!«* Und trotz ihres *»no, no, no!«* kleben ein, zwei, drei Typen an ihr, belabern sie und weichen nicht von ihrer Seite. Als Alma zu allem Überfluss auch noch ein Ziehen an ihrem T-Shirt-Ärmel spürt, fährt sie herum, einen Fluch auf den Lippen, die Hand zur Faust geballt – und schaut in zwei Paar blaue Augen. Entgeistert lässt sie ihre Hand sinken und starrt die beiden jungen Frauen an.

»Höchste Zeit hier abzuhauen«, sagt die Größere der beiden. »Hier kannst du verschimmeln beim Warten. Komm mit! Übrigens – Grit«, sie deutet auf sich selbst, »und das hier ist Liz. Dein wirklich und wahrhaftiges Rettungskommando«, sagt sie mit einem Augenzwinkern und einem übertriebenen indischen Kopfwackeln.

»Ek minute!«, grinst Alma, zieht die Stirn in Falten, kneift die Augen zusammen und zählt laut: »Achtzehn, neunzehn, ZWANZIG! Wo geht's lang?«

Es ist Abend geworden. Alma, zurück auf der Dachterrasse ihres Hotels, genießt den leichten Wind, der die Hitze des Tages vertrieben hat und warm in ihren Haaren spielt. Sie fühlt sich wie eine Abenteuerin. Morgen wird sie mit Grit und Liz in einem gemieteten Wagen nach Agra fahren, das Taj Mahal sehen und danach, da der Ticketerwerb eins, zwei, drei geklappt hat, werden sie gemeinsam mit dem Zug nach Bodhgaya weiterreisen. Alma wirft eine Kusshand hinaus ins Dunkel, und Delhi grüßt mit Millionen Lichtpunkten zurück, während vom Bahnhof sehnsuchtsvoll das tiefheisere Tuuuut! der abfahrenden Züge herübertönt.

What's the problem?

Sie hat es Friedrich doch erzählt. Jetzt, wo alles noch einmal gut gegangen war, hatte sie Oberwasser gewonnen und wollte nicht damit hinterm Berg halten.

»Mensch, Alma, das wird doch!« Ihr Onkel ist erleichtert: »Verloren im Hinweisschilderwald, reingetappt in die Ticket-Schlepperfalle, rechtzeitig aufgemerkt und schnell gehandelt. Bravo! Und übrigens, ich wusste, dass du weiter als bis drei zählen kannst.«

Den Ticketkauf in der »Gefahrenzone Bahnhof« hat Alma ungerupft überstanden, und das ist keine Kleinigkeit. In ganz Indien sind die großen Bahnhöfe ein überaus beliebtes Jagdgebiet für Schlepper und übrigens auch für Diebe. Das Chaos, das überall herrscht, spielt ihnen die Opfer, völlig verunsicherte Touristen, leicht in die Hände. Wie generell bei Kontakten im Dschungel der indischen Städte heißt es hier ganz besonders gut aufzupassen. Hinter den meisten noch so freundlichen Hilfsangeboten steckt die Hoffnung auf ein gutes Geschäft und allzu oft eine eindeutige Betrugsabsicht.

No problem – relax!

Bahntickets müssen, bis auf die einfachste Klasse, an den Fahrkartenschaltern reserviert werden, meist Wochen im Voraus. Im *International Tourist Bureau* im ersten Stock des Hauptgebäudes der New Delhi Railway Station, wo alles bestens organisiert ist und

Englisch sprechendes Personal Ihnen an vielen Schaltern hilfreich zur Seite steht – auch bei der bürokratischen Formularprozedur –, erhalten Sie meist noch kurzfristig Tickets über die sogenannte Touristenquote, auch wenn offiziell schon alles ausgebucht ist. Auch in anderen großen Städten finden Sie spezielle Schalter mit der Aufschrift *International Tourist Bureau*, die ein für ausländische Touristen reserviertes Kontingent bereithalten.

An »normalen« Schaltern gilt es vor Erwerb des Tickets noch einige bürokratische Hürden zu überwinden. Der Beamte wird Ihnen nur dann einen Fahrschein aushändigen, wenn Sie zuvor ein Formblatt in der üblichen umständlichen Prozedur ausgefüllt haben. Hier müssen Sie unter anderem den Zugnamen und die Zugnummer, die Strecke, Ihren Namen und Ihr Alter eintragen und die gewünschte Zugklasse angeben. Für einige dieser Angaben brauchen Sie natürlich Hilfe, die Sie wiederum an einem gesonderten Informationsschalter erhalten können – falls Sie das Glück haben, dass dieser besetzt ist. Der offizielle Fahrplan, *India at a Glance*, ist an allen Zeitungskiosken erhältlich, kann Ihnen auch sämtliche Informationen liefern, setzt allerdings einen Studienabschluss im Fahrplanlesen voraus. Inzwischen gibt es auch die Möglichkeit, online zu buchen, was sehr zu empfehlen ist, da meist alles gut klappt und Sie sich den Bahnhofsstress ersparen (www.indianrail.gov.in). Sie können auch ein (Ihnen empfohlenes) Reisebüro in der Nähe Ihrer Unterkunft zu diesem Zwecke beauftragen. Vorsicht, auch in dieser Branche kommt es immer wieder zu Betrügereien! Eine weitere Möglichkeit ist es, jemanden vom Hotel zu bitten, das Ticket für Sie zu besorgen. Für den Service des Hotels oder Reisebüros müssen Sie nur 50 bis 100 Rupien Mehrkosten über dem normalen Preis veranschlagen, und diese Zusatzkosten ist der Dienst allemal wert.

14 AUTOMIETEN? *NO PROBLEM!*

UNTERWEGS MIT LAUREL UND HARDY

Acht Uhr früh, und der Tag kündigt sich mit drückender Hitze an. Der weiße Ambassador, ein vorsintflutlich massiges Panzernashorn, ist pünktlich vorgefahren.

»Vishnu, *driver*«, stellt sich der zierliche Mann in der pinkfarbenen *kurta*, dem knielangen kragenlosen Hemd, das an den Seiten geschlitzt ist, vor. Auf einer schwarzen Bärenfellfrisur sitzt ein Basecap mit *Pepsi*-Schriftzug. Lächelnd grüßt er die drei Frauen mit einem Nicken und entblößt dabei blutrot verschmierte Zähne. Alma zuckt zurück. Vampir!, schießt es ihr durch den Kopf, gerade zurück vom vom Frühstück.

Liz stößt sie mit dem Ellbogen an: »*paan!*«, und deutet auf Vishnus Wange.

Ja, jetzt erkennt Alma in der rechten Backe ihres Fahrers eine Ausbeulung. Scheint sich um so 'ne Art indischen Kaugummi zu handeln. Eklig!

PAAN-OMANIE

Paan ist ein zu einem Päckchen gefaltetes Blatt des Betelnusspfeffers, gefüllt mit zerkleinerter Arecanuss, verschiedenen Gewürzen und manchmal Tabak. Nach dem Essen wird *paan* zur Atemerfrischung und Verdauungsförderung gekaut, häufig aber auch als Mittel mit anregender Wirkung genutzt. Die Arecanuss ruft rot gefärbten Speichelfluss hervor, der Zähne und Zahnfleisch auf Dauer schädigt.

Vishnu deutet auf den rundgesichtigen jungen Mann mit dem schweißglänzenden Lächeln neben sich. »*Cousin*«, stellt er ihn knapp vor, guckt finster entschlossen und lässt das Betelpäckchen in die andere Backe wandern: »*second driver.*«

Klingt, als ob Widerspruch zwecklos wäre, obwohl weder ein Cousin noch ein Copilot von Grit und Liz geordert wurden, als sie gestern am Taxistand die Vereinbarung getroffen haben. Und jetzt steht ein zusätzlicher Passagier vor ihnen, was bedeutet, dass es eng wird im Wagen. Die drei Frauen schauen sich mit hochgezogenen Augenbrauen an und zucken schließlich mit den Schultern.

»Na wenn schon«, sagt Grit. »Ich sitze jedenfalls vorne!«

Gesagt, getan, sie öffnet die Autotür und schwingt sich auf den Vordersitz. Vishnu hat die Rucksäcke und Almas Koffer verstaut und dirigiert die Besatzung in den Wagen: »*Chalo!*« (Auf geht's!) Er schiebt *cousin*, der verschüchtert schweigt, in die Mitte der vorderen Sitzbank. Dort faltet er sich ängstlich zusammen, um den Kontakt mit Grit zu vermeiden, die die nackten Füße aufs Armaturenbrett gestützt hat. Liz und Alma zwängen sich auf den braunplüschigen Rücksitz unter eine Girlande in den indischen Nationalfarben, die von der Wagendecke baumelt.

»Da sieht die Kiste aus wie ein Panzerkreuzer und jetzt, wohin mit den Beinen?«, murrt Alma.

Sie rammt ihre Knie tief in die Lehne des Vordersitzes und fühlt sich prompt wie im Schraubstock. Hat diese Position vielleicht irgendeinen Sicherheitsvorteil? Oder genau im Gegenteil? Ach, was soll's! Wir sind doch schließlich in Indien: Sicherheitsgurte? Kopfstützen? ABS-System? Knautschzone? Brauchen wir nicht. Hauptsache die Karre fährt! Und zur Sicherheit fahren ja am Armaturenbrett drei Gottheiten mit. Nein, mehr! Mit einem Blick über *cousins* Schulter hat Alma neben dem blau schimmernden Krishna und dem rosigen, elefantenhäuptigen Ganesha auch noch Jesus und Buddha gesichtet. Vishnu geht auf Nummer sicher.

DER AMBASSADOR

Der *Ambassador Classic* von Hindustan Motors ist so typisch für Indien, dass er einen Platz unter den Staatsymbolen wie Tiger und Lotus verdient hätte. Seit über 50 Jahren wird die rundliche Limousine nahezu unverändert gebaut. Bis Anfang der 90er-Jahre, als der damalige Finanzminister den bis dahin staatlich kontrollierten Markt öffnete und ausländische Marken zugelassen wurden, beherrschte der Ambassador den Automarkt in Indien vollständig. Doch selbst heute, da die Straßen der Metropolen mit Fahrzeugtypen europäischer und japanischer Hersteller verstopft sind, sieht man den Ambassador im Straßenbild. Die indische Regierung unterhält eine Flotte von 5.000 Wagen, manche gepanzert. Und bei Preisen zwischen 370.000 und 410.000 Rupien (5.300 bis 6.000 Euro) ist er immer noch der Favorit der Taxifahrer.

Vishnu hat sich bereits hinters Steuerrad gesetzt, besser gesagt unters Steuer geschoben – du meine Güte, ist das eng! Will der mit den Knien lenken? –, als er sich noch einmal hinauslehnt und einen roten Schwall Betelsaft auf die Treppe des Hotels spuckt. Was für eine Schweinerei! Angeekelt wird Alma erst jetzt bewusst, woher die allgegenwärtigen roten oder rostbraunen Flecken in den Straßen und an Hauswänden stammen, die sie voller Unbehagen mit Unfällen und blutigen Gewalttaten assoziiert hat. Diese notorischen *paan*-Wiederkäuer sind schuld!

Cousin und Vishnu sind dicht zusammengerückt. Vishnu lenkt, und gelegentlich greift *cousin* hinüber und betätigt den dünnen Hebel der Lenkradschaltung. Nach jeder dieser Aktionen strahlen sich die beiden verzückt an.

Sind die schwul? Schon häufiger hat Alma sich in den letzten Tagen über die in inniger Umarmung versunkenen Männer und die vielen Jungs, die Hand in Hand durch die Straßen schlendern, gewundert. Gestern hat sie sogar zwei händchenhaltende Polizisten gesehen!

Nach mehr als zwei Stunden erreichen sie – halb betäubt von Abgasen – endlich den Stadtrand und können sich auf der Grand Trunk Road Richtung Osten einspuren. Vishnu peitscht den Ambassador auf 60 Meilen (rund 95 km/h) hoch und hält auf alles zu, was sich bewegt. Die Hupe als Rammbock einsetzend gibt er erst im allerletzten Augenblick auf, wenn der Gegner nicht weicht. Alma spürt ein nervöses Kribbeln an ihren Haarwurzeln – so also fühlt es sich an, wenn sich die Haare sträuben. Ihr dämmert die fürchterliche Möglichkeit, dass ihre bisherigen Fahrten durch die Stadt nur ein müdes Vorspiel zu dem großen Liveact auf der Grand Trunk Road sein könnten ...

What's the problem?

»Da fehlen ja bloß noch zwei Ziegen, ein Sack Reis, ein Korb mit Hühnern und eine Ladung Chilis. *No problem*, passt doch alles auch noch rein!«, grinst Friedrich und amüsiert sich darüber, wie die Mädels dem listig-frechen *driver* auf den Leim gegangen sind und seinen »blinden Passagier« widerspruchslos akzeptiert haben.

Schlau eingeschätzt von Vishnu: Wer will schon zu Beginn der Reise einen Konflikt vom Zaun brechen, um dann für Stunden auf engstem Raum einem übelgelaunten Fahrer ausgeliefert zu sein?

Ja, so läuft es, im Prinzip wie bei den heiligen Kühen: vollendete Tatsachen schaffen, stur bleiben und damit durchkommen – indische Lebenskunst. Halb so schlimm im Falle eines zusätzlichen Passagiers.

»Aber, Alma, warum hast du um Himmels Willen keinen Piep gesagt, als der Fahrer so unverantwortlich losgerast ist? Du bist doch sonst nicht auf den Mund gefallen als olle Berliner Schnauze!«, wundert sich Friedrich.

No problem – relax!

Der Linksverkehr und das deregulierte Verkehrsgeschehen überfordern jeden Neuling auf Indiens Straßen. Vermeiden Sie es deshalb auf alle Fälle, in Indien selbst zu fahren. Außerdem kostet ein fahrerloser Mietwagen fast dasselbe wie ein Wagen mit Chauffeur. Mit Fahrer reisen Sie bequem und ziemlich luxuriös durch Indien. Planen Sie einen größeren Trip, empfiehlt es sich, schon von Deutschland aus über einen Reiseveranstalter zu buchen.

Engagieren Sie für längere Fahrten lieber keinen Fahrer vom Taxistand, sondern beauftragen Sie eine regional renommierte Autovermietung oder einen internationalen Anbieter. Bestehen Sie auf einen erfahrenen Fahrer, dessen Englisch nicht mit *good morning* und *no problem* erschöpft ist. Ihr Fahrer ersetzt zwar keinen Reiseleiter, denn sein Job ist das Fahren und das Warten auf Sie, bei guter Verständigung und gutem Kontakt kann er Ihnen jedoch unterwegs in vielem behilflich sein. Er kann für Sie übersetzen und weiß, wo sich die Plätze mit ordentlichem Essen und sauberen Toiletten befinden. Fragen Sie ihn, wo es sich möglicherweise lohnt, einen Umweg zu fahren, um landestypische Besonderheiten zu entdecken. Unterhalten Sie sich mit ihm über seine Familie, seinen Heimatort und Sie werden sehen, dass Sie auf diese Weise viel über Indien erfahren können.

Ein Auto mit Chauffeur ist bereits ab ungefähr 30 Euro am Tag zu mieten. Unterschiede im Preis kommen durch verschiedene Fahrzeugklassen und Ausstattungen zustande, wobei vor allem die Klimaanlage ins Gewicht fällt. Auf längeren Reisen erhält der Fahrer zusätzlich reguläre Mahlzeiten und schläft im Auto. Wie schon beim Rikschafahren ist es günstig, sich vorher zu erkundigen, was die Fahrt, die Sie planen, üblicherweise kosten darf, um dann einen angemessenen Preis aushandeln zu können. Lassen Sie sich den Endpreis vor Abfahrt schriftlich bestätigen, um am Ende nicht in Streitereien verwickelt zu werden.

Da indische Autofahrer für ihre Raserei berüchtigt und die Straßen größtenteils schlecht sind, sollten Sie diese brisante Mischung unbedingt entschärfen. Bevor Sie auf dem Rücksitz einen Herzinfarkt erleiden, weisen Sie Ihren Fahrer nachdrücklich an, langsam zu fahren. Auch wenn Ihr Fahrer glaubt, dass sein Schicksal von seinem Karma und nicht von seiner Fahrweise abhängt – Sie sind der Boss und glauben etwas anderes.

Als alleinreisende Frau sollten Sie nie ohne Begleitung mit einem fremden Chauffeur unterwegs sein. Mitreisende können Sie in Touristenunterkünften und in Internetcafés per Aushang suchen.

Wegen des schlechten Straßenzustands benötigen Sie für eine Strecke von 250 Kilometern mindestens fünf Stunden Fahrzeit, meist sind Sie sogar noch länger unterwegs. Oft wären Sie mit dem Zug schneller am Ziel, jedoch ohne die Möglichkeit, spontan anzuhalten, die Gegend zu erkunden, die besondere Atmosphäre eines Ortes aufzunehmen und Fotos zu machen. Erfahrungen, die Ihnen das Reisen mit einem Wagen und Chauffeur ermöglichen.

HOMOSEXUALITÄT

Das gesamte Thema Sexualität ist bis heute in Indien weitgehend tabuisiert und Sex wurde und wird noch immer ausschließlich mit Fortpflanzung in der Ehe in Verbindung gebracht. Vor diesem Hintergrund wurde Homosexualität über 150 Jahre lang als Verbrechen geahndet.

Die körperliche Nähe, die offen unter Jungen und Männern gezeigt wird, wie Händchenhalten, Umarmungen und umschlungenes Aneinanderkleben, ist kein Zeichen für Homosexualität. Sie bedeutet nur, dass sie ein von Kindheit an gewohntes Verhalten als gute Freunde praktizieren.

Nach jahrelangem Rechtsstreit wurde endlich am 8. September 2018 das Verbot homosexuellen Geschlechtsverkehrs durch das Oberste Gericht in Indien aufgehoben. Das Gesetz war im Jahr 1861 unter britischer Kolonialherrschaft in Kraft gesetzt worden und Homosexualität war seither theoretisch strafbar mit bis zu zehn Jahren Haft. Verurteilungen nach diesem Paragraphen des Strafgesetzbuches waren selten, doch seine bloße Existenz bedeutete ein permanentes Droh- und Erpressungspotenzial und eine Stärkung gesellschaftlicher Vorurteile. Sicher wird in Indien, einem sozial konservativen und von althergebrachten Moralvorstellungen geprägten Land, die Diskriminierung Homosexueller nur langsam verschwinden, doch die Straffreiheit wird allen Betroffenen neue Möglichkeiten der Lebensgestaltung eröffnen. Auch gibt es in den großen Städten, in gehobenen Schichten und in den Medien, speziell auch im Film, in den letzten Jahren mehr und mehr Offenheit gegenüber Homosexuellen.

Bereits im April 2016 gab es ein historisches Urteil in Sachen Geschlechtergerechtigkeit: Die *hijras* – Intersexuelle (Zwitter) und Transsexuelle (fühlen sich nicht ihrem angeborenen Geschlecht zugehörig) – verstehen sich weder als Mann noch Frau, weder als Hetero- noch als Homosexuelle, sondern als Vetreter einer dritten Kategorie, dem Dritten Geschlecht. Fortschrittliches Indien: Sie wurden per Gesetz Frauen und Männern gleichgestellt.

15 RESPEKT (1)? *NO PROBLEM!*

REINE NERVENSACHE

Im Fond des Ambassadors rinnt Alma der Schweiß in Strömen vom Haaransatz über Gesicht und Nacken – Hitze oder Angst? Höllenangst *und* Gluthitze! Pausenlose Fast-Zusammenstöße, riskante Überholmanöver, irrwitzige Schlenker, unerwartete Vollbremsungen und Schleuderpassagen haben sie an den Rand des Nervenzusammenbruchs getrieben.

Und was ist das? Alma atmet durch die Nase ein, ja, es riecht eindeutig nach Benzin. Der Geruch wird immer stärker! Alarmiert richtet sie sich auf.

»Fliegen wir jetzt gleich in die Luft?«, stößt sie in Panik hervor.

»No problem, Madam, only petrol.« Vishnu dreht sich mit beflissener Miene zu Alma um.

»Ja, ja!«, schreit Alma »Schau nach vorne!«

Dort prescht in diesem Augenblick ein Pferdegespann aus einem Feldweg auf die Straße. *Cousin* greift ins Steuer, reißt den Wagen zur Seite, auf einen Motorradfahrer zu, der sich mit einer schleudernden Vollbremsung hinter einen Jeep rettet.

»Stop! Stop!«, kreischt Alma, was Liz schläfrig den Kopf heben lässt, und sogar Grit nimmt die Kopfhörer ab: »Is' was?« Sie schaut

Alma verwundert an und plötzlich ist sie voll da: »Was riecht hier eigentlich so komisch?«

»*Yes, yes. No problem!*« Vishnu wackelt hektisch mit dem Kopf und lenkt den Ambassador so abrupt auf das Feld neben der Straße auf eine auseinanderstiebende Herde Ziegen zu, dass Erde in Fontänen aufspritzt und die Kiste wankt wie ein Kutter im Sturm. Nix da Standspur, aber Gott sei Dank endlich Stillstand.

Wie eine Furie springt Alma aus dem Wagen, stürzt sich auf Vishnu, packt ihn bei den Schultern und blafft ihn an: »Idiot! Verdammter Idiot! Hirnlose Raserei! Nicht genug Grips, um ...« Ihre Stimme versagt, sie lässt die Hände sinken.

Vishnu und *cousin* schauen sich betreten an, dann wieder Alma und senken die Augen. Wortlos packt Vishnu *cousins* Hand und zieht ihn zum Kühler. Liz nimmt Almas Arm und zerrt sie weg, mitten hinein in die Ziegenherde. Und als Alma sich mit hochrotem Kopf noch einmal umdreht, sieht sie, dass Grit mit begütigenden Gesten auf die beiden Männer einredet. Almas Hände zittern noch immer, und gleichzeitig durchströmt sie eine Welle der Scham wegen ihres Ausbruchs. Sie lässt den Kopf hängen und atmet stoßweise. »Ruhe, immer mit der Ruhe«, redet sie sich selbst gut zu.

Als Grit wieder zu ihnen stößt, tätschelt sie beruhigend Almas Arm: »Alles in Ordnung, Abbitte angenommen und Zugeständnisse gemacht: ab jetzt, langsamer.«

Noch immer durcheinander, jedoch erleichtert blickt Alma hinüber zur Straße, ihr Atem beruhigt sich allmählich.

Grand Trunk Road – Alma hatte sich bei diesem grandiosen Namen eine schicke Autobahn vorgestellt. Autobahn?, denkt sie nun und erwischt sich bei einem indischen Kopfwackeln. Manchmal zwei Spuren, manchmal vier, manchmal von Schlaglöchern durchsiebt, manchmal glatt mit Mittelstreifen, manchmal verengt durch Steinhaufen, die nach Straßenarbeiten liegen gelassen wurden, führt sie durch Dörfer und Städte und kann offenbar von allem und jedem benutzt werden.

GOLDENE WEGE

Die Grand Trunk Road, allgemein GT Road genannt, ist eine von Asiens ältesten und bedeutendsten Fernstraßen. Seit Jahrhunderten verbindet sie über die Länge von 2.500 Kilometern Indien, Pakistan und Bangladesch. Die indischen Städte Amritsar, Ambala, Neu-Delhi, Kanpur, Allahabad, Varanasi und Kolkata (Kalkutta) liegen an ihrer Route; dieser Abschnitt trägt den Namen NH2 (National Highway 2). Sie ist Teil eines Riesenprojektes namens *Golden Quadrilateral* (Goldenes Viereck), das die vier wichtigsten Städte Indiens, Neu-Delhi, Kolkata, Mumbai (Bombay) und Chennai (Madras), durch Schnellstraßen miteinander verbindet.

Hier wie auf allen Straßen Indiens ist die Verkehrssicherheit ein großes Problem: Indien führt mit rund 120.000 Verkehrstoten pro Jahr, die Hälfte davon Fußgänger, die weltweiten Statistiken an.

Alma, die ihr Gleichgewicht wiedergefunden hat, ist ganz entzückt von der Buntheit des Bildes, das über die Straße flimmert.

Als »Fluss des Lebens« hat Rudyard Kipling in seinem Roman »Kim« zu Beginn des letzten Jahrhunderts den Betrieb auf dieser Straße beschrieben. Wie würde er staunen, zu welch reißendem, donnerndem Strom sich der ehedem gemächliche Fluss entwickelt hat.

Und wie würde sich das, was sich hier immer wieder abspielen kann, wohl bei Verkehrsdurchsagen im heimischen Radio anhören?

»Hey!«, ruft sie Liz zu und hält ein imaginäres Mikrofon an ihren Mund: »Achtung, liebe Hörer, auf der A10 zwischen Ludwigsfelde und dem Dreieck Nuthetal liegen meditierende Kühe auf der Fahrbahn. Eine Umleitung wird übermorgen ausgeschildert.«

Liz reagiert prompt: »Vorsicht auf der A1, hinter dem Kreuz Bargteheide kommen Ihnen drei Kamele entgegen. Benutzen Sie den Mittelstreifen!«

Und jetzt fällt Grit lachend ein: »Auf der A7 vor der Abfahrt Melsungen steht ein Elefant quer. Hupen Sie und halten Sie immer schön drauf!«

Und weiter: »Schafherde blockiert ... Eisverkäufer besetzt Mittelstreifen ... Reifenwechsel auf der Fahrbahn ... *baraat* (Hochzeitszug) quert.« Prustend haken sich die drei unter und spazieren Richtung Auto.

Inzwischen stecken die beiden Superfahrer wie halb von einem Nilpferd verschluckt unter der Haube des Ambassadors. Alma bleibt wie angewurzelt stehen und zeigt wortlos auf *cousin*, der sich niederbeugt, den Schnürsenkel aus seinem Turnschuh nestelt und ihn an Vishnu weiterreicht, der mit einem Ölfleck auf seiner *kurta* aus den Tiefen des Motors auftaucht. Nun versenken sich beide wieder in die Eingeweide des Ambassadors, um kurz darauf mit triumphierendem Lächeln und ohne Schnürsenkel an der Oberfläche zu erscheinen.

»*First class fixed! Hundert per cent no problem now!*«, verkündet Vishnu, strahlend vor Stolz. »*Indian technology!*«, klopft er *cousin* anerkennend auf den Rücken. »*Prakash name*«, fügt er hinzu, und Prakash alias *cousin* lächelt die Frauen zum ersten Mal offen an.

Alle drei sind beeindruckt: großartig! *Indian technology*, das bedeutet offensichtlich, mit widrigen Gegebenheiten unter Nutzung einfachster Mittel einfallsreich umzugehen und praktisch-kreative Lösungen zu finden.

»*Shabash!*« (Bravo!), rufen die Mädels im Chor: »*Chalo!*« (Auf geht's!)

What's the problem?

»Schwerwiegend würde ich dieses Problem nennen, Alma. Du hast den Fahrer in unentschuldbarer Weise respektlos und demütigend behandelt. Sicher, der Schrecken, die Anspannung und die Angst haben deine Sicherungen durchbrennen lassen – das verstehe ich. Doch ich wünschte, du hättest ein derartiges Verhalten vermieden. Besser wäre es für beide Seiten«, meldet sich Friedrich.

In Indien, einer stark hierarchisch strukturierten Gesellschaft, ist Respekt ein wichtiger Begriff. Von Höhergestellten wird Respektbezeugung, ja Unterwürfigkeit meist als Geburtsrecht betrachtet. Umgekehrt wird von oben nach unten kaum Achtung praktiziert. Häufig werden in der gesellschaftlichen Hierarchie tiefer stehende Menschen grob und demütigend behandelt. Wenngleich dies in der indischen Sozialkultur festgeschrieben scheint, sollten wir als Westler, die wir oft in der Hierarchie hoch eingestuft werden, es unbedingt vermeiden, in eine »Herrenmenschen-Position« zu rutschen. Die Wunde, die nach Jahrhunderten der Kolonialherrschaft noch immer unter der Oberfläche der zunehmend selbstbewussten Nation schwärt, sollte respektiert werden, denn die Demütigung durch die Briten, die die Inder über Generationen als Menschen zweiter Klasse behandelt haben, sitzt tief. Stellen Sie sich vor, dass zur Zeit des Britischen Raj, der Herrschaft der Briten, die erst 1947 endete, am Eingang britischer Clubs Schilder verkündeten: »Kein Zutritt für Hunde und Inder.« Das Wissen um diesen Teil der Geschichte rechtfertigt jedes Bemühen, jederzeit achtsam und respektvoll mit den Menschen in Indien umzugehen.

BRITISH RAJ – DIE HERRSCHAFT DER BRITEN

Das Territorium, das von 1858 bis 1947 unter britischer Kolonialherrschaft stand, wurde als *British Raj* bezeichnet. Das Herrschaftsgebiet umfasste das heutige Indien, Pakistan, Bangladesch und Myanmar (bis 1989 Burma/Birma). Die 20er- und 30er-Jahre des letzten Jahrhunderts waren gekennzeichnet von Aufruhr und großen Kampagnen zivilen Ungehorsams gegenüber der Herrschaft der Briten. Unter der Führung von Jawaharlal Nehru und Mahatma Gandhi erkämpfte Indien seine Unabhängigkeit. In der Nacht vom 14. auf den 15. August 1947 endete die britische Herrschaft, als die Briten Indien, das »Juwel in der Krone des Britischen Empire«, wie das Land zu Queen Victorias Zeiten genannt wurde, in die Unabhängigkeit entließen.

No problem – relax!

Unterwegs in Indien werden Sie sich immer wieder in Situationen finden, die Sie an Ihre Grenzen bringen. Oft werden Sie, schon durch Hitze, Lärm und Fremdheit überfordert, mit Menschen konfrontiert sein, deren Verhalten Ihnen vollkommen unverständlich, oft geradezu verrückt erscheint, sodass Sie Gefahr laufen, die Nerven zu verlieren.

Und das ist auch gut so! Diese herausfordernden Situationen zeigen uns nämlich deutlicher, als unser Alltag zu Hause es vermag, wer wir sind. Wir haben hiermit eine Gelegenheit, uns besser kennenzulernen: Sind wir wirklich die menschenfreundliche, offene, tolerante Ausgabe unserer selbst, für die wir uns gerne halten? Wenn wir uns bewusst machen, dass verunsichernde, bedrohliche Momente im Verlauf der Reise so sicher wie das Amen in der Kirche auftauchen werden, fällt es leichter, wachsam zu bleiben, um respektvoll Haltung bewahren zu können.

Ganz praktisch: Vielleicht ist es hilfreich, immer erst einmal bis zehn zu zählen, bevor man Gefahr läuft, in angespannten Situationen so ausfallend wie Alma zu reagieren. *Good luck!*

16 GESTEN? *NO PROBLEM!*

KLEINER FINGER ODER GANZE HAND?

Die Sonne senkt sich den Feldern und den vereinzelt aufragenden Bäumen entgegen, als der Ambassador eine wellblechgedeckte Hütte ansteuert, die von kreuz und quer geparkten Fahrzeugen wie ein Westernwaggon beim Indianerangriff umstellt ist. Vishnu zwängt sich unverfroren in eine Lücke, womit garantiert ist, dass mindestens drei Wagen, vollkommen blockiert, nicht mehr rauskommen.

»*Dhaba*«, verkündet er und macht mit Daumen, Zeigefinger und Mittelfinger eine Bewegung zum Mund, die wohl essen bedeuten soll.

Vor der Hütte sind *charpai*, hölzerne, mit Seilen bespannte Bettgestelle, von schlafenden Gestalten und Männern, die im Schneidersitz plaudern, belegt. Vishnu und Prakash nehmen Kurs auf die voll besetzten Tische mit den einfachen Holzbänken unter dem zur Straße offenen Dach. Kinder sausen lärmend herum, werden auf den Tischen sitzend gefüttert, Menschen essen weit über ihre Teller gebeugt mit den Fingern, Jungen gehen mit Eimern zwischen den Tischen umher und teilen mit großen Blechkellen Essen aus. Im Hintergrund dampft es über riesigen Töpfen. Alma läuft das Wasser im Mund zusammen bei dem würzigen Geruch, der von dort herüberzieht.

Mit ungeduldigen Gesten dirigiert Vishnu die kleine Gruppe an einen Tisch, wo eine Großfamilie, Männer mit blauen Turbanen, Frauen in farbenprächtigen Saris, freundlich zusammenrückt, bis für alle genug Platz ist. Alma, Liz und Grit ernten lächelnde, neugierige Blicke.

»Können wir Tee haben?«, fragt Liz Prakash.

Der wiegt seinen Kopf in einer Mischung aus langsamem Schütteln und Nicken und verschwindet. Was war das? Ja oder nein? Blitzschnell erscheint er wieder mit dampfenden *chai*-Gläsern, und Vishnu stellt einen Teller, auf dem sich köstlich duftende, heiße *samosas* stapeln, in die Mitte des Tisches. Begeistert greifen alle drei zu und beantworten kauend die unvermeidlichen Fragen ihrer Tischnachbarn: »*Where from? What country?*«, und lächeln, lächeln – viel mehr gibt es nicht zu sagen.

Schon taucht Prakash wieder auf: »*More tea?*«

Alma, ein *samosa*-Teilchen zwischen den Fingern der rechten Hand, will gerade abbeißen und hebt eifrig den kleinen Finger hoch: »*Yes, one!*«

Und als ob eine ferne Explosion plötzlich alle verstummen lässt, bricht für die Dauer eines Fingerschnippens totale Stille herein, es geht ein Ruck durch alle, die am Tisch sitzen. Sie starren Alma an. Ihre Hand mit dem *samosa* sinkt auf den Tisch, ihre Gedanken rasen. Was hat sie getan? Und da, wie ein aufgestautes Niesen, das plötzlich losgelassen wird, brechen die Umsitzenden in entfesseltes Lachen aus. Die Frauen ziehen hastig Sarizipfel über ihr Gesicht, während ihre Schultern vor Lachen beben, Männer wiehern mit blitzenden Zähnen, Kinder fallen kreischend ein und auch Liz und Grit schütteln sich in einem Lachanfall. Prakash, zuerst noch versteinert, fängt hysterisch an zu kichern und Vishnu ächzt unter Atemnot begleitet von einem Zungenschnalzen: »*No, madam, no! Not do!*«

Auch die Menschen an den anderen Tischen, offensichtlich blitzartig über den Vorfall informiert, werden jetzt vom Lachen angesteckt. Eine Welle Gelächter rollt durch den Laden. Wie eine Feuerfackel schießt Alma Schamesröte ins Gesicht, sie weiß nicht, wo sie hinschauen soll. Liz legt ihr den Arm um die Schulter und flüstert ihr etwas Ohr. Alma läuft, wenn das überhaupt möglich ist, noch röter an, starrt verwirrt auf den Tisch und spürt im nächsten Augenblick etwas ihre Kehle hochsteigen. Sie schlägt die Hände vors Gesicht, stützt die Ellbogen auf – und bricht in Lachen aus.

What's the problem?

»*Shabash*, liebe Alma, *hundert per cent* feinstes Fettnäpfchen!«, schmunzelt Friedrich und reckt den Daumen in Anerkennung hoch. »Kleiner Finger, große Wirkung! Du hast allen mit einer Männergeste eindeutig verkündet, dass du jetzt gleich mal pinkeln gehen wirst. Die Geste ist für eine Frau in indischen Augen einfach grotesk. Und superlustig!«

Sehen Sie, Friedrichs hochgereckter Daumen zum Beispiel ist mit der Botschaft der Anerkennung, die er verkündet, auch in Indien verständlich, doch mit einer kleinen Abweichung wird daraus eine grobe Beleidigung: Wenn Sie dabei mit dem Daumennagel gegen ihre Vorderzähne schnippen, haben Sie so etwas Ähnliches wie »Fick dich ins Knie« kreiert und können sich auf echte Probleme gefasst machen.

No problem – relax!

Gesten sind immer das Produkt der Kultur eines Landes, deshalb kann ein und dieselbe Geste in verschiedenen Kulturkreisen unterschiedlich gedeutet und verstanden werden. In Indien ist die Körpersprache reicher als in unseren Breiten. Oft genügt allein die Geste ohne zusätzliche Worte, was auf uns zuweilen muffelig bis unfreundlich wirken kann. Beim Reisen in Indien ist es erstaunlich zu sehen, dass bei aller kulturellen Vielfalt die Gestensprache von Süden nach Norden und von Osten bis Westen einheitlich ist, ein deutlich sichtbares Zeichen des Indischseins. Für uns als Ausländer ist es manchmal ein schmaler Grat zwischen richtigem Tun und Irrtum, den wir mit unseren willkürlichen und unwillkürlichen Gesten in der Kommunikation beschreiten. Aber uns deshalb in unserem Körperausdruck zu kontrollieren, um ja nichts falsch zu machen? Auf keinen Fall! Diese erzwungene Haltung würde nur unseren authentischen Ausdruck blockieren und uns in einer formalen Kommunikation und oberflächlichem Kontakt stecken bleiben lassen, wo wir doch einen lebendigen Austausch suchen.

Wenn Sie sich die Mühe machen wollen zu überlegen, welches denn unsere typisch deutschen Gesten sind, haben Sie einen kleinen Schatz im Gepäck, der eine lebhafte Kommunikation herstellen kann, selbst da, wo Sprachbarrieren existieren.

Hilfreich ist es in jedem Fall, mehr über Indiens Körpersprache zu wissen, um sie zu verstehen und um Gesten, die beleidigend sind, vermeiden zu können.

DIE WICHTIGSTEN GESTEN

Mit dem Kopf

Die eigentümlichste, »indischste« Geste ist das berühmt berüchtigte Kopfwackeln, ein Gesamtkunstwerk aus Kopfnicken und Kopfschütteln, das auf Menschen aus dem Westen recht unentschlossen wirkt. Tatsächlich vermeiden Inder sowohl verbal als auch nonverbal gerne klare Positionen. Mit dem Kopfwackeln wird also weder ein eindeutiges Ja noch ein Nein signalisiert. Diese Geste kann viele Bedeutungen haben: ja, wahrscheinlich, jein, vielleicht, weiß nicht, fein, in Ordnung, möglich oder *no problem*. Im Grunde gibt der Zuhörer auf diese Art lediglich zu verstehen, dass er zuhört, und zwingt damit den Sprecher, sich selbst eine Interpretation zurechtzulegen.

Das durch eine Geste ausgedrückte Nein ist leider dem unklaren Ja recht ähnlich: ein kurzes Rucken mit dem Kopf, der Blick schräg nach unten gerichtet. Deutlicher wird die Aussage, wenn ein abschätziges

Zungenschnalzen sie begleitet. In der Regel jedoch kommt ein Nein selten vor, da es einfach als zu unhöflich und zu festgelegt gilt und Indern fast körperliche Qualen zu bereiten scheint.

Selten werden Sie ein gesprochenes Danke hören, stattdessen wird der Kopf mit einem Lächeln einmal nach links geneigt.

Mit den Händen

Die indische Grußgeste, bei der die Handflächen zusammengeführt werden und nahe am Herzen die Brust berühren, wobei der Kopf gleichzeitig leicht gesenkt wird, drückt Ehrerbietung für das Gegenüber aus. Die Grußworte *namaste* oder *namaskar* können diese Geste begleiten, sind jedoch nicht zwingend. Die bis zur Stirn mit aneinandergelegten Handflächen erhobenen Hände, deren Fingerspitzen der Zeigefinger dabei die Stelle zwischen den Augen berühren, wo sich das mystische »Dritte Auge« nach hinduistischer Lehre befindet, drücken eine noch tiefere Ehrerbietung aus.

Die Geste, bei der indische Frauen beide Hände zu den Schläfen einer anderen Person bewegen, die Finger mit einer Innendrehung nach unten klappen und dasselbe dann am eigenen Kopf wiederholen, betont die Schönheit ebendieser Person und soll vor Neid und Missgunst schützen.

Unser Winken wird in Indien oft als Nein oder »Verschwinde!« missverstanden. Das Heranwinken, wie wir es kennen, wirkt beleidigend und schroff, deshalb strecken Sie besser den Arm aus und bewegen die Finger winkend nach unten.

Mit dem Daumen

Wackeln mit dem erhobenen Daumen bedeutet so viel wie »Schäm dich!«. Die Geste des Daumendrückens mit gekreuztem Zeige- und Mittelfinger wurde aus dem Englischen, *crossed fingers* (oder *fingers crossed*), übernommen.

Mit dem Zeigefinger

Wer mit dem Finger auf andere Menschen zeigt, demütigt sein Gegenüber. Deshalb sollten Sie zum Zeigen immer die ganze rechte

Hand benutzen. Auch den erhobenen Zeigefinger sollten Sie unbedingt vermeiden, gilt doch diese Geste als kränkend.

Mit der Faust

Die Faust, bei der der zweite und fünfte Finger wie Hörner herausragen, zählt im Hinduismus und Buddhismus im Gegensatz zu ihrer eher negativen Bedeutung in Europa, zu den positiven Gesten, die Übel abwenden sollen. Die Faust jedoch, bei der der Daumen zwischen dem Zeige- und Mittelfinger herausragt, wird in Indien als Drohgeste wahrgenommen.

Mit den Füßen

Füße gelten als unrein. Beim Sitzen auf dem Boden ist es daher empfehlenswert, den Schneidersitz einzunehmen, da Ihre Füße niemals auf andere Personen zeigen sollten, vor allen Dingen nicht auf eine höhergestellte Person oder einen Priester, auch nicht auf religiöse Skulpturen oder Bildnisse. Die Verbeugung und gleichzeitige Berührung der Füße einer älteren oder höhergestellten Person ist ein Zeichen von außerordentlichem Respekt. Oft wird die Hand, die die Füße berührt hat, nach der Verbeugung noch zum Herzen geführt. Die gewürdigte Person hält die Demutsgeste meist auf halbem Wege auf und erteilt ihren Segen.

Um sich zu entschuldigen fassen sich die Inder oft an die Ohrläppchen, ziehen sich so buchstäblich selbst die Ohren lang.

Die Geste, bei der sich Inder mit Daumen und Zeigefinger am Hals zupfen, wird beim Schwören oder Abgeben von Versprechen als unterstreichendes Zeichen eingesetzt.

17 ESSEN UND TRINKEN? *NO PROBLEM!*

PEEL IT, BOIL IT OR FORGET IT!

Kaum hält der Ambassador mit der kleinen Reisegruppe spätabends in Agra vor dem Hotel, springt Alma heraus.

»Augenblick! Ich verdurste!«, ruft sie und witscht geschickt dem Verkehr ausweichend über die Straße zur Bude, auf deren Ladentisch eine Parade Wasserflaschen mit dem bekannten Markennamen *Bisleri* unter der Petroliumfunzel lockt. Auweia, konstatiert Alma beim Näherkommen, die sind sicher pieselwarm.

»*Water bottle, please. Cooool please!*«, beantwortet sie den fragenden Blick des Verkäufers. »Ah!«, seufzt sie erleichtert auf, als er ihr eine beschlagene Flasche mit dem türkisblauen Label reicht. Sie dreht sich zu Liz und Grit auf der anderen Straßenseite um, hält die Flasche hoch und ruft, die Hand trichterförmig an den Mund gelegt: »Auch eine?«

Wie auf Kommando halten die beiden drüben den kleinen Finger hoch und fallen lachend gegeneinander. Alma verdreht die Augen, muss dann aber selbst grinsen: Dieser Kleine-Finger-Lapsus wird sie noch lange verfolgen. Hastig dreht sie den Verschluss auf, setzt die Flasche an und trinkt in großen Zügen das kühle Wasser. Mit einem Ächzen vor Wohlbefinden setzt sie die Flasche ab, macht einen großen Bogen um ein paar glotzende Jungs und läuft beschwingt im Zickzack durch den Verkehr hinüber zum Hotel. Liz und Grit, die bereits ihre Rucksäcke und Almas Gepäck aus dem Ambassador gehievt haben, sind schon an der Rezeption, und in kurzer Zeit sind alle Formalitäten erledigt. Mit einem freudigen »Morgen früh zum Sonnenaufgang am Taj Mahal!« verabschieden sich die drei vor ihren Zimmern.

Schnell hat Alma den altersschwachen, in einer rostigen Verankerung kipplig an der Wand befestigten Boiler im Bad angeworfen, und während sie sich unter der nur sanft rieselnden lauwarmen Dusche räkelt, trällert sie eine *filmi*-Melodie: »Daladadababa…!«

Kaum im Bett ist Alma in Sekunden eingeschlafen, obwohl der Ventilator, der beängstigend schief von der Decke hängt, ein aufreizend monotones »Krch-krack, krch-krack« von sich gibt und die aufgeheizte Luft mit seinen trägen Drehungen kaum in Bewegung setzt.

Mitten in der Nacht – oder ist es schon Morgen? – schreckt Alma aus dem Schlaf: Ein schneidender Schmerz zerreißt ihre Gedärme. Wie ferngesteuert stürzt sie zur Toilette – gerade noch rechtzeitig! Ihr Körper wird heiß und kalt geschüttelt, sie stöhnt. Vor Schwäche kann sie sich kaum noch auf den Beinen halten und muss sich mit beiden Händen neben ihren Füßen abstützen. Als sie zum Bett zurückkrabbelt, glüht ihr Kopf, sie zittert.

Oh je – Durchfall statt Taj Mahal. Zusammengekrümmt unter Schmerzattacken dampft Alma fiebrig vor sich hin. Mit brennenden Augen starrt sie auf einen Fleck an der Wand gegenüber. Eindeutig bildet das blässliche Blau den Umriss Skandinaviens ab. Ach, Skandinavien, denkt Alma sehnsüchtig: frische Luft, glasklar sprudelnde Bäche, sanfte Brisen. Stattdessen liegt sie hier in diesem schweflig schmeckenden Dunst, der ihr das Atmen schwer macht, wie von einer Riesenfaust niedergestreckt, zermatscht, grau, krank.

Wie konnte dieses Malheur bloß passieren? Sie hat doch die Essensregeln von Friedrich wirklich ernst genommen, sie hat alles beachtet.

Ihre zitternde Hand, die sie nach der Wasserflasche ausstreckt, um die Tabletten aus ihrer Reiseapotheke hinunterzuspülen, stoppt plötzlich mitten in der Luft. In ihrem überhitzten Gehirn blitzt eine Erinnerung auf. Da war doch was, dort an der Bude, als ihre Hand den Plastikdeckel von der Flasche geschraubt hat. Ja, jetzt fällt es ihr wieder ein, sie spürt es regelrecht in ihren Fingerspitzen, sie hat es wahrgenommen, aber ist einfach drüber hinweggegangen: Der Verschluss der Flasche hat sich viel zu leicht drehen lassen. Mit bösen Vorahnungen packt sie die Flasche, schraubt den Deckel ab und hält die Öffnung dicht vor ihre Augen. Und da sieht sie es: Am Rand kleben lauter kleine Fasern – Reste von Klebstoff.

What's the problem?

»Schlimm, schlimm!«, seufzt Friedrich.

Alma wurde nämlich Opfer eines üblen, weit verbreiteten Tricks: Hier wurde die gebrauchte Flasche eines Markenlabels, das Wasserreinheit garantiert, aus dem Müll geklaubt, mit Leitungswasser aufgefüllt, und der Deckel festgeklebt. Die weißen Fasern beweisen es: Spuren von Klebstoff, der beim Öffnen des Deckels einen gewissen Widerstand vorgaukeln soll. Das bedeutet 15 Rupien (20 Cent) Reinverdienst für den Verkäufer. Für Alma heißt es, dass sie mindestens für drei Tage außer Gefecht gesetzt ist, wenn nicht Schlimmeres.

Eine so präparierte Wasserflasche ist im Grunde eine geladene Waffe, denn es gibt in Indien schwerwiegende hygienische Probleme beim Leitungswasser. Und mit den gesundheitlichen Folgen ist nicht zu spaßen. Alma wusste Bescheid über die Gefahren des Leitungswassers, deshalb hat sie ja auch die Wasserflasche mit dem bekannten Label gekauft. Und doch, ein kurzer Augenblick der Unaufmerksamkeit – schon war es passiert!

Sicher reagieren wir Westler, unangepasst an die indischen Bedingungen, besonders empfindlich. Aber auch die indische Bevölkerung ist nicht abgehärtet gegen verunreinigtes Leitungswasser. Kein Inder ab der Mittelschicht trinkt unbehandeltes Wasser aus der Leitung.

QUELL DES LEBENS

Die Trinkwassersituation in Indien ist ernst. Verseuchtes Wasser verursacht ungefähr 21 Prozent aller Krankheiten im Land. Durchfallerkrankungen, Hepatitis A und Wurminfektionen werden durch verunreinigtes Wasser übertragen. Die Weltgesundheitsorganisation (WHO) schätzt, dass in Indien alleine durch Diarrhö jährlich 700.000 Menschen sterben, vor allem Kinder unter fünf Jahren. Chemische Verunreinigungen durch Arsen, Nitrate und Fluoride sind weit verbreitet. Wegen des veralteten Standards der meisten Wassersysteme kommt es durch Rostschäden zum Eindringen von Abwässern in die Klarwasserleitungen. Eine Studie des Nationalen Instituts für Umwelttechnik (NEERI) belegt die alarmierende Tatsache des generellen Vorhandenseins von Kolibakterien im indischen Leitungswasser.

No problem – relax!

Sicheres Essen und Trinken ist ein Thema erster Ordnung für alle Indienreisenden. Obwohl viele Touristen eine Darminfektion quasi als Initiationsritus für Indien und als ein kleines Übel ansehen, sind die gesundheitlichen Folgen durch verseuchtes Wasser bedenklich, manchmal richtig gefährlich und zudem durchaus vermeidbar. Radikale Beachtung einiger Regeln und allergrößte Aufmerksamkeit bei allem, was Sie zu sich nehmen, bietet eine gewisse Garantie, verschont zu bleiben. Es lohnt sich deshalb, vorsichtig zu sein.

Alles Ess- oder Trinkbare kann mit dem kontaminierten Wasser in Berührung gekommen oder vermengt worden sein. Und sehr wenig davon reicht aus, um Sie auszuknocken. Das bedeutet im Klartext leider, dass Sie auf dieser Reise auf so manchen Genuss verzichten müssen, wenn Sie gesund bleiben wollen: auf das erfrischende Speiseeis, auf Eiswürfel im Drink, auf die leckere *lassi* oder den frisch gepressten Fruchtsaft, die beide womöglich mit Wasser versetzt wurden. Auch die Flasche Soda für das bei der Hitze überaus köstliche *nimbu pani* (Sodawasser mit Zitronensaft) sollten sie sich vor Ihren Augen öffnen lassen, da häufig einfach Leitungswasser mit Kohlensäure versetzt serviert wird. Sogar beim Bier empfiehlt es sich, nur die bekanntesten Marken, wie zum Beispiel *Kingfisher* oder *Cobra* zu trinken, da möglicherweise die hygienischen Herstellungsbedingungen bei anderen einheimischen Sorten nicht ausreichend sind. Und natürlich müssen Sie immer den Verschluss Ihrer Wasserflasche kontrollieren, selbst in einem Restaurant der besseren Kategorie!

Und noch ein wichtiger Hinweis: Benutzen Sie zum Zähneputzen ausschließlich Flaschenwasser und schließen Sie beim Duschen den Mund.

Genauso aufmerksam wie beim Trinken sollten Sie auch beim Essen vorgehen, denn auch hier spielt das verunreinigte Wasser eine große Rolle. Salat, rohes Gemüse und Obst, das nicht geschält werden kann, sind unbedingt zu vermeiden, da sie mit Leitungswasser gewaschen werden oder ungewaschen hoch belastet mit chemischen Rückständen sind. Eine hilfreiche Grundregel für das Essen in Indien ist allemal der Satz: *Peel it, boil it or forget it!* (Schälen, kochen oder weglassen!). Vertrauen Sie nicht einmal den teuersten Hotels, wenn es um rohes Gemüse oder Obst geht; nur frisch Gekochtes und Heißes ist unbedenklich.

An Straßenständen sind die verführerischen *pekoras* oder *samosas* zwar frisch zubereitet und werden Ihnen direkt aus der heißen Pfanne gereicht, jedoch kann hier die Qualität des verwendeten Öls eine Gefahr darstellen. Vermeiden Sie es auch, auf Bahnsteigen Essen zu kaufen. Es kann unter Umständen Tage alt sein und wurde dann wahrscheinlich, um den verdächtigen Geruch und Geschmack zu unterdrücken, mit einer ordentlichen Portion *masala* (intensive Gewürzmischung) aufgepeppt.

Sinnvoll ist es auch, wenn sie jedes Risiko vermeiden wollen, auf Fleisch zu verzichten, da Sie keine Kontrolle darüber haben, wie lange es schon bei den hohen Temperaturen gelagert wurde. Ähnlich verhält es sich mit Fisch, den Sie am besten nur dort, wo er sozusagen direkt aus dem Meer auf ihren Teller spaziert, genießen sollten. Da die indische Küche möglicherweise die beste vegetarische Küche der Welt ist, werden Sie für den Verzicht auf Fleisch großzügig belohnt.

Wenn Sie beobachten, dass ein Restaurant, ein *dhaba* (kleines Imbisslokal am Straßenrand) oder ein Straßenhändler sauber ist und regen Zulauf hat, so ist das ein gutes Zeichen für seine Qualität, und unter Beachtung der oben erwähnten Vorsichtsmaßnahmen können Sie dort unbeschwert speisen.

Vor dem Essen sollten Sie sich die Hände waschen, vor allen Dingen dann, wenn Sie auf indische Weise mit der Hand essen. Selbst in dem kleinsten *hotel* (einfaches Restaurant) gibt es zu diesem Zwecke immer ein Waschbecken. Seife werden Sie allerdings keine vorfinden. Es empfiehlt sich deshalb, ein kleines Döschen mit einem Stück Seife mitzuführen.

Sollten sich trotz aller Vorsichtsmaßnahmen Probleme mit einer Darminfektion einstellen, benutzen Sie als erste Hilfe Medikamente aus Ihrer Reiseapotheke und besorgen Sie sich in der örtlichen Apotheke Rehydrationssalze, um den Verlust der Körperflüssigkeit auszugleichen. Bei anhaltendem Fieber und Durchfällen sollten Sie unbedingt einen Arzt aufsuchen. (Mehr zu medizinischen Notfällen in Episode 42, Seite 252.)

18 BAHNREISE (1)? *NO PROBLEM!*

GANZ UNTEN

Almas Beine fühlen sich an wie die einer Spielzeug-Knick-Giraffe, sie scheinen aus Gummi zu sein.

Der *Delhi Belly*, so der Spitzname für die typische indische Durchfallerkrankung, hat ihre Kräfte aufgezehrt. Schweiß perlt von ihrer Stirn. Der Aufstieg über die Treppen zum Bahnhof in Agra kommt einer Himalajabesteigung gleich. Grit hält sie fest und Liz zieht ihren Koffer hinter sich her. War das eine gute Idee, in dieser kränklichen Verfassung die Weiterreise anzutreten?, fragt sich Alma zum x-ten Mal. Sie kann sich augenblicklich gar nicht vorstellen, bald wieder so weit genesen zu sein, um den weiten Weg in den Süden anzutreten, um dort ihre Job-Verpflichtungen zu erfüllen. Das war ja der eigentliche Anlass ihrer Indienreise. Alma schwitzt. Sie braucht dringend einen Aufenthalt in einem Schweizer Sanatorium, und Bodhgaya, ihr Reiseziel, scheint zumindest ansatzweise etwas davon bieten zu können. Als sie allerdings zum Bahnsteig gelangt, weiß sie, dass erst einmal alles schlimmer wird, bevor es vielleicht besser wird.

Trotz der späten Stunde gleicht das Gedränge von Menschen einer brodelnd kochenden Masse. Lärmkaskaden rammen Almas Kopf und entfachen stechende Kopfschmerzen, ihre Augen scheinen aus den Höhlen zu drängen, sie möchte am liebsten ihre Sonnenbrille aufsetzen und sich die Ohren zuhalten. Liz rollt ihre Isomatte aus.

»*Baitii daadii* (Setz dich, Großmütterchen)«, neckt sie Alma, drückt sie sanft nieder und drängt sie, einen großen Schluck aus der Wasserflasche samt Tabletten zu nehmen.

Grit drängelt sich indessen zu den Anschlagetafeln durch, um auf der Warteliste zu überprüfen, ob sie noch Plätze erwischen konnten. Sie weiß, dass man selbst auf den hinteren Plätzen der Indian-Railway-Warteliste noch Chancen auf einen Platz im Zug hat, da viele Inder offenbar häufig vorsichtshalber buchen und später wieder stornieren. Grit überspringt die AC-Listen und findet schnell die *sleeper-class*-Listen des Zuges nach Bodhgaya, für den sie gebucht haben. Sie fährt mit dem Zeigefinger die Namenreihen ab und – halt, hier sind ihre drei Namen!

Inzwischen rollt Alma sich auf ihrem Platz am Boden zusammen und schließt, umbraust von den an- und abschwellenden Ansagen aus den Lautsprechern, dem Rumpeln der Gepäckkarren, schrillenden Stimmen, *chai-chai-chai*-Rufen, dem Trappeln und Schlurfen von Tausenden von Füßen, erschöpft die Augen.

Jetzt bin ich wirklich in Indien angekommen, ganz unten, wie Millionen hier, durchfährt sie ein eisiger Schrecken. In diesem Augenblick ihres Elends hat sie vergessen, dass sie sich im Gegensatz zu den Menschen hier dank ihrer westlichen Herkunft noch immer in einem Sicherheitsnetz befindet. Sie fühlt bloß die bedrohliche Schwäche ihres Körpers, ihre extreme Hilflosigkeit und ihr Ausgeliefertsein inmitten dieses tosenden übermächtigen Wirbels. Und wie dankbar ist sie gleichzeitig, dass der Boden ihre schmerzenden Glieder so selbstverständlich aufnimmt. Sie möchte nie wieder aufstehen.

Da erscheint Grit, einen klapperdürren alten Mann im roten Hemd im Schlepptau.

»*Achaa!* (Sehr gut!) Zuerst die guten Nachrichten: Wir haben die Plätze!« Sie wedelt mit einem Wisch, auf dem sie Waggonnummer und Abteil notiert hat. »Und hier, das ist Salim, unsere temporäre *ayaa* (Kindermädchen).« Sie deutet auf den zahnlos lächelnden Alten.

Salim, der *kuli*, wird zur Stelle sein, wenn der Zug einläuft, um Almas Koffer zu transportieren und dem Trio zu helfen, den Zug zu entern und den Kampf um die Plätze zu bestehen.

»Und jetzt die schlechte Nachricht: Der Zug wird Verspätung haben.«

Wie viel? Eine Stunde, zwei Stunden? Nichts Genaues weiß man nicht. Also lassen sich auch Liz und Grit auf ihren Matten nieder. Um sie herum schlafen Menschen in Tücher gehüllt auf dem blanken Boden, Männer sitzen in Runden und spielen Karten, Frauen in Saris packen *tiffins* (stapelbare Edelstahldosen) gefüllt mit Essen aus. Wie im Flüchtlingslager, schießt es Alma durch ihren heißen Kopf, bevor sie wegdämmert.

What's the problem?

»Meine Güte, wie riskant! Welch ein fahrlässiger Umgang mit Krankheit!«, ruft Friedrich entsetzt aus. »Ich mache mir wirklich Sorgen. Indien ist doch kein Spaziergang! In deinem Zustand Zug fahren, krank und schwach – katastrophal unter den Bedingungen auf indischen Bahnhöfen und in indischen Zügen. Und dann noch auf dem Bahnsteig schlafen, im Bahnhofschaos – es gibt doch Warteräume für Frauen!«

Ja, hier gibt es wirklich ein Problem. Mit Krankheit ist in Indien nicht zu spaßen, und es ist geradezu fahrlässig, sich im angeschlagenen Zustand unbekannten Strapazen auszusetzen. Sie brauchen Zeit, um sich als Neuling in Indien an die belastenden Umstände zu gewöhnen, zu denen Klima, Ernährung, aber auch die Mentalität zählen.

No problem – relax!

Einmal abgesehen davon, dass Sie in schlechter Verfassung auf alle Fälle abwarten sollten, bis es Ihnen besser geht, bevor Sie weiterreisen, ist Zugfahren in Indien eine der intensivsten Erfahrungen, die Sie machen können. Wenn auch nur ganz verstohlen ein Abenteurerherz in ihrer Brust schlägt, sollten sie es wagen! Nirgendwo sind Sie dichter dran am indischen Leben, teilen buchstäblich ein Stück Weg mit der Bevölkerung. Indiens Tradition bringt es mit sich, dass Millionen Menschen ständig aus familiären Anlässen wie Hochzeiten, Geburten, Krankheits- oder Todesfällen unterwegs sind. Nichts bringt Sie als Kurzzeitbesucher näher ins Leben der Inder als das Abenteuer einer Bahnreise. Es muss ja nicht gleich eine Langstrecke in der überfüllten *sleeper class* sein. Ein paar Stunden über Land in der Holzklasse mit häufigen Halts irgendwo im Nirgendwo kann ein unvergesslich intensives Erlebnis werden. Am offenen Fenster zieht Indien in ruhigen Bildern vorbei: sattgrüne Felder gesprenkelt mit leuchtenden Saris, ockerfarbene Wüstenunendlichkeit, türkisblaue Flussdeltas, auf denen Fischerboote mit roten Segeln gleiten, Dörfer, von Herden kleiner schwarzer Schweine bevölkert, Palmenhaine, in denen Männer mit bunten Turbanen ruhen, undurchdringlicher Dschungel, in den die Sonne glühend versinkt. Wenn sie noch näher dran sein wollen, setzen sie sich in die immer offenstehenden Türen, lassen Ihre Beinen baumeln und winken den Kindern auf den Feldern zu. Bestaunen Sie die Parade, die bei jeder Haltestelle im Zug aufmarschiert: Händler, Akrobaten, Bettler und Musikanten. Seien sie darauf gefasst, dass Sie Ihre Hände zur Verständigung einsetzen und viele verschiedene Speisen kosten müssen. Und vielleicht wäre es gut, ein deutsches Volkslied oder einen Schlager in petto zu haben, denn früher oder später findet der »Kulturaustausch« statt, und Ihre Mitreisenden haben musikalisch viel zu bieten ...

Genügend Zeit für die Zugreisen sollten Sie auf alle Fälle einplanen, denn im Durchschnitt erreicht ein indischer Zug nur eine Geschwindigkeit von 50 km/h. Die Reisedauer kann also, auch aufgrund der Größe des Landes, sehr lang sein. Von Mumbai nach Kolkata quer durch den Kontinent sind Sie laut Fahrplan 36 Stunden unterwegs. Natürlich kommen viele Züge zu spät, und zwar oft um Stunden. Die superschnellen Züge (schnell für indische Verhältnisse) wie der Shatabdi Express haben jedoch in letzter Zeit einen guten Ruf für Pünktlichkeit und Service aufgebaut und sind häufig zuverlässiger als die Deutsche Bahn. Diese Züge, die teilweise eine Höchstgeschwindigkeit von 150 km/h erreichen, verkehren zwischen den großen Städten. Dann gibt es noch die sogenannten *toy trains* (wörtlich: Spielzeugzüge), kleine Züge, die auf Schmalspurgleisen von den Ebenen hinauf zu den ehemaligen *hill stations* fahren, den Sommerrefugien der Engländer in den Bergen, wie z. B. Darjeeling im Norden oder Ooty im Süden. In diesen *toy trains* können Sie bei superlangsamer Fahrt die Ausblicke und die Natur in Ruhe in jeder Hinsicht in vollen Zügen genießen.

INDIAN RAILWAYS – GIGANT IN BEWEGUNG

Die staatliche indische Eisenbahngesellschaft heißt Indian Railways. Ihr Bahnnetz ist mit etwa 63.000 Kilometern und 6.800 Stationen nach dem russischen und dem chinesischen das drittgrößte der Welt. Jeden Tag werden in durchschnittlich 8.400 Zügen mehr als 12,5 Millionen Fahrgäste befördert und 1,3 Millionen Tonnen Güter transportiert. Mit rund 1,6 Millionen Beschäftigten ist Indian Railways einer der größten Betriebe der Welt.

Erstmals verkehrte ein Zug in Indien 1852, und zwar zwischen Bombay und einem Vorort. Schon vierzig Jahre später verband das durch die Briten unter sklavenmäßigem Einsatz und mit hohem Blutzoll der einheimischen Arbeiter ausgebaute Eisenbahnnetz alle wichtigen Teile des Subkontinents. Durch Rieseninvestitionen erschließt Indian Railways heute mit dem Ausbau neuer Strecken die letzten Landesteile und behebt die Probleme der zumeist veralteten Technik sowie der geringen Elektrifizierung der Strecken und der verschiedenen Spurweiten der Gleise. Leider passieren relativ viele Unfälle mit dem Zug aus Gründen menschlichen Versagens und Materialermüdung, durch Fehler an Brücken, Gleisanlagen und in der Signaltechnik. Mit 400 bis 500 Unfällen pro Jahr (mit 700 bis 800 Todesopfern) steht die indische Eisenbahn an der Spitze der Welt. Fahrten mit dem Bus oder dem Auto sind allerdings noch gefährlicher.

19 BAHNREISE (2)? *NO PROBLEM!*

INDIEN IN VOLLEN ZÜGEN

Als der Zug mit über drei Stunden Verspätung hereindonnert, geht ein Aufschrei, ein Brausen durch die Menge. Im Nu haben sich an den Türen der Waggons Menschentrauben gebildet. Eine Masse aus Leibern verrammelt die Einstiege, sodass es für die Ankommenden unmöglich ist, die Türen zu öffnen. Mit Hilfe der Ellbogen und mit vollem Körpereinsatz wollen Hunderte einen Platz vorne an den Türeingängen erkämpfen. Schreien, Brüllen, das Weinen von Kindern erfüllt die Luft. In diesem Kampfgetümmel hat Salim, der *kuli*, dank seiner Erfahrung tatsächlich einen Platz ganz vorne, seitlich der Tür ergattert, wankt und weicht nicht unter dem Ansturm.

KULIS – HELDEN IN ROTEN HEMDEN

Kuli bedeutet so viel wie »Knecht/Sklave« und ist ein Begriff, der als *cooli* von den Engländern für Arbeiter in den Kolonien verwendet wurde. *Cooli* wird heute im Englischen noch hier und da als rassistische Verunglimpfung für Menschen aus Asien gebraucht. Politisch korrekt heißen die Träger der Indian Railways *porter*. Sie selbst gebrauchen jedoch auch die inkorrekte Bezeichnung *kuli* und sind stolz auf ihre Zunft. Erkennbar am traditionell roten Hemd mit einer Plakette *(billa)* am rechten Arm, auf der ihre Zulassungsnummer eingestanzt ist, können sie mehr als 20 Kilogramm Gewicht auf dem Kopf tragen. Über das Koffertragen hinaus haben sie noch einen weiteren wichtigen Service zu bieten: Überbucht und überfüllt, wie die günstigere *sleeper class* trotz Reservierung immer ist, gilt es eine Schlacht zu schlagen, um seinen Platz in Beschlag nehmen zu können, bevor er unwiederbringlich von anderen Personen okkupiert ist. Und wer, wenn nicht die *kulis* mit ihrer manchmal jahrzehntelangen Erfahrung im Betrieb des Bahnhofs, wüsste besser, welche Tricks und Taktiken anzuwenden sind? Immer wissen die Rothemden im Voraus, auf welchem Bahnsteig der Zug ankommen wird, und lotsen Sie beim Einlaufen des Zuges eins, zwei, drei zum richtigen Abteil.

Der Stress, den die *kulis* damit Reisenden ersparen, sollte die 20 Prozent der Gesamtsumme zusätzlich als Trinkgeld allemal wert sein.

Grit und Liz, die ihre schweren Rucksäcke geschultert haben, bewegen sich mit Alma im Schlepptau vorsichtig in Richtung der knäulenden Massen, halten jedoch einen ängstlichen Sicherheitsabstand, um nicht im Schieben und Stoßen zu stolpern und zu Boden zu gehen. Aufgeregt beobachten sie Salim, der Almas Koffer auf seinem gemusterten Tuch, das er auf dem Kopf zusammengerollt hat, balanciert. Mit welch gekonntem Schwung er den hochgehievt hat! Wird er es schaffen, kann er die Position halten?

Ihre Köpfe fahren herum, als plötzlich schrille Pfiffe durch den Lärm schneiden. Eine Horde Polizisten in khakifarbenen Uniformen stürmt auf den Bahnsteig. Mit gezückten *lathis* (schmale Bambusstöcke) drohen sie den Menschen, teilen Schläge aus, fräsen Gräben in die Zusammenballungen und brüllen Befehle. Bissigen Hirtenhunden gleich ordnen sie die chaotische Herde, treiben die Menschen in Reihen entlang der Waggons zusammen und halten mit drohender Miene Wache. Grimmig fügen sich die Menschen und werfen den Uniformierten feindselige Blicke zu. Jetzt öffnen sich die Zugtüren und Reisende über Reisende quellen heraus. Kaum auf dem Bahnsteig werden sie von den Rothemden bestürmt, und in kürzester Zeit hat sich der wirbelnde Ameisenhaufen aufgelöst. Die *kulis*, mit riesigen Gepäckstücken, aufgetürmten Koffern und Kartons wie mit Beutestücken beladen, ziehen voraus. Salim winkt die drei Frauen heran. Von den Polizisten beobachtet marschieren sie mit gesenkten Blicken an der Schlange der Wartenden vorbei mit dem unguten Gefühl, sich unberechtigterweise ein Privileg zu erschleichen. An der Waggontür empfängt sie Salim strahlend vor Stolz als Zweiter in der Reihe. Auf ein Handzeichen hin, untermalt von schrillen Pfiffen der Polizisten, klettern sie in den Zug, und Alma, die sich kaum noch auf den Füßen halten kann, ist geschockt von dem, was sie vorfindet: überfüllte Gänge, höllische Hitze, Menschen am Boden sitzend, liegend, schlafend, Gepäckstücke, die wie Gebirge die schmalen Durchgänge verstopfen. Ihr wird schwarz vor Augen, sie klammert sich an eine eiserne Halterung.

Grit entlohnt eilig den unbezahlbaren Salim mit einem fürstlichen Trinkgeld, das dieser lächelnd mit einem würdevollen Gruß quittiert. Liz stützt die taumelnde Alma und lässt sie auf ein Bündel, das den Bodenraum zwischen den sechs Pritschen ausfüllt, plumpsen, wo sie in sich zusammengesunken sitzen bleibt. Mehr und mehr Menschen quetschen sich herein, klettern über Alma und das Bündel hinweg, bis jeder Zentimeter ausgefüllt ist. Grit und Liz schütteln mit einem Blick auf Alma besorgt den Kopf. Es ist klar, dass eine lange Nacht unter diesen Bedingungen Almas Gesundheitszustand gefährlich verschlechtern kann.

»Ich probier's«, sagt Liz entschieden.

Und so schnell sie gegen die hereinströmenden Reisenden ankämpfen kann, bewegt sie sich zurück zur Tür. Sie hofft, dass es noch einige Zeit dauern wird, bis der Zug den Bahnhof verlässt. Behände springt sie auf den Bahnsteig und lässt ihren Blick schweifen – und da entdeckt sie ihn, den Mann in der dunkelblauen Indian-Railways-Uniform, der mit dem dicken Packen Papier unterm Arm, den Passagierlisten. Er ist derjenige, der das Regiment über die Plätze im Zug führt, der Zugvorsteher, das hat Salim ihnen erklärt. Liz nähert sich ihm ehrerbietig, höflich lächelnd, schildert knapp den Fall ihrer erkrankten Reisegefährtin und bittet geradezu unterwürfig um einen Platz in einem der Waggons mit Klimaanlage. Es fällt ihr leicht, die Haltung einer Bittstellerin einzunehmen, sie weiß, wie wichtig es in Indien ist, Autoritäten sichtbar als solche zu würdigen, wenn die Kommunikation klappen soll. Der Beamte mustert sie streng durch seine goldumrandete Brille und beginnt dann in den Listen zu blättern, setzt hier und da einen kleinen Haken mit seinem metallisch glänzenden Kugelschreiber neben Namen und Nummern. Liz beobachtet ihn mit angehaltenem Atem – und siehe da, er wird fündig! Sie bezahlt ohne weitere Fragen den geforderten Betrag plus Umbuchungskosten, der möglicherweise den korrekten Preis übersteigt. Sie ist jedoch so erleichtert, sie hätte jede Summe hingeblättert. Ein *AC-2*-Platz für Alma, welch ein Glück!

Zurück im Abteil hat Grit inzwischen Unterstützung in Form eines blondlockigen jungen Australiers gefunden. Kurzerhand lädt er sich Alma auf den Rücken und trägt sie zum Ausgang. Grit schnappt sich Almas Gepäck, und dann eilen sie, Alma huckepack, viele hundert Meter auf dem nun freieren Bahnsteig am Zug entlang, bis sie zu den hellblauen Waggons der *AC*-Klassen gelangen und den richtigen Eingang finden.

Als Alma später in der Nacht zwischen frischen Laken in der wohltuend kühlen Luft der Klimaanlage die Augen aufschlägt, muss sie lächeln. Ist sie also doch noch in einem Schweizer Sanatorium gelandet. Aufatmend lässt sie sich vom sanften Rütteln des Zuges in einen erfrischenden Schlaf wiegen.

What's the problem?

»Das hätte wirklich schiefgehen können!«, schnaubt Friedrich.

Die *sleeper class* zu benutzen, wenn Sie ganz frisch in Indien sind, ist ein Abenteuer, das leicht über Ihre Kräfte gehen kann, selbst im gesunden Zustand. Alma hätte von Anfang an auf der luxuriöseren Variante des Zugfahrens in einer der sogenannten *AC*-Klassen bestehen sollen.

No problem – relax!

Mit indischen Zügen können Sie nämlich ziemlich komfortabel reisen. Sie können zwischen drei Schlafwagenklassen mit Klimaanlage wählen: *AC-1, AC-2, AC-3.* Manchmal sind die Abteile geschlossen, manchmal offen, sie unterscheiden sich vor allem in der Anzahl und der Anordnung der Betten. Bettzeug wird gestellt. Vorsicht, die Klimaanlage im *AC (air-conditioned)* kann Ihnen leicht eine Nacht im Kühlschrank bereiten, denken Sie deshalb an eine extra Decke oder ein warmes Kleidungsstück. Da das mittlere Bett tagsüber hochgeklappt wird und das untere als Sitzgelegenheit für alle dient, ist es empfehlenswert, sich bei der Reservierung ein oberes Bett zu sichern, wo es möglich ist, sich tagsüber zurückzuziehen. Dann gibt es noch eine Schlafwagenklasse ohne Klimaanlage, den *sleeper*, mit Ventilatoren und offenen Gitterfenstern, wo man auf nackten Pritschen schläft. Die Betten sind dreistöckig und nicht in Abteilen angeordnet. Die einfachste Variante, wir würden sie Holzklasse nennen, ist nur mit harten Sitzbänken ausgestattet und nicht reservierungspflichtig.

Die meisten Inder benutzen bei Fernstrecken die *sleeper class*, die die kostengünstigste Variante darstellt. Eine *AC*-Fahrt ist sehr viel teurer. Eine 28-stündige *sleeper*-Fahrt kostet beispielsweise nicht mehr als 10 Euro. Vergleichbare Fahrten in den teureren *AC*-Klassen können bis 45 Euro kosten. Eine etwa dreistündige Fahrt in der Holzklasse kostet nur etwa einen Euro.

In einigen Zügen können Sie als Frau übrigens ein *ladies' compartment* buchen, ein Abteil, das nur von Frauen belegt wird.

Essen kann während der Fahrt bestellt werden und wird frisch im Küchenwaggon – auf offenem Feuer – zubereitet oder an einer Bahnstation heiß angeliefert. Bei Zwischenstopps auf den Bahnhöfen können Sie sich *chai* und Snacks selbst besorgen. Denken Sie an Kleingeld für den *chai-wallah* – eine Tasse Tee kostet rund vier Rupien.

Mag das Reservierungssystem auch chaotisch wirken, so funktioniert es letztendlich doch, vor allem für die *AC*-Klassen. Auch wenn Sie Ihren Platz bereits vor Wochen irgendwo im Land gebucht haben, wird ihr Zug garantiert eine Liste mit den Namen der Reisenden an den Außenseiten der Waggons kleben haben, und Sie sind dabei. Falls doch noch etwas schiefgeht und Ihr Name nicht auftaucht, ist es möglich, als Tourist trotzdem noch einen Platz zu bekommen, wenn Sie sich mit dem Zugleiter in Verbindung setzen – wie Liz es getan hat.

Zur Sicherheit sollten Sie das Gepäck im Zug unbedingt unter dem Sitz fest mit Ketten und Schlössern anschließen, die Sie auf jedem Bahnhof kaufen können. Im *sleeper*, zu dem Händler und Bettler ungehinderten Zugang auf den Stationen haben, ist es sogar zu empfehlen, alles Gepäck mit auf die Liege zu nehmen, um es dort zu sichern. Bleiben Sie stets in Blickweite Ihres Gepäcks. Reiseunterlagen und Bargeld sollten Sie auf alle Fälle immer am Körper tragen.

STÄDTENAMEN: BÄUMCHEN WECHSLE DICH

Millionenstädte, die sich urplötzlich in Luft auflösen, Orte, die von der Landkarte verschwinden – ist das möglich? Ja, so geschehen in Indien. Seit Mitte der 90er-Jahre sind die ursprünglichen Städtenamen Bombay, Kalkutta und Madras in einer Reihe von Umbenennungen untergegangen, bei denen die kolonialzeitlichen Namensformen durch traditionell hinduistische ersetzt wurden. Um politische Souveränität und nationale Identität zum Ausdruck zu bringen, wurden viele Städtenamen »verindischt«. So trägt von den großen Städten lediglich noch die Hauptstadt Neu-Delhi ihren ehemaligen kolonialen Namen.

Bombay / Mumbai: Der Name des einstigen Fischerdorfs Mumbai wurde bereits von den Portugiesen, die Indiens Westküste Anfang des 16. Jahrhunderts kolonialisiert haben, in *Bom Bahia* (wörtlich: gute Bucht) umgewandelt, was kein Brite korrekt aussprechen konnte und darum durch Bombay ersetzt wurde. Durch den Einfluss von Hindu-Nationalisten wurde Bombay im Jahr 1995 wieder zu Mumbai, benannt nach der Hindu-Göttin Mumbadevi.

Madras / Chennai: In Zeiten des Kolonialismus war Madras ein wichtiger Hafenstützpunkt. Im Jahr 1996 wurde der Stadt, die aus dem Fischerdorf Chennaipatnam hervorgegangen ist, ihre vorkoloniale Identität zurückgegeben.

Kalkutta / Kolkata: Der englische Name Calcutta wurde im Jahr 2001 offiziell in Kolkata geändert und entspricht damit dem vorkolonialen bengalischen Namen.

Bangalore / Bengaluru: Das indische Silicon Valley Bangalore, dessen Name für Globalisierung und Hightech *made in India* steht, wurde 2006 wieder zum ursprünglichen Bengaluru, was nach einer Legende ein Bohnengericht bezeichnet. Die Umbenennung erfolgte sehr zum Missfallen der dort ansässigen IT-Firmen, die durch diese rustikale Bezeichnung eine Herabminderung ihres Marktwerts befürchten. Die Bezeichnung Bangalore ist im indischen Alltag noch immer die gängigere.

Benares / Varanasi: Während der muslimischen und britischen Herrschaftsperiode war Benares, eine volkstümliche Abwandlung des Sanskritnamens Varanasi, der vorherrschende Name der Stadt. In Rückbesinnung auf die klassische Hindu-Tradition wurde Varanasi 1956 wieder zum offiziellen Namen.

Pondicherry / Puducherri: Unionsterritorium im Bundesstaat Tamil Nadu. Puducherri bedeutet in der lokalen tamilischen Sprache »neues Dorf«, eine Bezeichnung, die 2006, lange nach dem Ende der französischen Kolonialzeit, offiziell wieder eingeführt wurde. Umgangssprachlich wird die Stadt noch immer kurz *Pondi* genannt.

Neben vielen weiteren Städteum- bzw. -rückbenennungen wurden auch Straßennamen und offizielle Einrichtungen umbenannt. Die neuen Bezeichnungen sind in der Bevölkerung geläufig, benutzt werden sie jedoch nur von einer Minderheit. Sogar Museen, Unternehmen, Bildungseinrichtungen und Ämter bleiben mit ihren Namen den alten Bezeichnungen verhaftet, z. B. die Bombay Natural History Society, das Indian Institute of Technologie Madras oder das Calcutta Stock Exchange. Ein erfolgreicher Film von 2011 heißt »Bombay Diaries«, und die herabwürdigende Bezeichnung für Südinder ist nach wie vor *Madrasi*.

20 ASCHRAM? *NO PROBLEM?*

UNTRAINIERT VOM HIER INS JETZT

Die Fahrradrikscha rumpelt über einen Feldweg außerhalb Bodhgayas.

Alma schützt die Augen mit der Hand gegen die Sonne und starrt über die Felder. Dort drüben, das soll der Aschram sein? Sieht eher aus wie ein Gefängnis: hohe Mauern, gekrönt von Stacheldraht, verschlossen. Beim Näherkommen erkennt sie, dass der Einlass durch ein knapp schulterbreites eisernes Tor führt, das von zwei kräftigen jungen Männern bewacht wird. Wieso diese Wehrhaftigkeit?

»Bihar«, bemerkt Grit lakonisch, »Bundesstaat der Gangster, Gauner, Mordgesellen.«

ORT DER ERLEUCHTUNG

Bodhgaya ist eine Kleinstadt von 30.000 Einwohnern im nordost-indischen Bundesstaat Bihar. Laut Überlieferung erlangte Prinz Gautama Siddhartha im Jahr 534 v. Chr. dort nach drei Tagen und drei Nächten Meditation unter einer Pappelfeige, dem Bodhi-Baum, die Erleuchtung *(bodhi)* und wurde zum Buddha.

ORT DER EINKEHR

Ein Aschram (Sanskrit: *ashrama*) ist ein Ort der religiösen Suche und Praxis. Hier können Menschen sich vom weltlichen Leben zurückziehen und sich unter Anleitung im Zusammenleben mit einem *guru* (Lehrer) als *shishya* (Schüler) ihrer spirituellen Entwicklung widmen.

Kaum haben Alma, Grit und Liz das schmale metallene Tor passiert, finden sie sich in einem Garten voller Schönheit wieder.

Unter ausladenden Bäumen gruppieren sich Bungalows umgeben von Rasenflächen und üppig blühenden Beeten um einen Platz, auf dem sich gegenüber einem Tempel eine gold glänzende Buddhastatue erhebt. Darüber flattern kreuz und quer gespannt bunte Gebetsfähnchen.

Am nächsten Morgen thront Alma aufrecht im Kreise anderer Westler, Beine verschränkt, auf einem Sitzkissen unter einem Schatten spendenden Neem-Baum. Gleich wird sie zum ersten Mal in ihrem Leben meditieren. Die Ruhe und den Frieden ringsherum, die sie fast auf den Lippen schmecken kann, würde sie gerne in ihrem Inneren kultivieren. Deshalb sitzt sie hier.

Aufmerksam folgt sie der Anleitung des liebenswürdigen glatzköpfigen Mönchs in der roten Robe. Ja, sie will den Blick nach innen richten und, ja, sie will frei von dem ewigen Strom der Gedanken werden. Ganz leer und still will sie werden. Ihre Hände ruhen locker auf ihren Knien, sie schließt die Augen.

Wumm! In ihrem Kopf explodiert ein grelles Stimmenfeuerwerk: *Karthik anrufen! Buddhismus studieren! Bananen kaufen!*

Die Worte des Mönchs dringen zu ihr durch: »Eins – einatmen.«

Angestrengt zieht Alma Luft durch ihre Nase und hat sofort das Gefühl zu bersten. *Vortrag für Businesskonferenz in Chennai durcharbeiten! Moskitonetz reparieren! Nach Hause schreiben!*, schrillen die Stimmen. *Atmen, atmen*, befiehlt Alma sich verzweifelt.

»Zwei – ausatmen«, vernimmt sie den Mönch durch das Stimmengewirr in ihrem Inneren.

Geld wechseln! Bettler abwehren! Küchendienst leisten! Ihr Kopf ist ein Ballon, zum Zerplatzen überdehnt. Verzweifelt atmet Alma aus – nein, nein – ein, ach was, einfach atmen.

Nach wenigen Minuten öffnen und schließen sich ihre Hände krampfhaft. Über Schulter und Rücken und ihre Arme hinab breitet sich heftiges Jucken aus. Zwischen ihren Schulterblättern scheint ein Trupp Ameisen zu exerzieren. Durch ihr Gehirn wälzt sich flüssige Lava, und in jeder einzelnen ihrer Zellen ist eine Feder zum Zerreißen gespannt, die sie im nächsten Augenblick vom Sitzkissen katapultieren wird. Ihr Herz jagt, der Hals ist zugeschnürt. Sie schnappt nach Luft. So muss es sich anfühlen, ohne Vorbereitung bei der NASA reinzumarschieren, eine Raumkapsel zu besteigen und in die Erdumlaufbahn geschossen zu werden. Genau so! Ein Ende der Meditation scheint nicht in Sicht. Almas Achseln sind schweißnass und das linke Augenlid zuckt.

Bas! (Genug!) Hektisch springt sie auf, rempelt ihren Sitznachbarn an und mit einem gejagten Blick auf die anderen still in sich versunkenen Teilnehmer sowie einem knappen, in den Mundwinkeln versteinerten Lächeln in Richtung Mönch sucht sie polternd und stolpernd das Weite.

Freiheit! Endlich raus aus der Zwangsjacke! Schon hüpft Alma den Kiesweg entlang, balanciert auf der Einfassung der Blumenbeete und springt, zwei Stufen auf einmal nehmend, die Treppen zum Küchendach hinauf, wo sie sich mit offenem Mund schwer atmend auf die Balustrade stützt und dankbar Luft, Licht und Weite einsaugt.

Wenig später kauert sie hier, gleich neben dem Tempel des Aschrams, mitten in einem Stillleben aus Blütenbüschen und Grashälmchen rupfenden Mini-Ziegen. Mit einem geflüsterten »Mähh«, ein schwesterlicher Gruß von Ziege zu Ziege, würde Friedrich frotzeln, legt sich Alma bäuchlings auf den Rasen, Arme und Fingerspitzen ausgestreckt und schmiegt ihre Wange an den Boden. Grashalme kitzeln ihre Nase, Steinchen drücken sich in ihr Kinn, und wenn sie blinzelt, bewegen ihre Wimpern grüne Schatten in den Augenwinkeln. Aus dem Tempel dringt Murmeln und der silberne Klang zart angeschlagener Glöckchen. Ihre Arme und Beine dehnen sich in wohliger Entspannung.

»Na also, geht doch!«, brummelt sie die Erdkrümel an.

What's the problem?

»Liebe Alma, dein Raumfahrtstress in Ehren, er rechtfertigt jedoch kaum rücksichtsloses, brüskierendes Verhalten in der Gruppe. Ein Aschram ist ein Ort, der Achtsamkeit und Respekt vor Gott und der Welt zu seinen Grundprinzipien macht.Nur so kann ein Raum geschaffen werden, der dem Einzelnen Möglichkeiten der Entfaltung öffnet, und ein produktives Miteinander verwirklicht werden. Du musst dich zu nichts zwingen und solltest wissen, wo deine Grenzen liegen, um dein Verhalten entsprechend anzupassen. Das Ausleben individueller Befindlichkeiten auf Kosten anderer hat im Rahmen der Praxis eines Aschrams allerdings keinen Platz.«

No problem – relax!

Wenn Sie interessiert sind, tiefer in das Wesen einer Religion einzudringen, haben Sie dazu in Indien viele Möglichkeiten. Sowohl in buddhistischen als auch in hinduistischen, sikhistischen und jainistischen Aschrams gibt es die Möglichkeit, zeitweise einzutreten und dort an spirituellen Praktiken teilzunehmen oder, wenn Sie kein striktes Programm durchlaufen wollen, sich von der Atmosphäre inspirieren zu lassen, Stille und Ruhe zu genießen. Überall in Indien finden sie solche Stätten, kleine unbekannte und viele sehr bekannte Aschrams berühmter Gurus. Sie bezahlen für Unterkunft und Essen und entrichten für die Unterweisungen meist eine Spende nach Ihren Möglichkeiten.

Es gibt so viele Aschrams in Indien, dass, um eine Auswahl treffen zu können, Sie wissen sollten, was sie suchen. Wollen Sie etwas über indische Philosophie und Religion erfahren? Wollen Sie einen berühmten Guru erleben? Wollen Sie eine spirituelle Erfahrung machen? Oder wollen Sie einfach etwas Aschram-Sightseeing betreiben? Die Möglichkeiten und Angebote variieren von Aschram zu Aschram. So können Sie zum Beispiel schweigend Schriften studieren, Yogaübungen machen oder meditieren. Höhepunkte in einem Aschram sind die Zeiten des *darshan* oder *darshana*, wenn die Schüler sich versammeln und mit dem Meister zusammentreffen.

Was auch immer Sie suchen: Während Sie sich im Aschram aufhalten, sind Sie verpflichtet, sich den Regeln und dem Geist des Ortes zu unterwerfen. Einige Aschrams verlangen von ihren Anhängern tägliche ehrenamtliche Arbeit, wie zum Beispiel Küchendienst oder Böden wischen. Manche Aschrams akzeptieren kurze Aufenthaltszeiten, andere fordern ein längeres Bleiben und wieder andere öffnen ihre Türen nur ernsthaften Adepten.

21 GETIER? *NO PROBLEM!*

BEGEGNUNGEN DER DRITTEN ART

Halbwach in einem Bambussessel auf der Veranda vor ihrem Zimmer im Aschram lauscht Alma dem Lachen und Rufen der Kinder, die drüben auf dem Reisfeld um Pflug und Wasserbüffel herumtanzen und sich durch die frischen Furchen jagen. Plötzlich dringen Rufe und gedämpfte Schreie nach oben. Alma hört das Getrappel vieler Füße. Sie lehnt sich über die Brüstung und sieht von der Baustelle an der Mauer Arbeiter herbeilaufen und unter der Veranda verschwinden. Neugierig geworden schlüpft sie in ihre Pantoffeln, springt die Treppe hinunter und stoppt schlagartig auf der letzten Stufe. Ihr stockt der Atem, sie erstarrt zur Salzsäule. Nur Schritte entfernt neben dem Pfeiler sieht sie sie: hoch aufgerichtet, der gespreizte Hals ein Kampfschild, den Körper wiegend – eine Kobra. Almas Herz, das einige Schläge ausgesetzt zu haben scheint, rast wie verrückt, sie atmet flach, unfähig sich zu bewegen, obwohl alles in ihr schreit: Lauf! Lauf!

Undeutlich nimmt Alma Menschen wahr, die in respektvollem Abstand einen Halbkreis um die Schlange gebildet haben: Bauarbeiter, Männer barfuß, in *dhotis*, verblichenen Unterhemden und zu Turbanen geschlungenen karierten Tüchern auf den Kopf, Frauen im lappigen Sari, die mit einer Hand Eisenschalen gefüllt mit Zement auf dem Kopf halten. Alle schnattern leise hinter vorgehaltener Hand, deuten auf die Schlange. Alma, der der Schrecken das Blut aus dem Gesicht getrieben hat, starrt hypnotisiert auf das königliche Tier und kann sich der Schönheit dessen, was sie da vor sich sieht, nicht entziehen. Kein Wunder, dass die Kobra ein Göttersymbol ist, denkt sie. So herrlich gezeichnet der Körper, kraftvoll und geschmeidig.

Jetzt nähert sich ein Mann mit einem Stock, einem dicken Ast. Der Kreis öffnet sich, Hände schieben den Schmächtigen nach vorne. Grimmig entschlossenen macht er einen Schritt auf die Schlange zu.

Alma möchte »Vorsicht!« schreien, aber ihre Stimme bleibt in einem Krächzen stecken. Mit einem weit ausholenden Schlag saust der Prügel auf den Körper der Kobra. Die Menschen weichen mit einem Aufschrei zurück. Niedergestreckt windet sich das Tier auf den Steinplatten. Wieder saust der Stock herab, und Alma zuckt zusammen, als ob der Schlag sie selbst getroffen hätte.

Mit bebenden Händen setzt sie sich auf eine Treppenstufe und sieht zu, wie die Kobra über zwei Stöcke geworfen nun schlaff und leblos im Triumphzug von den Arbeitern weggetragen wird. Die Gefahr ist vorüber. Alma ist dankbar, dass ihr nichts geschehen ist, und doch ist sie erfüllt von einem Bedauern: so viel lebendige Schönheit brutal vernichtet.

What's the problem?

»Herzliche Grüße mit Dank an das Stammhirn, das sich so verlässlich einschaltet: Der Tot-stell-Reflex war die Rettung, Alma. Jede hastige Bewegung hätte einen Angriff des in die Enge getriebenen Tieres hervorrufen und schwere Folgen zeitigen können.«

So weit, so gut. Vorsicht hat an einer anderen Stelle gefehlt: Geschlossene Pantoffeln sind ein beliebtes Versteck für Skorpione, die Dunkelheit und Wärme lieben. Es war leichtsinnig von Alma, einfach hineinzuschlüpfen. Fatal, die Begegnung von Skorpion und Zeh!

No problem – relax!

Wie vieles in Indien ist auch die Natur ein unkontrollierbarer Faktor. In den großen Städten werden Sie eher selten in Gefahr geraten, in ländlichen Gegenden jedoch sollten Sie bedenken, dass dort eine Fauna herrscht, die in nichts mit der unseren, mitteleuropäischen, vergleichbar ist. Giftschlangen, Skorpione und Spinnen können eine Gefahr im offenen Gelände, im Dschungel oder in abgelegenen Behausungen darstellen. Keines dieser Wesen lauert Ihnen auf, um Sie anzufallen, aber unvorhergesehene Begegnungen können instinktive Angriffe der Tiere auslösen.

Um Schlangen im Gelände zu vertreiben, sollten Sie draußen immer fest auftreten und nachts den Weg mit einer Taschenlampe beleuchten. Natürlich ist es im offenen Gelände sinnvoll, festes Schuhwerk zu tragen.

Bevor Sie in einen Schlafsack oder unter die Bettdecke schlüpfen, überprüfen Sie zuerst vorsichtig, ob dort nicht möglicherweise eine Schlangenhöhle eingerichtet wurde. Holen Sie Hilfe, wenn Sie eine solche entdecken. Sollten Sie doch einmal gebissen werden, bemühen Sie sich um den schnellsten Transport zum nächsten Arzt oder in die Klinik. Verlieren Sie keine Zeit, vermeiden Sie überflüssige Bewegung und stellen Sie die betroffenen Gliedmaßen durch einen straffen Verband, der die Verteilung des Gifts im Körper verhindert, ruhig. Wenn möglich, prägen Sie sich zwecks Identifizierung und somit passgenauer Gegengiftverabreichung das Aussehen der Schlange ein.

Auch Skorpione greifen nur an, wenn sie sich durch Kontakt gefährdet fühlen. Der Stich hat zwar sehr unangenehme, schmerzhafte Folgen, reicht jedoch nicht aus, um einen Menschen zu töten. Die Erstversorgung ist die Gleiche wie bei einem Schlangenbiss, und auch hier sollten Sie unverzüglich medizinische Hilfe in Anspruch nehmen. Zur Vorbeugung Schuhe grundsätzlich ausschütteln, um Skorpione herauszutreiben.

Den Biss von Spinnen spürt man oft nicht, auch treten die Symptome wie bei Giftschlangen mit einer zeitlichen Verzögerung auf.

Trotz der Schmerzen ist der Biss indischer Spinnen harmlos für Menschen. Ärztliche Hilfe ist dennoch angesagt, um eine Sekundärinfektion ausgelöst durch übertragene Keime zu vermeiden.

Nun zu den kleinsten, auf den ersten Blick unscheinbaren, doch in Wirklichkeit allergefährlichsten Tieren: den Moskitos. Diese winzige Stechmücke, die den Erreger von Malaria übertragen kann, ist eine reale alltägliche Gefahr. Tatsächlich sterben mehr Menschen an den Folgen von Mückenstichen als durch den Biss oder das Gift anderer Tiere. Obgleich die chemische Prophylaxe, die regelmäßige Einnahme eines Malariamedikaments, von führenden Tropenärzten für Indien als unnötig eingestuft wird, empfiehlt sich die Mitnahme einer »chemischen Keule« für den Ernstfall. Und es versteht sich von selbst, dass Sie im Falle des Falles bei heftigem Wechselfieber schleunigst ärztliche Hilfe aufsuchen.

Vor Ort sollten Sie unbedingt noch vor Anbruch der Dunkelheit, bevor die Mücken aktiv werden, jeden Quadratmillimeter ungeschützter Haut mit einem guten Mückenschutzmittel (*NoBite* oder das indische *Odomos*) eincremen, eventuell sogar die Kleidung einsprühen und nachts unter einem Moskitonetz schlafen.

KILLERMÜCKEN

Malaria, auch Sumpffieber oder Wechselfieber genannt, ist eine Tropenkrankheit, die mit hohem wiederkehrendem Fieber, Schüttelfrost und Krämpfen einhergeht. Indien zählt nicht zu den Ländern mit dem höchsten Malariarisiko. Dennoch schätzt die Weltgesundheitsorganisation (WHO) die Zahl der Todesfälle in Indien durch Malaria jährlich auf 15.000, darunter 5.000 Kinder im Alter von unter fünf Jahren. Hinsichtlich des Erkrankungsrisikos gibt es regionale Unterschiede. Folgende Bundesstaaten stellen 84 Prozent aller indischen Malariafälle: Orissa, Gujarat, Madhya Pradesh, Maharashtra, Karnataka, Tamil Nadu, Assam, Uttar Pradesh und Rajasthan (mit absteigender Häufigkeit). Malaria gilt als Hauptursache für die wirtschaftliche

Misere der ärmsten Länder der Erde. In den letzten Jahren hat es in bestimmten Regionen im Süden von Indien zunehmend Fälle von Dengue-Fieber gegeben. Es gibt keine vorbeugende Impfmöglichkeit, deshalb sollten Vorsichtsmaßnahmen getroffen werden, um in gefährdeten Regionen sowohl tagsüber als auch nachts Moskitostiche zu vermeiden (Schutzcreme, körperbedeckende Kleidung, Moskitonetze). Ernste Verlaufformen des Fiebers werden in der Regel nur bei wiederholter Infektion beobachtet und betreffen in den meisten Fällen die einheimische Bevölkerung, selten jedoch Reisende.

Bleiben noch die Tiere mit dem Ekelfaktor: Kakerlaken, Ratten, Flöhe, Läuse – allesamt ungefährlich und extrem lästig, leider können Sie überall mit ihnen in Kontakt kommen. Wechseln Sie Ihre Unterkunft, wenn das Problem nicht behoben werden kann.

Und dann gibt es noch die winzigen Echsen, die möglicherweise die Decke Ihres Zimmers bevölkern und Sie mit Stecknadelkopfaugen zu beobachten scheinen: Geckos. Auch wenn gelegentlich mal einer auf Sie fällt, sollten Sie die kleinen Gesellen willkommen heißen. Sie sorgen zusätzlich für Ihren Schutz, da sie wie Schafe auf der Weide Wände und Decken nach Moskitos abgrasen.

Zur Erkundung wilder, unzugänglicher Gegenden sollten Sie sich, um kein Risiko einzugehen, ortskundigen Führern anvertrauen, um so geschützt den großen Angstgegnern Tigern und Krokodilen zu begegnen.

22 NO-GO-AREAS? *NO PROBLEM!*

HANDS UP!

Vor Alma auf der Straße lodern Feuer, schlagen Flammen hoch ins Dunkel. Barrikaden aus Baumstämmen und Fässern blockieren die Straße. Zwischen dem Pulk der gestrandeten Trucks hindurch erkennt sie im Widerschein der Feuer Männer, bärtige Piraten, Tücher um den Kopf geschlungen, mit Knüppeln und Kricketschlägern bewaffnet. Einer hält ein Gewehr lässig auf der Hüfte. Alma krallt ihre Finger in den Bezug der Vorderlehne des Mahindra.

»Wie konnte ich bloß?«, ächzt sie. »Verdammte, verdammte Ungeduld.«

Sie späht durch das Seitenfenster und sieht Männer zwischen den Trucks patrouillieren. Vier kommen auf ihren Wagen zu. Eine schwarze Welle Angst schlägt über ihr zusammen. Oh Gott, werde ich hier je wieder lebend rauskommen?

Als sie von dem Streik morgens um fünf auf dem Bahnsteig in Gaya im Bundesstaat Bihar erfahren hatte – der Zug würde kommen, aber den Bahnhof für unbestimmte Zeit nicht wieder verlassen –, wusste sie eines definitiv: Keine Stunde länger würde sie bleiben. Gestern, als sie ohne Grit und Liz von Bodhgaya hierher gekommen war, hatte sie nach kürzester Zeit die Nase voll von diesem Rattennest. Knöcheltief hatte sie sich durch den Müll und

Unrat von ihrem miesen Hotel bis auf diesen überfüllten, stinkenden Bahnsteig vorgearbeitet. Keinesfalls würde sie zurückgehen. Unbestimmte Wartezeit? Nicht mit ihr! Ohne lange zu überlegen, schloss sie sich dem stämmigen indischen Geschäftsmann an, der für sie die Durchsagen übersetzt hatte und der selbst dringend nach Varanasi weitermusste. Warum war es bloß so schwierig, einen Taxifahrer unter der Vielzahl der auf dem Bahnhofsvorplatz Wartenden für die Fahrt anzuheuern? Boten sie nicht gutes Geld? Erst später verstand Alma: Die wussten um das Risiko, das Streikbrechern droht – Prügel und demolierte Fahrzeuge.

BIHAR – LAND DER FINSTERNIS

So bezeichnet der Bestsellerautor Aravind Adiga (»Der weiße Tiger«, 2008) den nordöstlichen Bundesstaat, der als die elendigste Region Indiens gilt. Es herrschen in Bihar Arbeitslosigkeit, Hunger, Kriminalität und beispiellos korrupte Politiker. Bei Wahlen treten regelmäßig eine große Zahl Kandidaten aus allen Parteien an, gegen die Gerichtsverfahren wegen Verbrechen wie Mord, Entführung, Vergewaltigung, Raub und Erpressung laufen. Aufgrund dieser desolaten Zustände gelang es sozialrevolutionären Rebellen, eine größere Gefolgschaft zu mobilisieren und ganze Landstriche unter ihre Kontrolle zu bringen. Zur Stabilisierung der Lage sendet die Zentralregierung seit 2010 Truppen in die Gebiete – nach Einschätzung von indischen Menschenrechtsgruppen jedoch nicht im Interesse der dort lebenden Menschen, sondern um den Zugriff von Konzernen auf die Bodenschätze abzusichern, vor allen Dingen auf Tantal, ein Metall, das für Bauteile von Handys und Computern verwendet wird.

Ein Taxifahrer, dessen Not wohl so groß war, dass er das Wissen um die Gefahr in den Wind schlug, sagte zu. Die Scheinwerfer ausgeblendet preschten sie durch Nacht und Nebel über eine Nebenstraße – oder war es ein ausgetrocknetes Flussbett? Auf Almas in höchster Panik hervorgepresste Frage, welche Chance denn bestünde, ihr Ziel sicher zu erreichen, hob ihr indischer Mitfahrer in einer beschwörenden Geste die Arme: »*It's in God's hand*«, und schlief übergangslos ein.

Jetzt ist er gemeinsam mit dem Fahrer ausgestiegen, unterwegs zu den Männern an den Feuern, um zu verhandeln. Auf Anweisung der beiden hat Alma mit zitternden Händen Fenster und Türen verschlossen, eine brüchige Sicherheit. In einer aufsteigenden Spirale von Panik fragt sie sich, ob die Männer, die sich jetzt an der Seite des Wagens aufgestellt haben, Streikposten sind oder Bandenangehörige, von denen sie gehört hat, die die Gegend mit Morden und Entführungen überziehen.

Und, gibt es da einen Unterschied?

Gott sei Dank, in diesem Moment erblickt sie durch die Windschutzscheibe ihren Fahrer und Mitfahrer mit großen Schritten herankommen. Der stämmige Geschäftsmann wedelt mit einem Stück Papier. Ein bellender Ruf lässt Alma zusammenzucken. Aus der Gruppe der Männer neben dem Wagen löst sich einer, und zwischen den Ankommenden läuft eine gestenreiche Auseinandersetzung ab. Alma starrt mit brennenden Augen hinüber. Nun geht alles sehr schnell. Die Gruppe löst sich auf, Fahrer und Mitfahrer steigen stumm und mit unbeweglichen Mienen ins Auto. Als die Männer draußen vom Wagen zurücktreten, startet der Fahrer augenblicklich.

Sie schlängeln sich durch die Lücken zwischen den Trucks. Fünf, sechs Männer heben die Stämme neben dem brennenden Holzstoß an und verfolgen ihren Slalomkurs durch den Durchschlupf mit neugierigen Blicken. Endlich, vor ihnen liegt der Weg dunkel und frei.

Eine Welle der Dankbarkeit steigt in Alma hoch. Sie schluckt. Fühlt, wie ihr die Tränen in die Augen schießen. Ihre Stimme klingt gepresst, als sie schließlich fragt: »*Why?*«

Der Inder grinst: »*No problem!* Niemand möchte eine Ärztin vom Roten Kreuz daran hindern, ihre Arbeit zu tun.« Er reicht ihr ihren Pass nach hinten, auf dem ihr Blutspendeausweis mit dem leuchtend roten Kreuz liegt. »Nicht einmal Rebellen.«

What's the problem?

Vor Entsetzen über dieses neuerliche Fiasko bringt Friedrich kein Wort hervor. Alma hat sich über alle Warnungen hinweggesetzt und ist in eine extrem brisante, brandgefährliche Situation geschlittert. Bestimmte Gegenden in Indien, und Bihar zählt dazu, sind gezeichnet durch kriminelle Bandentätigkeit, Raub und Entführung. Zudem werden dort wie in anderen östlichen Bundesstaaten besonders die ländlichen Gebiete von Rebellen durch bewaffnete Einsätze kontrolliert. Auch bei Streiks und Demonstrationen sind gewaltsame Auseinandersetzungen möglich. Alles in allem herrscht eine extrem schlechte Sicherheitslage.

No problem – relax!

Informieren Sie sich vor Ihrer Indienreise über die Website des Deutschen Auswärtigen Amtes, welche Gebiete in Indien Sicherheitsrisiken bergen. Es empfiehlt sich, die dort ausgesprochenen Warnungen ernst zu nehmen. Auch wenn sich die Aktivitäten der verschiedensten Gruppierungen bislang nicht gegen Ausländer richten, sollten Sie vor einer Reise in die als unsicher ausgewiesenen Gebiete noch genauere Informationen über die aktuelle Sicherheitslage einholen. Es ist unbedingt ratsam, durch solche Gebiete in einer Gruppe zu reisen und auf keinen Fall nachts. Lokale Reiseveranstalter bieten bei Bedarf gesicherte Konvois an.

23 LÄRM? NO PROBLEM!

GENETISCH GEPOLT?

Alma lässt den Blick schweifen. Die Sicht vom Dach ihres Guest Houses in der Altstadt von Varanasi nimmt ihr fast den Atem.

PILGERTRAUM VARANASI

Varanasi am Ganges, ehemals Benares (ab dem 16. Jh. bis nach Ende der britischen Herrschaft) und in alten Zeiten Kashi (ab dem 12. Jh.), gilt als eine der ältesten noch in ihren einstigen Mauern lebendige Stadt der Welt. Seit mehr als 2.500 Jahren ist die heiligste Stadt des Hinduismus ein Zentrum traditioneller hinduistischer Kultur und Wissenschaft und Ziel unzähliger Pilger. Sie gilt in der Hindu-Kosmologie als Mittelpunkt der Erde. Über sieben Kilometer ziehen sich am heiligen Fluss Ganges *ghats* (Treppenstufen) entlang, an denen sich jährlich Millionen von Gläubigen und Pilgern drängen, um sich rituellen Waschungen zu unterziehen. Sarnath, nur einige Kilometer nördlich von Varanasi, ebenfalls im Bundesstaat Uttar Pradesh, gilt als der Ort, an dem Buddha seine erste Predigt hielt, nachdem er in Bodhgaya (Bihar) erleuchtet wurde. (Mehr zum Ganges in Episode 27, Seite 169; mehr zum *ghat* in Episode 24, Seite 152.)

Vor der Wüste am jenseitigen Ufer glitzert der Ganges und sendet Pfeile letzter Sonnenstrahlen in einen Himmel aus Seide. *Ganga*, wie der Ganges auf Sanskrit heißt, wird von den Indern als Göttin verehrt und ist wahrhaft majestätisch, ein uraltes Zeichen der Kraft und Ruhe. Machtvoll wie ein Meer verliert der Strom sich nach Westen in dunstiger Weite. Boote queren vom südlichen Ufer, Feuergarben der Verbrennungsplätze leuchten ostwärts. Von den rituellen Badestellen an den *ghats*, den Stufen zum Ganges, dringt der Klang der Schalmeien, Muschelhörner und Mantras herüber.

WORTE, DIE WIRKEN – DAS MANTRA

Im Hinduismus und Buddhismus werden während Meditation, Gebet und im Yoga Mantras rezitiert. Mantras sind kurze Wortfolgen, die wieder und wieder gesprochen, gemurmelt, gesungen oder in Gedanken wiederholt werden. Sie gelten als feinstoffliche Klangkörper, welche in sich eine magische Energie tragen, die den Menschen mit sich selbst und gleichzeitig mit der Schöpferkraft verbinden kann. Wichtig ist beim Rezitieren die Bewusstheit und die Hingabe, ebenso wie die korrekte Aussprache. Bekannte Mantras sind das hinduistische *Gayatri*-Mantra (Lobpreisung und Bitte um Erleuchtung), das tibetische *Avalokiteshvara*-Mantra (Lobpreisung der Verkörperung des Mitgefühls) und das oft im Nachsatz zu allen Mantras gebrauchte *Om Shanti Shanti Shanti* (Bitte um Frieden).

Alma lehnt an der sonnenwarmen Wand des *barsaati*, einem Häuschen auf dem Flachdach des Hauses, einst als Dienstbotenunterkunft gedacht, wo sie zu ihrer Freude ein Zimmer zugewiesen bekommen hat. Untermalt von den Klängen nordindischer Trommeln, der *tablas*, versinkt die Sonne. Bald kriecht Alma müde und glücklich auf die Matratze, die in der Mitte des großen Raumes auf einem *charpai*, einem mit Seilen bespannten Holzrahmen, ausgebreitet ist.

Ein *tabla*-Wirbel reißt sie aus dem Hinübergleiten in süßen Schlaf. Eben noch schwebten die Klänge sanft zu ihr, jetzt dringt wildes Getrommel von der gegenüberliegenden Wand herüber, und erst jetzt bemerkt Alma die Flügeltür dort, durch deren Ritzen breite Lichtstreifen fallen. Die *tabla*-Session wird im Nachbarzimmer fortgesetzt. Mit Schrecken entdeckt sie an den anderen Wänden zwei weitere Türen und realisiert: Sie befindet sich im Epizentrum eines jederzeit möglichen Lärmbebens!

Von der strapaziösen Fahrt durch Bihar bis auf die Knochen erschöpft und mit dem überwältigenden Wunsch nach Ruhe klopft sie bei den Nachbarn an.

»*Yes, yes, no problem!*«, wird ihrer Bitte nach Ruhe freundlich stattgegeben.

Doch kaum zurück im Zimmer werden statt der *tablas* Didgeridoos eingesetzt. Jetzt stimmt auch noch das Trio aus dem gegenüberliegenden Zimmer mit Lachsalven und Chorgesängen ein, in allerbester Laune. Alma steckt den Kopf unter die Decke und windet sich einen Schal um die Ohren – vergebens. Die Leute sitzen praktisch auf ihrer Bettkante und haben wohl noch genug Dope, um die Nacht durchzumachen.

Nach Stunden, gerade als sich die Situation auf beiden Zimmerseiten langsam beruhigt und Alma endlich, endlich völlig gerädert wegdämmert, erschüttert das Geschepper einer zu Tale krachenden Blechlawine, Schreie und wahnsinniges Gelächter ihr Bett: Hinter der dritten Tür befindet sich ohne Zweifel die Küche des Guest Houses, und der Tanz der Frühstücksvorbereitung hat begonnen.

Ausgewrungen von der Nacht kauert Alma auf dem Bett, die Finger in den Ohren. Du meine Güte, wenn sie heute hier einen Geschäftstermin wie bald schon in Chennai hätte! Nach dieser Nacht könnte sie kein X von einem U unterscheiden. Seufzend lässt sie sich hintenüberfallen – und da schießt ihr eine rettende Idee durch den Kopf.

Sie zündet eine Kerze an, öffnet ihre Reiseapotheke und schneidet zwei Streifen Verbandsmull ab. Geduldig fängt sie Tropfen um

Tropfen des Kerzenwachses auf und knetet es in den Mull. Dann drückt sie in jedes ihrer Ohren einen Pfropfen. Genial!

»Poch, poch«, hört sie ihr Blut – sonst nichts. Ruhe, endlich Ruhe.

What's the problem?

»Warum einfach, wenn's auch kompliziert geht?«, murmelt Friedrich süffisant. »Alma, Lärm ist praktisch ein Synonym für Indien, das wusstest du doch. Vorsorge verschlampt!«

Tatsächlich, wo auch immer Sie sich aufhalten, wird Lärm eine stete Herausforderung sein, der Sie nicht entkommen können. Sei es der Straßenverkehr, der Ihr Hotelzimmer zu durchqueren scheint, sei es, dass um Mitternacht Bauvorhaben dringender Vollendung bedürfen, durchaus auch im Aschram, oder dass nebenan ein bis zwei Hochzeiten dröhnen plus einem Tempelfest. Bei Festen und Festtagen, und davon gibt es unzählige, sind turmhohe Lautsprecheranlagen ein Muss – niemand soll von den Wohltaten der Feier ausgeschlossen werden. Auch Filme im Fernsehen müssen unbedingt auf authentisches Klangvolumen hochgeregelt werden, wie soll man sonst all die schönen Detonationen und Explosionen und nicht zu vergessen die fetzigen Songs genießen können? Und der Nachbar, der sich womöglich kein Gerät leisten kann, soll schließlich auch teilhaben. Das Wort »Zimmerlautstärke« ist *hundred per cent* nicht im indischen Wortschatz enthalten, in keiner der einheimischen Sprachen. Man wüsste ja nicht einmal, wo das Zimmer überhaupt anfängt und wo es aufhört, wenn Fenster und Türen wegen der Hitze immer offen stehen. Indische Zusammenkünfte funktionieren ein bisschen wie im Sittichkäfig: Je größer der Krach im Außen, desto lautstarker das Gezwitscher, äh, Palaver der Versammelten. Inder sind im Allgemeinen lauter und ausgelassener, als wir das von den Menschen zu Hause gewöhnt sind, und oft schlägt das Temperament hohe Wellen. Wer weiß, möglicherweise sind Inder mit einem Gen zur Lärmresistenz ausgerüstet? Bestimmt aber sind sie von klein auf konditioniert, Lärm als normalen Hintergrund ihres Lebens zu empfinden. Große Familien auf engstem Raum in dicht gedrängten Nachbarschaften bieten ihnen ein Hochleistungstraining. So bildet sich nicht nur eine Unempfindlichkeit gegen Dauerlärm in hohen Dezibelstärken aus, sondern es entsteht sogar das Bedürfnis nach einer angemessenen Dosis Lärm, die die Nähe der anderen Menschen fühlbar macht und somit ein wohliges Gefühl von Aufgehobensein erzeugt.

Unglücklicherweise verfügen wir weder über ein entsprechendes Gen noch über das frühkindliche Training. Überflüssig zu erwähnen, dass es seit dem Jahr 2000 Richtlinien gegen *noise pollution*, also Lärmbelästigung, gibt, die praktisch ohne Resonanz bleiben.

No problem – relax!

Womöglich treffen Sie eine innere Entscheidung, Indien authentisch zu erleben, an der indischen Klang- und Lärmwelt in vollem Umfange teilnehmen zu wollen, und scheren sich nicht um die Sensibilität Ihrer Ohren und Ihre Ruhebedürftigkeit. Das wäre stark. Doch vielleicht sollten Sie sich dennoch vorsichtshalber mit einer Vorratspackung Ohropax ausrüsten. Merke: Indien ist meistens stärker.

24 FOTOGRAFIEREN? *NO PROBLEM!*

IM ANGESICHT DES TODES

Trommelschläge hallen dumpf durch den Dunst des frühen Morgens über den Fluss. Ein Kahn taucht aus dem Nebel auf, im Heck der Trommler. Tief liegt das Boot im Wasser, der Bootsführer lenkt es mit einer langen Stange durch die Strömung. Menschen, im Boot zusammengedrängt, halten in ihrer Mitte eine weiß verhüllte Gestalt. Alma erschauert bei dem Gedanken an den Toten dort, doch getrieben von Neugier beschleunigt sie ihre Schritte und läuft entlang der *ghats* neben dem Kahn her. Und plötzlich, hinter der Biegung, sieht sie die Feuer. Scheiterhaufen auf dem sandigen Platz, von dem breite Stufen zum Wasser führen. *Burning ghat.*

FEUER DER ERLÖSUNG

Burning ghat bezeichnet den flachen Bereich oberhalb der Treppen zum Fluss, den *ghats*, wo die hinduistische Verbrennungszeremonie der Toten stattfindet. Manikarnika Ghat ist das größte in Varanasi, an dem täglich bis zu 200 Verbrennungen durchgeführt werden. Den überwiegenden Anteil der Verstorbenen stellen Menschen, die wegen des Erlösung verheißenden Todes an diesem Ort zum Sterben in die Stadt gebracht werden. Nach hinduistischem Glauben wird derjenige, der in Varanasi stirbt und dessen Asche in den Ganges gestreut wird, aus dem Kreislauf der Wiedergeburt erlöst und tritt ein in die Glückseligkeit. Die Anwesenheit bei der Verbrennung ist nur den männlichen Mitgliedern der Familie oder Freunden und Geschäftskollegen der Verstorbenen erlaubt. Der älteste Sohn oder ein naher Verwandter führen vor Ort die rituellen Handlungen aus, holen z. B. das heilige Feuer aus dem Tempel und entzünden den Scheiterhaufen. Die Organisation und die Anleitung des rituellen Ablaufs von Verbrennungen obliegt seit Jahrhunderten einer bestimmten Familie aus der Kaste der Unberührbaren, mit der die Bewohner Varanasis den Kontakt meiden. (Mehr zu Kasten in Episode 31, Seite 190.)

Das Boot legt neben Kähnen, auf denen sich Berge von groben Holzklötzen stapeln, an. Die Männer tauchen die weiße Gestalt auf der Bambustrage fünfmal ins Wasser, bevor sie sie neben anderen in Tüchern gehüllten Leichnamen auf die Stufen legen. Mehr und mehr Boote mit Leichen landen an. Alma verharrt angesichts dieser Stätte des Todes versteinert am Rand. Das Atmen fällt ihr schwer. Gleichzeitig ist sie fasziniert von dem überbordenden Leben auf diesem außergewöhnlichen Platz: Kleine Jungen mit Papierdrachen, die an langen Schnüren zum Himmel steigen, rennen zwischen den lodernden Blöcken umher, Ziegen meckern, Hunde scharren im Sand, Männer stehen palavernd in Runden, Träger schleppen Berge von mächtigen Holzscheiten, Gebetsglocken läuten, Geldscheine wechseln den Besitzer, Menschen kommen und gehen, Rufe, Gesänge und Lachen wehen über den Platz, die Feuer prasseln. Leben und Tod, so dicht beieinander. Alma schließt die Augen. Will sie all das wirklich sehen? Und dann entscheidet sie sich mit einem inneren Ruck, ganz nah heranzutreten. Wie unter Zwang nähert sie sich einer Stelle, wo das Feuer bereits erloschen ist, die Asche zusammengekehrt, wo die Überreste der Knochen mit einer Schaufel eingesammelt und die Welpen mit einem Fußtritt aus dem noch warmen Sand befördert wurden.

Als der in Tücher gewickelte Tote aus dem Boot, bestreut mit Kräutern und mit *ghee* (geklärter Butter) begossen, auf dem Block aus aufgetürmten Scheiten mit einer weiteren Schicht Holz bedeckt ist, entzündet ein junger Mann, der mit einer Fackel des heiligen Feuers aus dem Tempel herübergelaufen kommt, das Holz am Kopf- und Fußende. Sekunden später schießen Flammen hoch in den grauen Himmel. Feurige Hitze schlägt Alma ins Gesicht. Ohne den Blick abzuwenden, fingert sie die Kamera aus ihrer Schultertasche. Vor Anspannung atmet sie kaum. In dem Augenblick, als sie die Kamera hebt, legt sich von hinten eine braune Hand über die Linse und eine Stimme flüstert: *»No! Please!«* Alma schaut in das ernste Gesicht eines hageren Mannes. *»Respect death.«*

Sie nickt und lässt die Kamera sinken und verbirgt sie beschämt in den Falten ihres langen Rockes. Ihre Wangen glühen.

Als sie den Blick wieder auf den Platz richtet, schluckt sie trocken, als sie sieht, dass das Feuer sich durch die Scheite gefressen hat. Gierig verschlingt es den Stoff, der den Körper bedeckt. Und jetzt erkennt sie einen braunen Fuß mit vor Alter gekrümmten Zehen, verhornten Ballen, brüchigen groben Zehennägeln, auf dem die Flammen tanzen. Ein Schreckenslaut entfährt ihr, sie wendet sich hastig ab, rennt los und hetzt die *ghats* zurück zu ihrem Guest House.

Lange sitzt Alma in der Lobby des Guest Houses, ein Glas *hot ginger lemon* wärmt ihre eiskalten Hände. Sie starrt hinaus. Der Ganges zieht unerschütterlich vorbei, und der Junge am Tresen spielt uralte Cat-Stevens-Songs.

What's the problem?

»Ach, Alma, ich erinnere mich noch wie heute. Auch mir ist das Erleben am *burning ghat* als Schock in jede Zelle gefahren.«

Dem Anblick des Todes, der aus unserem westlichen Leben und Bewusstsein so sorgfältig verbannt ist und der uns in Indien auf Schritt und Tritt begegnet, stand Alma unvorbereitet gegenüber.

Tief schockiert hat sie das Feingefühl für die Würde einer Bestattung verloren. Natürlich verletzt die Aufnahme eines Fotos oder eines Videos den persönlichen emotionalen Raum, in dem sich die beteiligten Menschen während des religiösen Rituals befinden. Diesem Augenblick gebührt unbedingt Respekt. Zudem ist das Fotografieren bei Verbrennungen strikt verboten.

No problem – relax!

Manche nennen es *The Blessing of India*, betrachten es als einen Segen, dass wir dem Tod, der aus unserem Alltag verbannt ist, in Indien begegnen können. Immer wieder werden wir in den Straßen den Transport von Toten auf Bambustragen, begleitet von Trommelschlägen und »Ram! Ram!«-Rufen, erleben, werden in der Nacht verstorbene Bettler am Straßenrand erblicken oder tote Tiere am Strand und auf Wegen finden. Ein Segen mag es wirklich sein, die Augen geöffnet zu bekommen und sich mit der Realität der Endlichkeit unseres Lebens zu konfrontieren. Diese Augenblicke können bewusst aufgenommen große Wirkung entfalten. Ein Foto ist bloß ein Surrogat.

Wichtig ist, dass Sie respektvoll und einfühlsam entscheiden, wen und wo Sie fotografieren, um die Privatsphäre und die Religiosität der Menschen nicht zu verletzen. An vielen religiösen Stätten ist es per se nicht erlaubt, Fotos zu machen, oder es wird eine Gebühr fürs Fotografieren verlangt. Auch in der Nähe eines Militärgeländes und auf Flughäfen ist Filmen und Fotografieren verboten.

Beim Fotografieren von Menschen ist es angebracht, vorab rücksichtsvoll um Erlaubnis zu bitten und eine Abweisung unbedingt zu akzeptieren. Und übrigens: Genauso wenig, wie es Ihnen gelingen wird, den wahrhaftigen Augenblick am Verbrennungs-*ghat* festzuhalten, wird es Ihnen gelingen, ein indisches Lächeln auf einem Foto mit nach Hause zu nehmen. Inder sind offensichtlich der Meinung, dass Fotos eine ernste Angelegenheit darstellen, da heißt es, Haltung zu zeigen, und da gibt es nichts zu lächeln. Wenn arme

Menschen fürs Fotografiertwerden die Hand aufhalten, geben Sie ihnen eine kleine Summe, das ist völlig in Ordnung. Unterwegs werden Sie sicher oft von kleinen Kindern verfolgt, die lautstark fordern, fotografiert zu werden. Dabei entsteht stets großer Trubel mit viel Gelächter und Geschrei, besonders wenn sie sich auf dem Display sehen können. Für alle Beteiligten ist das ein Riesenspaß. Aber Achtung, geben Sie Ihre Kamera niemals aus der Hand!

Ihnen selbst kann es umgekehrt immer wieder passieren, dass Sie zum Beispiel bei einem Strandspaziergang einer indischen Familie begegnen und nach der knappen Frage »*What country?*« flugs zwischen Ehefrau und Kindern platziert werden und: klick. Wenn Sie *no problem* damit haben, später als der *western friend* in der Bekanntschaft die Runde zu machen, dann also: bitte recht freundlich!

25 FEILSCHEN? *NO PROBLEM!*

GUT EINGEWICKELT

Pink, hellblau, smaragdgrün oder doch rot? Alma hat den Kopf in den Nacken gelegt und steht vor einem hoch aufragenden Regal, das in einem Feuerwerk aus Farben explodiert: Saris, Saris, Saris. Zur Hochzeit von Radha, Friedrichs Patenkind im Süden, möchte sie im Sari glänzen. Schon wird sie von zwei Männern, elegant im *achkaan*, einer knielangen durchgeknöpften Jacke mit Stehkragen, und mit *filmi*-Lächeln auf dem Gesicht in einen Sessel komplimentiert. Über ihr beginnt sich ein Ventilator zu drehen, und mit geschmeidiger Geste wird ihr ein Glas *chai* auf einem silbernen Tablett präsentiert. Alma lächelt benommen vom Farbwirbel, dem Duft des Tees und den hymnischen Wortkaskaden der beiden Ladeninhaber. Und kurz darauf ergießen sich mit einem leisen Zischen vor ihr Wellen aus Seide über den Ladentisch, purpurfarben, pfauenblau, magenta, durchzogen von schimmernden Streifen und üppigen Ranken aus Silber und Gold. Ertrinken könnte sie in dieser Pracht. Immer wieder wird der kleine Ladenjunge das Regal hochdirigiert, das er wie ein Äffchen erklimmt, um noch ein weiteres Juwel aus den gestapelten Schätzen hervorzuzaubern. Drei Inderinnen, reich behangen mit Goldschmuck, ihre Rundungen in schimmernde Saris gehüllt, haben sich Alma zur Seite gesellt. Ein ums andere Mal greifen sie in die Fülle des seidigen Stoffs, stoßen Schreie der Verzückung aus und legen lächelnd Bahnen um Almas Schultern. Sie rufen den Händlern Befehle zu, die bewirken, dass immer üppigere Stoffe über den Ladentisch fluten. Jetzt nötigen sie Alma mit aufmunternden Gesten zum Aufstehen und winden Lagen kühler Seide um sie. Saphirblau gleitet der Stoff über Almas Schultern.

Die Frauen klatschen entzückt in die Hände: »*Bahut achaa!* (Vorzüglich!) *Beautiful!*«

Und Alma weiß sofort: Dieser soll es sein. Sie hat sich in das irisierende Leuchten, in den Glanz der breiten silbernen Borte und die über und über mit Blütenzweigen bestickte Seide verliebt. Träumerisch streicht sie über den Stoff. Wie kostbar, wie edel. Im Spiegel sieht sie, wie das funkelnde Blau ihre helle von der Sonne golden angehauchte Haut und ihre weich auf die Schultern fallenden dunkelblonden Haare zum Strahlen bringt. Eingehüllt in diese Kostbarkeit fühlt sie sich wie eine Königin.

»*Bas!*« Sie hebt die Hand und stoppt den unablässig wachsenden Berg aus Stoff. »*This one.*« Sie nimmt den Sari, ihren Sari, in beide Hände.

WEIBLICHKEIT, ELEGANZ UND SCHÖNHEIT – DER SARI

Das traditionelle Kleidungsstück der Frauen Indiens ist der Sari. Auf über 2.000 Jahre alten Abbildungen erscheint er bereits in ähnlicher Form wie heute. In ganz Indien, auch in den großen Städten, wird er immer noch im Alltag getragen und zu allen festlichen Angelegenheiten ist er ein Muss. Inder sind immer sehr erfreut, eine westliche Frau in einem Sari zu sehen, sie empfinden das als Ausdruck der Wertschätzung ihrer Kultur. Allerdings ist es für ungeübte Trägerinnen fast unmöglich, das Gewand ohne Hilfe anzulegen, und tatsächlich bedarf es auch einiger Übung sich ungehindert im Alltag darin zu bewegen. Das Wickelgewand aus einem fünf bis sechs Meter langen und einem Meter breiten farbigen Tuch mit Schmuckborte in anderer Farbe ist oft reich mit Stickereien in Gold und Silber verziert oder mit Perlen bestickt. Der Sari wird aus den unterschiedlichsten Materialien hergestellt: aus Seide, Chiffon, Brokat, Baumwolle oder Kunstfaser. Unter dem Sari wird ein langer Unterrock getragen *(petticoat)* und ein körpernahes, ärmelloses oder kurzärmeliges Leibchen *(blouse/choli)*, das Taille und Bauch frei lässt. *Banarasi saris*, Saris, die in Benares/Varanasi hergestellt werden, sind besonders begehrt; sie gelten neben denen aus Kanchipuram (Tamil Nadu/Südindien) als die schönsten und qualitativ besten. (Mehr zum Thema Kleidung in Episode 32, Seite 197.)

»*Perfect!*« Der Händler breitet die Arme aus. »*First class quality. Congratulation!*«

Alma schmiegt ihre Wange an den seidigen Stoff: »*How much?*« Sie dreht sich vor dem Spiegel.

»*You are first customer today. You are lucky! 12.000 Rupies only.*«

Wow, das haut rein. Runterhandeln! Feilschen!, schießt es ihr durch den Sinn.

»Ähm«, setzt sie zum Sprechen an und zögert. »*Too much.*«

Der Händler erstarrt und blickt sie mit weit aufgerissenen Augen an, eine tiefe Falte gräbt sich in seine Stirn. »*Madam! Best price! Special offer, Madam! For you!*«

Und nun folgt ein Lamento, das Alma peinlich berührt zur Seite blicken lässt: Wie kann sie ihm das antun? Will sie ihn in seiner Ehre beleidigen? Keine Rupie Gewinn wird ihm bleiben bei diesem Superangebot – nein, er verliert Geld! Die drei Frauen wühlen angelegentlich in den Stoffbergen. Zwei Ladenjungen fangen an, die Sari-Bahnen auf dem Ladentisch zu falten, einer will den saphirblauen Sari, den Alma im Arm hält, an sich nehmen. Alma zieht ihn energisch zu sich und wiegt den Stoff in ihren Händen. Sie ist hin- und hergerissen. Was tun? Dies ist wirklich ein kostbares Stück. Unbezahlbar zu Hause. Und er ist einfach herrlich, dieser Sari. Sie will ihn. Unbedingt.

»8.000«, murmelt sie.

Das Damentrio wirkt betreten und wendet sich zum Gehen. In einer dramatischen Geste streckt der Händler ihr die Hände mit nach oben geöffneten Handflächen entgegen: Will sie, dass seine drei Kinder hungern? Er wiegt den Kopf in Verzweiflung.

»*You will ruin me!*« Er fasst sich an die Brust und verzieht das Gesicht in höchstem Schmerz.

Alma weicht zurück. Sie fürchtet, dass er sich das Hemd aufreißt und anfängt zu weinen. Genervt zieht sie ihre Börse.

»10.000«, presst sie hervor. Als der Händler schnell mit »11.000« dagegenhält, nickt sie kraftlos.

Mit dem in braunes Papier eingewickelten Päckchen unter dem Arm verlässt sie wie befreit den Laden. Puh, was für eine Zwickmühle. Wie anstrengend! Sie streicht sich Schweißperlen von der Stirn. Und plötzlich findet sie sich Auge in Auge mit den drei Frauen wieder, ihren Beraterinnen.

Die blicken sie vorwurfsvoll an: »*Lady, why didn't you bargain properly?*« (Lady, warum haben Sie nicht ordentlich gehandelt?) Und mit missbilligendem Zungenschnalzen und Zeigefingergewedele: »*No good! You payed far too much. Come, you need blouse and petticoat.*« Sie ziehen Alma mit sich: »*No problem, we'll take care of your money!*«

What's the problem?

Tja, die Frauen haben es ja schon gesagt. Klar, Alma wurde das Fell über die Ohren gezogen. Ihre Unfähigkeit, das Spiel mitzuspielen, zu feilschen, zu schachern, zu handeln war nicht nur zum Nachteil für ihre Reisekasse, sie hat auch die Stimmung ruiniert. Sowohl für die drei Ladys, die sich schon auf ein temperamentvolles Match gefreut hatten, als auch für den Händler, obwohl dieser den größtmöglichen Gewinn aus dem Handel gezogen hat. Ohne gleichwertiges Gegenüber mit belebendem Schlagabtausch, der ihn anfeuert, die ganze Palette seiner dramatischen Tricks auszuspielen, fehlt einfach der Spaß. Ja, seine Händlerehre ist beleidigt.

Ein zu leicht errungener Sieg ist nur ein halber Sieg. In ein richtig großes Fettnäpfchen wäre Alma allerdings gestolpert, hätte sie nach Besichtigung aller Angebote ohne Geschäftsabschluss den Laden verlassen. Das gilt als schlechtes, untolerierbares Benehmen gegenüber dem Händler.

Und übrigens: Niemals in Rot oder Gold zu einer Hochzeit! Diese Farben sind der Braut vorbehalten.

No problem – relax!

Überall in Indien gehört das Feilschen zum Alltag. Nur in den staatlichen Läden *(Government Emporia)* ist Handeln um den Preis einer Ware nicht möglich. Besonders in Touristenzentren setzen Händler hohe Preise an. Beim Einkaufen müssen Sie allerdings zwischen den einzelnen Waren unterscheiden: Für Bananen, Mineralwasser oder Süßigkeiten zahlt man als Tourist zwar manchmal etwas mehr als Einheimische, wird aber selten wirklich übervorteilt, sodass Handeln sich hier nicht lohnt.

Das Feilschen ist eine Inszenierung, auf die wir durch unsere westliche Einkaufspraxis nicht eingestimmt und den Meistern, die diese Kunst zelebrieren, vollkommen unterlegen sind. Sie können jedoch die Spielregeln, die den Reiz der Aufführung ausmachen, trainieren, ihr schauspielerisches Talent immer weiter verfeinern, ihr Gefühl für den Geist der Inszenierung ausbilden. Am besten, Sie fangen klein an, etwa mit einem Tuch, und steigern sich bis zum Erwerb von Silberschmuck. Und wie immer ist es ratsam, sich vorher über reale Preise zu informieren und für sich selbst eine Preisgrenze festzusetzen. Über den Daumen gepeilt könnte der Deal sich in folgenden Grenzen abspielen: Vom geforderten Preis ungefähr zwei Drittel abziehen, bei Ablehnung dieses Angebots Weggehen vortäuschen, bei zwei Drittel des ursprünglichen Preises einschlagen. Der reale Preis wird wahrscheinlich bei einem Drittel liegen, doch ein negativer Touristenbonus bleibt nun mal an uns hängen – *no problem!*

26 RELIGION? *NO PROBLEM!*

ASCHE AUFS HAUPT

Götter, die Hindernisse aus dem Weg räumen und für Erfolg und Wohlstand sorgen? Die will Alma auch treffen. Gedacht, getan. Sie steigt zum Tempel am Ende der Straße hinauf, der durch die senkrechten roten und weißen Streifen auf der Mauer auffällig als heiliger Bezirk gekennzeichnet ist. Links und rechts auf den Stufen kauern Bettler vor ihren blechernen Almosenschalen. Neben dem Eingangstor liegt verstreut eine kleine Ansammlung von Schuhen. Alma streift auch ihre ab. Die Frau vor ihr schlägt die Glocke im Eingang über ihrer beider Köpfe an, und mit spielerischer Freude tut Alma es ihr nach. Begleitet von einem hellen »Diiing« betritt sie über sonnenwarme Steinplatten das schattige Innere des Tempels.

Im Vorraum, schwach erhellt von Öllämpchen, erkennt Alma hier und dort zwischen den Säulen Gruppen von Frauen, die im Kreis auf dem Boden sitzen. Ihre Saris bauschen sich um sie und leuchten im Dämmerlicht wie kostbare Blüten. In ihrer Mitte nimmt Alma Schälchen mit Snacks wahr. Ein kleines Picknick mit den Göttern? Wie schön, denkt Alma, die hinduistischen Götter scheinen mitten unter den Menschen zu wohnen. Vor der Statue des steinernen Elefantengottes legt ein Mann in Anzug und Krawatte eine Kokosnuss und einige Bananen nieder. Jetzt kniet er nieder und sogleich streckt er sich murmelnd der Länge nach auf dem Boden aus, die aneinandergelegten Hände über dem Kopf erhoben. »*Om Gam Ganapataye Namaha ...*« Elastisch springt er wieder auf, klopft Jacke und Hose ab, holt sein Handy aus der Hosentasche und tippt eine Nummer ein. Und während er den Tempelraum durchquert, beginnt er eine lebhafte Unterhaltung.

Zwei Frauen mit Strängen von Jasminblüten in das Schwarz ihrer Zöpfe gebunden stellen sich vor der Skulptur des elefantenhäuptigen Gottes auf. Sie heben das Kind in ihrer Mitte der Götterstatue entgegen, sodass es eine Girlande Ringelblumen, ein orangerotes Glühen, um Ganesha drapieren kann.

Alma erreicht die *cella*, das Allerheiligste des Tempels, einen niedrigen Raum im Raum, aus dem goldenes Licht flutet. Unsicher, ob sie als Nicht-Hindu eintreten darf, verharrt sie am Eingang. Durch die Türöffnung erblickt sie einen jungen Priester mit nacktem Oberkörper. Um die Hüfte geschlungen trägt er ein weißes Tuch, das mit einer gestickten Borte verziert ist, das *veshti*. Schräg über seine braune Brust läuft die heilige Schnur des Brahmanen. Alma bemerkt ein Aschezeichen aus drei parallel verlaufenden Linien auf seiner Stirn. Er ordnet Opfergaben zur Segnung durch die Gottheit. Alma ist fasziniert, mit welch feinen, gleichzeitig vertrauten alltäglichen Gesten der Priester die heilige Ordnung herstellt. Nun winkt er Alma herein und tritt mit einem silbernen Teller in den Händen, auf dem eine Flamme flackert, zu ihr. »Und was passiert jetzt?«, fragt sie sich ein wenig bang und starrt gebannt ins Licht. Auf dem Teller liegen Blüten, und Alma versteht, dass sie eine gesegnete Gabe der Gottheit darstellen. Sie pickt vorsichtig mit Daumen und Zeigefinger eine Blüte heraus, während der Priester mit den Fingerspitzen ein feines weißes Pulver – Asche, vermutet sie – vom Teller nimmt und es in ihre Handfläche legt. Alma blickt auf ihre beiden Hände mit den Gaben und hat keine Ahnung, was sie damit tun soll.

Verunsichert dreht sie sich im Gehen noch einmal zum Priester um und stößt mit ihrem Kopf an die tiefgezogene Steinumfassung des Ausgangs. Aus dem Gleichgewicht geworfen schwankt sie und spürt, wie Arme sie stützen und eine Hand mit kräftigen Strichen wieder und wieder über ihre Schläfe reibt. Als sie sich umdreht, erkennt sie eine der Frauen aus dem Vorraum, die sie besorgt anschaut. Alma lächelt noch etwas benommen, aber dankbar für die Hilfe und flüstert: »*Koi baat nahin!*« *(No problem!)*

What's the problem?

»Siehst du wohl, Alma, kleine Sünden bestrafen die Götter sofort!«, schmunzelt Friedrich. »Dies ist ohne Frage ein Fettnäpfchenrekord! Fünf auf einen Streich, das ist wahre Könnerschaft: Du hast das reinigende Feuer links liegen gelassen, eine Blüte vom Teller entwendet, dabei die unreine linke Hand benutzt (mehr dazu in Episode 41, Seite 247), die heilige Asche vergeudet und schließlich versäumt, eine Gabe auf den Teller zu legen.«

HEILIGE ASCHE – *TILAK* UND *BINDI*

Im Hinduismus wird bei vielen rituellen Handlungen und Zeremonien heilige Asche, *vibhuti*, die aus einem Opferfeuer stammt, auf die Haut aufgetragen. Ihr werden Glück verheißende und heilende Kräfte zugesprochen. Während Anhänger Shivas waagerechte Striche auf der Stirn oder auf anderen Körperteilen tragen, kreieren Vishnus Jünger ein u-förmiges Zeichen.

Ein *tilak*, ein roter Punkt, der mit Asche und zusätzlich mit Pulverfarbe, *kumkum*, auf die Stirn aufgetragen wird, ist ein Segenszeichen, welches das an dieser Stelle lokalisierte Energiezentrum, das »drittes Auge«, markiert und es schützen soll.

Der rote Punkt, das *bindi*, den viele Frauen an derselben Stelle tragen, ist traditionell das Zeichen einer verheirateten Frau und soll sie und ihren Ehemann schützen. Heute werden *bindis* allerdings von allen Frauen und Mädchen als modisches Accessoire getragen. Eine verheiratete Frau erkennt man hingegen daran, dass ihr Mittelscheitel mit roter Pulverfarbe, *sindur*, nachgezogen ist. Das *bindi* ist jedenfalls kein Kastenzeichen, für das es im Westen oft gehalten wird.

No problem – relax!

Halb so schlimm! Seien Sie unbesorgt, Hindus sind gegenüber Andersgläubigen, auch Nichtgläubigen, sehr offen und tolerant. Für die strikte Trennung der Glaubensrichtungen haben sie kein Verständnis und halten es für ganz selbstverständlich, verschiedene Religionen mit einzubeziehen.

In der Regel können Sie sich in den Tempeln frei und ungezwungen bewegen. Einzig wenn der Zutritt zu bestimmten Bereichen Nicht-Hindus durch offizielle Schilder verwehrt ist, sollten Sie diese Einschränkung unbedingt respektieren. Und was das angemessene Verhalten betrifft, so beobachten Sie einfach die indischen Besucher im Tempel.

Um Ihre Achtung vor der fremden Religion zu zeigen, gibt es einige einfache Verhaltensweisen, die Sie beachten sollten:

1. Legen Sie vor dem Betreten des Tempels Ihre Schuhe ab, da diese als unrein gelten. Bei allen größeren Tempeln können Sie sie gegen ein geringes Entgelt zur Aufbewahrung abgeben.
2. Die angemessene Kleidung für den Tempel sind lange Hosen oder Röcke und Hemden mit Ärmeln. In Sikh-Tempeln müssen sowohl Frauen als auch Männer eine Kopfbedeckung tragen, die Sie dort meistens am Eingang erhalten. In manchen Hindu-Tempeln werden Sie darauf aufmerksam gemacht, Gegenstände aus Leder, etwa Gürtel, abzulegen.
3. Unternehmen Sie Ihren Rundgang im Tempel immer im Uhrzeigersinn, um mit den anderen Besuchern, die sich im Ritual der Umkreisung der *cella* befinden und sinnbildlich dem Sonnenlauf folgen, harmonisch mitzufließen.

4. Das reinigende Feuer, das Ihnen der Priester auf dem silbernen Teller darreicht, führen Sie symbolisch mit einer Bewegung der Finger beider Hände von der Flamme vorsichtig bis zu den Augen.
5. Öffnen Sie die rechte Hand, um die heilige Asche (auch rotes *kumkum* oder gelbe Sandelpaste) zu empfangen, und tupfen Sie sich mit dem Ringfinger der linken Hand (die in diesem Zusammenhang ihre Unreinheit verloren hat) ein *tilak* zwischen die Augenbrauen auf die Stirn.
6. Vermeiden Sie bei allem, was Sie im Tempel erhalten, es zu Boden zu werfen, auch nicht draußen. Deponieren Sie Reste auf erhöhten Vorsprüngen im Tempel.
7. Eine gesegnete Blüte erhalten Sie nur als Geschenk vom Priester selbst und sollten diese mit der rechten Hand entgegennehmen, ebenso *prasad*, eine geweihte Speise, die vom Priester verteilt wird. Sie können Sie sofort verzehren oder aufbewahren. Manchmal wird Ihnen auch geweihtes Wasser in die Hand gegossen, das üblicherweise getrunken wird. Wegen der gesundheitlichen Gefährdung durch Trinkwasser sollten Sie es besser über Ihren Kopf träufeln.
8. Da Sie Segen und Geschenke erhalten haben, ist es üblich, etwas zu geben. Legen Sie einige Münzen oder einen Schein auf den Teller.

HINDUISMUS: VIELFALT IN DER EINHEIT

Der Hinduismus ist die drittgrößte Weltreligion, und drei weitere Religionen haben ebenfalls ihren Ursprung in Indien: der Buddhismus, der Jainismus und der Sikhismus. Eroberungen und Einwanderungen ab dem 8. Jahrhundert brachten außerdem den Islam ins Land. Missionierungen, schon seit dem ersten Jahrhundert n. Chr., und der Kolonialismus etablierten das Christentum im Süden. Heute sind in Indien rund 80 Prozent der Bevölkerung Hindus. Die anderen

Religionen sind in folgendem Umfang vertreten: rund 13 Prozent Muslime, gut 2 Prozent Christen, rund 1 Prozent Sikhs, ebenso viele Buddhisten, 0,4 Prozent Jainas und andere (darunter Juden, Parsen oder Bahais).

Der Hinduismus gilt als eine der ältesten Religionen auf unserem Planeten, wovon noch viele archaische Rituale zeugen. Es existiert kein Religionsstifter und kein gemeinsames Glaubensbekenntnis für die zahlreichen unterschiedlichen hinduistischen Strömungen. Das Ideal ist die Vielfalt in der Einheit. Grundlage, auf die sich Hindus beziehen, bilden die vier Veden, religiöse Texte, die auf etwa 1.200 v. Chr. datieren.

Einen gläubigen Hindu begleitet die Religion auf Schritt und Tritt. Alle Handlungen, die den Göttern gewidmet sind, fügen sich ganz natürlich in den Alltag ein, denn der Hinduismus ist eine Lebensweise, keine organisierte Religion. Viele Gläubige zelebrieren den Gottesdienst zu Hause, denn es gibt keine Pflicht, an den *pujas*, den religiösen Andachten, im Tempel teilzunehmen. Zusammenkünfte der Gläubigen finden bei zahlreichen religiösen Festen statt.

HINDUISTISCHE GÖTTER

Im Hinduismus existieren unzählige Gottheiten, die Zahl geht in die Millionen, genau weiß das keiner, selbst Jesus hat einen Platz im hinduistischen Götterhimmel. Die Hinwendung eines Menschen zu wenigen ausgewählten Göttern geschieht über die Familientradition oder über die Einweihung durch einen spirituellen Lehrer. Die Götter stehen für bestimmte Seinsprinzipien, wobei alle Götter in der Essenz alle Prinzipien des Lebens in sich vereinen. Diese sind jedoch bei den einzelnen Gottheiten unterschiedlich gewichtet und treten dementsprechend mehr oder weniger in den Vordergrund:

Brahma – der Schöpfer

Vishnu – der Bewahrer

Shiva – der Zerstörer

Ganesha – der Überwinder von Hindernissen

Kali – die machtvolle göttliche Mutter

Durga – Kraft- und Energiespenderin

Lakshmi – Spenderin von Glück und Wohlstand

Saraswati – die Göttin der Weisheit und Gelehrsamkeit

Die indische Verfassung beinhaltet die Trennung von Religion und Staat sowie die Religionsfreiheit. Spannungen zwischen Hindus und Muslimen, die sich immer wieder in folgenschweren Auseinandersetzungen entladen, sind weniger religiöser Natur als durch radikale Hindu-Parteien inszenierte politische Konflikte.

Die Mehrheit der Bevölkerung wünscht sich ein friedliches Zusammengehen der Religionen, was sich z. B. in dem Megaerfolg eines Bollywood-Filmklassikers ausdrückt: »Amar, Akbar, Anthony« erzählt die tränenreiche Story dreier in der frühen Kindheit getrennter Brüder, die, wie an ihren Namen zu erkennen, in einem hinduistischen, einem muslimischen und einem christlichen Ersatzelternhaus aufgezogen werden, bis hin zu ihrer glücklichen Wiedervereinigung als erwachsene Männer.

27 WÄSCHE-WASCHEN? *NO PROBLEM!*

IN DER GRAUZONE

Feuerheiß brennt die Sonne auf die *ghats*. Alma kneift die Augen zusammen und zieht den Hut tiefer in die Stirn. Die Stufen der Treppen zum Fluss sind nun fast menschenleer. Nur wenige Badende vollziehen die religiösen Reinigungsrituale, Frauen züchtig im Sari, das Ende der Stoffbahn über den Kopf tief in die Stirn gezogen, Männer mit entblößtem Oberkörper, Gebetsketten auf der braunen Brust. Sie stehen bis zu den Hüften im Gangeswasser, schöpfen es mit den Händen und gießen es über sich aus. Alma hört Mantras, die Stimmen so hingebungsvoll, dass sie vom Klang wie von einer sanften Berührung über dem Brustbein erfasst wird. Ein ums andere Mal tauchen die Menschen unter die braungrüne Wasseroberfläche. Trotz der Hitze läuft eine Gänsehaut über Almas Arme, als sie sich vorstellt, einzutauchen in diese Fäulnis, Moder und Verwesung ausdünstende Brühe. Gestern hat sie eine Leiche darin treiben sehen. Beim bloßen Gedanken daran wird ihr flau im Magen. Der heilige Fluss ist in ihren Augen eine Kloake, in die sie nicht einmal den großen Zeh tauchen möchte.

GANGES: GÖTTIN IN NOT

Der Ganges, der heiligste Fluss Indiens, wird als Gottheit verehrt. Dargestellt auf einer Lotusblüte oder auf einem Krokodil sitzend ist die Flussgöttin Ganga eine von vielen Avataren Vishnus. Nach hinduistischem Glauben reinigt Ganga Seele, Körper und Geist, und jeder gläubige Hindu wünscht sich, wenigstens einmal im Leben ein Bad in den heiligen Fluten nehmen zu können. Das höchste Glück bedeutet es, am Gangesufer zu sterben, da in diesem Falle die Erlösung gesichert sein soll.

Indiens großes Heiligtum ist jedoch auch die größte Kloake der Nation. Fast 30 Abwasserrohre speien entlang der sieben Kilometer langen *ghats* die Abwässer der Zwei-Millionen-Stadt größtenteils ungefiltert in den Fluss. Die in den letzten Jahren errichteten Kläranlagen produzieren wegen der häufigen Stromausfälle oft auch nur verschmutztes Wasser. Badetaugliches Wasser sollte die Zahl von 200 Kolibakterien pro 100 Milliliter nicht überschreiten, jedoch erreicht die Konzentration im Ganges eine Dichte von bis zu 50.000 Kolibakterien pro 100 Milliliter Wasser. Ein Professor für Wasserwissenschaft aus Varanasi nimmt als gläubiger Hindu trotzdem täglich – wie 60.000 andere Menschen – sein Bad in diesem Gewässer, dessen Zustand er ganz genau kennt: »Der irrationale Teil meines Geistes und mein der Tradition verpflichtetes Herz verlangen danach.«

»*Arrey!*« (He!) Ein gellender Ruf lässt Almas Kopf hochschnellen, und sie sieht einen Tennisball auf sich zuschießen. In einem unwillkürlichen Reflex erwischt sie ihn mit der rechten Hand. Vor ihr lachen und klatschen die Kinder auf der obersten Stufe, einige klopfen mit ihren wie selbst geschnitzt wirkenden Kricketschlägern anerkennend auf den Boden. Stolze Retterin des Balles schleudert Alma ihn zurück, und augenblicklich nehmen die Jungs das Spiel wieder auf, völlig unbeeindruckt von der Gluthitze. Im Weitergehen dreht Alma sich zu ihnen um und bewundert ihre flinke Wendigkeit und, hoppla!, fast wäre sie auf ein Hemd getreten, das vor ihr auf dem Boden ausgebreitet liegt. Als sie aufblickt, sieht sie, dass über eine weite Strecke die Stufen hinauf und hinab Wäschestücke ausgelegt sind. Unten am Wasser schmettert der *dhobi-wallah* (Wäscher) ein vor Seife schäumendes Kleidungsstück mit kräftig ausholenden Schlägen auf die Steine. Wäsche in diesem Dreckwasser? Alma rümpft die Nase und mustert im Weitergehen die zum Trocknen ausgelegten Stücke. Hey! Ist das da nicht ihr T-Shirt? Und dort ihre Leinenhose, ihre Bluse und noch ein Shirt! Die ehemals weißen Teile backen jetzt ekelgrau angelaufen in der Sonne. Igitt! So hat sie sich das nicht vorgestellt, als sie ihre Wäsche heute Morgen im Guest House mit der Zusicherung »*Tip-top ready by then!*« abgegeben hat. Verflixt! Die pappig wirkenden, verfärbten Kleidungsstücke, wie die wohl riechen mögen?

What's the problem?

»Na klar, die riechen wie der Ganges selbst, nach allem eben, was er mit sich führt. Sorry. Und ich kann dir versichern, Alma, diesen heiligen Duft wieder auszutreiben, wird dich einiges an Mühe kosten«, amüsiert sich Friedrich.

In Almas Fall verschärft der Geruch das generelle Problem mit der Wäsche in Indien noch: Tatsächlich besteht immer die Gefahr, dass alles Helle unweigerlich mit einer blaugrauen Tönung vom Waschen zurückkommt, wenn auch piekfein gebügelt und zu unvorstellbar niedrigen Preisen.

No problem – relax!

Wenn Ihnen der Farbton Ihrer Kleidung etwas bedeutet, so waschen Sie sie selbst im Handwaschbecken Ihres Hotels oder im Eimer in der Dusche. Sollte Ihr Hotel über blütenweiße Bettwäsche verfügen, stehen die Zeichen gut, dann können Sie es wagen, Ihre Wäsche dort abzugeben. Auch Dunkelfarbenes können Sie den *dhobis* überlassen, wenn auch nicht gerade am Ganges. Nach dem Trocknen können Sie die Stücke getrost zum Bügeln geben, *no problem*, egal wie viele Abnäher, Stoffbahnen und Fältchen: Sie zahlen nur unglaubliche 10 bis 15 Rupien das Stück!

28 HAUTFARBE? *NO PROBLEM!*

FAIR AND HANDSOME

Sie hat ihn gleich gesehen. Das musste er sein: blaues Hemd, weißes Basecap, wie verabredet – Karthik. Und wie verabredet wartete er am Ausgang dieser Kathedrale des *Raj*, des einstigen Britisch-Indien, der Victoria Station, Mumbai, inmitten eines Menschenstroms. Ein Blick, und Alma hatte entschieden: eindeutig ein *Cad*. So lautet der Codename der jungen Mädchen in Vikram Seths Roman »Eine gute Partie« für ihre hübschen Mitstudenten – süß wie *Cadbury*-Schokolade. Und, fügte Alma im Stillen hinzu, genauso dunkel. Und da war er nun, Karthik, ihr Mumbai-Guide, ihr Kindermädchen für alle Fälle, ihr Reisebegleiter in den Süden mit einem 1.000 Volt blitzend weißen Lächeln, dem Rollercoaster-Englisch und einem herzlichen *vanakkam!* (Tamil: Willkommen!).

Später, als die Sonne am Nairman Point untergeht, und mit dramatischem Farbenspiel in den Fluten des Arabischen Meeres versinkt, wird Alma mitten unter den vielen Menschen, die sich um die Absperrung auf der Straße drängen, ganz still bei dem überwältigenden Anblick. Doch niemand, nicht einer aus der Masse hat auch nur einen einzigen Blick für die bollywoodreife Inszenierung zwischen Himmel und Meer. Denn hier, mitten auf der Straße, *ereignet* sich gerade Bollywood. Unzählige Scheinwerfer, ein Kabeldschungel, Gewusel von Menschen – die *Filmistan Studios*, eines der ältesten Filmstudios Mumbais, sind in die Stadt gekommen. Und es geht das Gerücht um: *Er* wird auch kommen, der King of Bollywood, SRK, Shah Rukh Khan. An der Zahl seiner Millionen und Abermillionen Fans gemessen, der größte Star der Welt.

Hingeschmolzen ist Alma bei seinen Filmen. Karthik hat spöttischen Blicks die Augenbrauen hochgezogen, als sie ins Schwärmen geriet: »*It's only Shah Rukh, ... he can't dance!*«, und lud sie ein ans Set, wo er als Tonmeister eine Schicht beim Nachtdreh ableisten würde.

Dort drüben sieht sie ihn jetzt mit dem Headset auf den Ohren vor einer Ansammlung technischer Gerätschaften, von wo er ihr übermütig zuwinkt.

FILMBIZ INDIA

The Industry, wie die indische Filmindustrie üblicherweise genannt wird, ist die produktivste der Welt im filmverrücktesten Land der Welt. Zum Vergleich: Die Anzahl der in den USA produzierten Filme wird regelmäßig in Indien mit fast doppelt so vielen Produktionen übertroffen. Wegen der indischen Vielsprachigkeit werden die Filme in mehr als 20 Sprachen produziert. Hauptproduktionsstätten sind **Mumbai** (Bollywood/Bombay/Hindi/20 Prozent), **Chennai** (Kollywood/Madras/Tamil/17 Prozent) und **Hyderabad** (Tollywood/Andhra Pradesh/Telugu/17 Prozent). Vor allem Hindi-Filme haben den gesamten indischen Markt erobert und erreichen viele Zuschauer in Afrika, dem Nahen Osten, Südostasien, Nordamerika und Australien. Die anderen indischen Filme bleiben dagegen überwiegend auf den jeweiligen Sprachraum beschränkt. Dort wirken sie wegen ihrer großen Beliebtheit wie ein kultureller Schutzschild gegenüber den US-Importen, die am indischen Markt mit schlappen vier Prozent (in Deutschland: 65 Prozent und mehr) beteiligt sind. Einer der wenigen US-Filme mit einem sensationellen

Einspielergebnis war »Titanic«, der in Hindi synchronisiert wurde. »Aber«, so ein Produzent aus Mumbai, »das ist doch eigentlich auch bloß ein verkappter Bollywoodfilm.«

Indische Mainstreamfilme sind kolossale Traumfabriken, glamourös, melodramatisch und laut. Von jeher hat sich das indische Kino der Mythen, Legenden und Märchen des Landes bedient und die traditionell überlieferten Inhalte der Gegenwart angepasst. Flugs wird daraus der *masala*-Film zusammengerührt, ein Mix der Genres aus Action, Romanze, Komödie und Melodram, der zwei bis vier Stunden dauert und musicalartig bis zu sechs Tanz- und Gesangsnummern beinhaltet. Anders als Hollywoodfilme müssen indische Filme keinen logischen Plot vorweisen oder irgendeine Ähnlichkeit mit der Wirklichkeit haben – das ist weder notwendig noch wünschenswert, denn die Filme sollen nicht rational verstanden, sondern gefühlt werden. Bereits Wochen vor der Premiere eines Films dudeln die Songs auf allen Basaren und in allen Bussen, im Fernsehen und in den *dhabas*. Gute Songs machen einen Film populär und können ihn sogar aus den roten Zahlen katapultieren. Getragen wird das indische Kino von einem starken Starsystem, in dem die Schauspieler, *heroes* und *heroines* (Helden) genannt, als Werbeträger im Alltag omnipräsent sind.

Bis in die späten 90er-Jahre wurde das Filmgeschäft nicht als Industrie anerkannt, sodass keine institutionellen Gelder flossen und den Banken das Risiko zu investieren zu hoch war. Das hatte zur Folge, dass das Filmbiz immer ein Tummelplatz für das Schwarzgeld der *Underworld*, der indischen Mafia, war. Und auch heute noch, da es legale Möglichkeiten der Finanzierung gibt, vermeiden die Banken oft eine Beteiligung.

Der Begriff Bollywood ist eine Namensverschmelzung von Hollywood und Bombay, kein Genre, sondern eine Standortbezeichnung, gemeint sind die hindisprachigen Produktionen. Die Namensgebung wird von Indern selbst übrigens wenig geschätzt, da sie ihre einzigartige Filmindustrie nicht im Vergleich mit dem Westen sehen wollen.

Und da! Ein sich langsam nähernder silberner Audi mit einer Vorhut schwarz gekleideter Securitymänner lässt die Menschenmenge zur Seite weichen. Die Absperrung wird geöffnet, der Wagen hält und heraus schält sich unter »Shah Rukh! Shah Rukh!«-Rufen geschmeidig der *badshah* (Herrscher): Sonnenbrille auf dem schwarzen Haarwust, Jeans, weißer Pulli mit großzügigem V-Ausschnitt, der sexy über die anbetungswürdige nackte Schulter gerutscht ist, Flipflops und die unvermeidliche Zigarette. Mit einem Strahlen wie für lang vermisste Familienmitglieder wendet er sich seinen Fans zu, schüttelt Hände, wirft Luftküsse, klopft Schultern, kritzelt Autogramme, winkt, lächelt, scherzt und raucht. Alma merkt, wie sich auf ihrem Gesicht ein Lächeln ausbreitet, das nicht mehr weichen will. Sie fühlt sich ganz beschwipst und ihr wird klar: Dieser kleine Mann mit der zu großen Nase, dem leichten Überbiss und dem eher bescheidenen Schauspieltalent ist ein Star, ein überdimensionaler Star von elektrisierender Präsenz, die vollkommene Verkörperung eines Stars. Aber warum ist er so hellhäutig? Sie hat ihn aus Filmen dunkler in Erinnerung. Indischer.

Alma drängelt nach vorne, um ihn besser sehen zu können, als sie von einem jungen Mann aufgehalten wird: »*Hi, I'm Sunil.*«

Ja, natürlich. Karthiks Freund, der sie abholt, um sie in den Backstagebereich zu begleiten.

»*Aap se milkar bahut khushi hai!*« (Sehr erfreut!), begrüßt Alma ihn mit ehrlicher Freude und will sogleich neugierig wissen: »Kommen Sie aus dem Süden?«

Sunils Lächeln erlischt. Er wendet sich hastig ab: »*Let's go.*«

Alma folgt ihm, bestürzt über seine abrupte Abwendung. Hat sie etwas falsch gemacht mit ihrem Versuch, dem sympathischen Inder über ein wenig Smalltalk näherzukommen?

What's the problem?

»Liebe Alma, da hast du ganz unschuldig der indischen Seele einen schmerzhaften Stich versetzt. ›Sind Sie aus dem Süden?‹ klingt für viele Inder wie: Du meine Güte, wie dunkel sind Sie denn! Sie können doch bloß ein *madrasi* aus dem rückständigen Süden sein.«

Fair skin, Hellhäutigkeit, ist eine indische Obsession. Dunkle Haut gilt als hässlich, bedeutet geringen sozialen Status und eine niedrige Kaste. *Kaalaa*, schwarz zu sein, wird mit harter Arbeit im Freien assoziiert, und diese Position ist gesellschaftlich gesehen hoffnungslos. Selbst in höhergestellten Familien werden dunkelhäutige Familienmitglieder abschätzig *darkie* genannt, dunkelhäutigen Mädchen wird ein Leben als alte Jungfer prophezeit. Auf dem Heiratsmarkt, in den Sonntagszeitungen und im Internet geht es nämlich mit aller Härte zur Sache, dort ist die *fair complexion*, ein heller Teint, neben der Kastenzugehörigkeit ein entscheidendes Kriterium und wird für Frauen strenger angewandt als für Männer.

Möglicherweise erklärt sich die Stigmatisierung der dunklen Hautfarbe aus der Geschichte Indiens. Sowohl die Arier, die während der ersten Jahrhunderte n. Chr. herrschten, als auch später die Europäer – alle Herrscher waren hellhäutig. So wurde und wird Hellhäutigkeit gleichgesetzt mit Überlegenheit und Macht. Wenn du dunkel bist, hast du keine Chance. Die Menschen aus dem Süden, die drawidischer Abstammung sind, waren immer wesentlich dunkelhäutiger als die Arier aus dem Norden und wurden schon immer als minderwertig angesehen. Wie Sudhir Kakar, Indiens bekanntester Psychoanalytiker, darlegt, wird im indischen Bewusstsein äußerliche Reinheit, die helle Haut, mit innerlicher Reinheit assoziiert und dunkle Haut mit sowohl innerlichem als auch äußerlichem Schmutz. Vor diesem Dreck gilt es sich zu schützen, indem man Berührung vermeidet, um sich nicht »anzustecken«. So wurden diesen dunklen »Unberührbaren« dann auch die schmutzigsten Arbeiten zugewiesen, zum Beispiel das Reinigen der Latrinen und der Transport von Fäkalien in Körben auf den Köpfen. Sie wurden in die niedrigsten Kasten verwiesen. Der Teufelskreis war geschlossen. (Mehr zu Kasten in Episode 31, Seite 190; mehr zu Reinheit in Episode 41, Seite 247.)

Inzwischen boomt der Markt der Bleichcremes mit einem Anteil von 60 Prozent an allen verkauften Hautpflegeprodukten. Indiens Superstar Shah Rukh Khan wirbt in Fernsehspots für das marktbeherrschende Label *Fair and Handsome* (Hell und attraktiv) und entspricht selbst inzwischen immer mehr diesem Ideal. Die neue Mittelschicht, sowohl Frauen als auch Männer, die sich für das gesellschaftliche Ideal der Hellhäutigkeit erheblichen Gesundheitsgefahren durch die Bleichmittel aussetzen und hohe Kosten in Kauf nehmen, ist Zielgruppe der Kosmetikindustrie.

No problem – relax!

Wir als Weiße, die wir durch unser bloßes Erscheinen das Thema der Hautfarbe berühren, sollten sehr sensibel und aufmerksam damit umgehen, um Kränkungen zu vermeiden. Alles, was Sie vielleicht auch positiv dazu sagen mögen, könnte wie von oben herab, gönnerhaft wirken. Es ist angemessen, das Thema möglichst zu vermeiden, da es oft beim Gegenüber an Punkte rührt, die mit Kränkung und Enttäuschung verbunden sind, die emotionale Reaktionen hervorrufen, die rational nicht zu erklären sind. Auch wenn in unseren Augen das Thema oft groteske Formen annimmt, sollten wir darauf verzichten, Erklärungen, Kommentare oder Ratschläge abzugeben – es sei denn, wir werden explizit darum gebeten.

29 DIEBE? *NO PROBLEM!*

FILMI, FILMI, ALMA!

Auf dem Platz und in den umliegenden Straßen brodelt eine unübersehbare Masse, Menschen über Menschen, die Alma und Karthik unerbittlich in Richtung Kino schieben.

»*Black market.*« Karthik deutet auf die flinken Ticketverkäufer, die auf der Hut vor der Polizei wie Delphine im Menschenmeer auf- und untertauchen. Die Tickets, normalerweise 100 Rupien, werden hier für mindestens das Fünffache angeboten. Doch Karthik hat die Karten auf Insiderwegen schon lange besorgt, denn ohne Zweifel ist dieser Film, »*Enthiran*« (englisch »Robot«), an diesem Wochenende *das* Ereignis des Kinojahrs in Mumbai, und das trotz seiner südindischen Produktionsherkunft.

Vor Alma ragt eine mindestens sechs Meter hohe Figur auf: der *Indian Superstar*. Stolz auf diesen, auf seinen Superstar aus dem Süden glüht in Karthiks Augen, wenn er seinen Namen ausspricht: Rajnikant, liebevoll Rajni. Entgeistert schaut Alma die aufgestellte Figur dieses überdimensionalen Stars an: Ist der nicht ziemlich alt? Schmale Lippen? Schnäuzer? Knopfaugen? Wo bleibt der Schmelz der indisch männlichen Schönheit? Fassungslos beobachtet sie, wie ein Junge unter den Jubelrufen der Menge – »Rajni! Rajni!« – an den Verstrebungen der Figur emporklettert und aus einem Messinggefäß Milch über dem Helden auskippt – eine Verehrungsgeste, die normalerweise Göttern zusteht. Aber ist er nicht ein Gott? Zu seinen Füßen liegen Opfergaben: Bananen, Kokosnüsse und Blüten. Es brennen Räucherstäbchen, und Hunderte Stimmen aus der Menge jauchzen den Hitsong des Films »*Chitti chitti Robo*«. Karthik sendet auf zwei Fingern schrille Pfiffe in das Getöse, die echoartig beantwortet werden. Was heißt hier eigentlich *Indian Superstar*, grübelt Alma. Hat sie den nicht gestern getroffen? Den King? Na ja, gleich wird sie diesen hier in Aktion erleben – da muss es ein Geheimnis geben!

INDIAN HEROES UND *HEROINES* – DIE STARS

In Indien treibt die bloße Starpower die Menschen in Massen in die Kinos. Indien mit seiner langen kulturellen und religiösen Tradition der Verehrung von Gurus, epischen Helden und Göttern überträgt diese Haltung ungebrochen auf die Welt des Films. Mögen Menschen im tiefsten Indien auch nicht wissen, wie ihr/e Präsident/in heißt, alle kennen jedoch den Namen von Shah Rukh Khan oder Rajnikant (und außerdem noch den von Sachin Tendulkar, dem Kricketstar).

Die Art, wie Fans in Indien ihren *hero* oder ihre *heroine* verehren, findet im Westen nichts Vergleichbares. Über den ehemaligen weiblichen Star Madhuri Dixit, diejenige, die mit einem Lächeln Ohnmachten auslösen konnte, gibt es einen Scherz, der die Größe eines solchen Stars sichtbar macht. Eines Tages würde Pakistan folgendes Verhandlungsangebot an Indien richten: *Madhuri dedo, Kashmir lelo* (Gebt uns Madhuri, nehmt Kaschmir dafür). Ein indischer Star ist praktisch so mächtig wie ein Rockstar, ein Sportstar und ein Filmstar in einem und hat den Status eines Gottes oder einer Göttin inne.

Obwohl Indiens Leinwandkönig Shah Rukh Khan heißt, gibt es über ihm einen Gott: den südindischen ehemaligen Busfahrer Rajnikant.

Keiner lässt die Kasse so klingeln wie er und keiner ist höher bezahlt. Für die vielen Menschen aus kleinen Verhältnissen ist er deshalb der wahre Gott des Zelluloids, weil er kein Warenzeichen der Konsumwelt und der Multiplexe ist, eben der wirkliche *Indian Superstar*, einer, für den in vielen Familien immer ein extra Bananenblatt mit Speisen zu den Mahlzeiten aufgelegt wird.

Endlich im Kino zerreißt es Alma fast die Ohren. Die Gesänge der Fans im Freudentaumel dröhnen durch die Riesenhalle. Bestimmt 1.000 Menschen sind hier versammelt, die Luft scheint zu glühen.

»Hey!« Alma rüttelt an Karthiks Arm. »*What's that!?*«

Ein Hund, einer dieser gelben Straßenköter, flitzt durch den Mittelgang.

Karthik lacht. »*No problem!*«, und mit einem Zwinkern: »Ist doch klar, dieser Hund war in seinem vorigen Leben ein Filmverrückter. Jetzt lebt er ein Hundeleben in einem Filmtheater und wird deshalb in seinem nächsten Leben, *hundert per cent*, ein Filmstar sein. *That's the way it works in India!*«

Das Licht geht aus und mit erdbebenartigen Wellen setzt der Sound ein und löst einen gemeinschaftlichen Schrei aus. Hunderte springen von ihren Sitzen und stoßen die Arme in die Luft. Vor der Leinwand erkennt Alma die Schatten von Jungs, die ekstatisch tanzen und aus den vorderen Reihen zu immer wilderen Wirbeln angefeuert werden. Jetzt! Der Held erscheint im Bild. »Raaaajniii! Raaajniii!« Es regnet Münzen auf die Leinwand. Und dann tanzt er, kämpft er und Wunder über Wunder, das Haus stürzt nicht ein, es hält dem Tsunami, den er entfesselt, stand. Alma, die von dem Tosen am ganzen Körper wie von Brechern am Strand ergriffen wird, hört sich mitsingen, schüttelt die Arme, klatscht, dass ihre Handflächen brennen, und pfeift, bis ihr die Luft wegbleibt.

Intermission. Pause.

Alma rüttelt Karthik an den Schultern: »*That's great!* Hoch lebe Rajnikant! *He is a giant!*«

Bescheiden wackelt Karthik mit dem Kopf und strahlt wie tausend Sonnen. Was für eine Achterbahnfahrt! Alma hebt die durchgeschwitzten Haare im Nacken an.

»*Coke?*«, fragt sie und greift in die Außentasche ihres kleinen Rucksacks, wo sie die Geldbörse verstaut hat. Sie erstarrt. Hektisch reißt sie die Klappe des Rucksacks auf und wühlt im Inneren – nichts.

Karthik schaut sie besorgt an.

»Weg.«

What's the problem?

»Den Geldbeutel im Gedränge in der Außentasche des Rucksacks zu verstauen, wie nachlässig, Alma! Da hättest du gleich ein Schild dran heften können: Bitte bedienen Sie sich! Ein Kinderspiel!«, ächzt Friedrich.

No problem – relax!

Trotz der großen Kluft zwischen Arm und Reich ist Indien ein sicheres Land für Reisende. Selbst in den übervölkerten Vierteln der Millionenstädte ist das Gewaltpotenzial sehr gering im Vergleich zu ähnlich geprägten Distrikten beispielsweise in amerikanischen Großstädten. Hinsichtlich Betrügereien und Diebstahl ist allerdings Vorsicht geboten.

Normalerweise sind Ihre Handtasche und Ihr Rucksack als Aufbewahrungsort für Ihr Geld und Ihre Reiseunterlagen angemessen. Vor allen Dingen aber im Gedränge der großen Städte, auf Bahnhöfen und Märkten sollten Sie Ihre Papiere und Ihr Geld ganz sicher bei sich tragen. Es empfehlen sich Brustbeutel oder Bauchgürtel, unter Ihrer Kleidung versteckt. Als praktisch erweist sich ein extra Geldbeutel, der mit kleinen Werten bestückt ist, wobei auch dieser an einer möglichst sicheren Stelle mitgeführt werden sollte. Auch ist es ratsam, Reisedokumente (Pass, Flugticket, Schutzbrief, Impfpass,

Notrufnummern bei Kartenverlusten, die Nummer der Botschaft) zu kopieren und an anderer Stelle im Gepäck zu verwahren. Am besten, Sie deponieren noch zusätzliche Kopien bei Freunden oder der Familie in der Heimat, dann können Sie sich die Papiere bei einem Totalverlust zufaxen lassen.

Wenn Sie einmal gezwungenermaßen verhältnismäßig viel Geld dabei haben, sollten Sie es auf keinen Fall zeigen. Wer bei Käufen im Basar oder am Ticketschalter große Scheine aufblättert, lenkt leicht die Aufmerksamkeit potenzieller Gauner auf sich, zumal an den Touristen-Hotspots richtige Netzwerke von Kleinkriminellen bestehen, die sich gegenseitig per Handy informieren. Auch mit Ihrer Kreditkarte sollten Sie vorsichtig umgehen und sie möglichst nicht aus der Hand geben.

Vertrauen ist gut – aber besser ist, Sie binden Ihr Kamel an!

30 PAARE? NO PROBLEM!

DENN DAS HERZ SPIELT VERRÜCKT[3]

Wie Spatzen auf einer Telefonleitung reihen sich die Paare auf der Kaimauer am Marine Drive, die Gesichter dem glutroten Sonnenball wie Gläubige dem Heiligen Gral zugewandt. Hinter ihnen auf dem Betonpfad am Ufer des Arabischen Meers Joggerinnen in Laufschuhen westlicher Labels, Pulks ärmlich gekleideter Jungen, die den schwitzenden Läuferinnen mit einem Kichern ausweichen, alte Männer in Gruppen, gestikulierend, debattierend, während die Paare, Schultern auf Millimeterabstand, Hände unter Jutetaschen oder *dupattas* (Schals) verborgen, unbeweglich verharren. Gleich wird die Dunkelheit hereinbrechen. Es ist die Zeit der glücklichen oder hoffnungslosen jungen Paare. Hier ist ihr Ort, wo sie sich weit entfernt von den dicht gedrängten Wohnquartieren und den wachsamen Augen der Familien zu unbeobachteten Begegnungen in flüchtiger Intimität zusammenfinden. Wo sie eine Berührung austauschen und vielleicht sogar einen Kuss auf die Wange wagen.

Alma, die mit Karthik mitten unter ihnen hockt, spürt Wellen verborgener Erotik und fragt sich unwillkürlich: Warum bin ich eigentlich hier? Die Frage kribbelt aufreizend in ihrem Nacken und

3 Wörtlich übersetzter Titel des Bollywood-Blockbusters »Dil to Pagal Hai« (1997) von Yash Chopra u.a. mit Shah Rukh Khan in der Rolle des Tänzers Rahul. Deutscher Verleihtitel: »Mein Herz spielt verrückt«.

elektrisiert ihre Ohrläppchen. Ein nervöses Kichern kitzelt ihre Lippen, während ihr Blick Karthiks ausgestrecktem Arm folgt, der den Bogen des Marine Drives beschreibt: »Chowpatty Beach, Malabar Hill, dort die Hängenden Gärten und gleich dahinter die Türme des Schweigens. Schau, die Geier am Himmel!«

Seine Hand senkt sich wie unabsichtlich auf Almas Schulter. Sie sieht ihm lächelnd ins Gesicht und nimmt den schönen Schwung seiner Nase wahr und unter den gesenkten Wimpern seine Augen, die wie polierter schwarzer Marmor glänzen und – au! Wie vom Blitz getroffen fahren beide auseinander. Hinter ihnen funkelt sie grimmig ein Polizist an. Breitbeinig wippt er auf den Ballen und klatscht den *lathi* (Bambusstock), mit dem er Alma den Hieb versetzt hat, drohend vor seinem über dem Uniformgürtel hängenden Bauch in die flache Hand. Mit einem Satz flankt Karthik auf den Gehweg und hebt abwehrend die Hände unter den Hammerschlägen der Worte aus dem Polizistenmund.

Alma spürt, wie ihr das Blut zu Kopf steigt. Wie bitte? Der hat sie geschlagen! Na warte! Sie springt von der Kaimauer und baut sich mit in die Hüften gestemmten Händen vor dem Polizisten auf: »He! ...«

Sie wird von Karthik mit einem gezischten *»Keep quiet!«* am Arm zurückgerissen.

Vor Wut schäumend beobachtet sie nun ein kurioses Ballett der Gesten: erste Hand greift in Hemdtasche, Kopfgewackel, Hände treffen sich, Handschlag, andere Hand verschwindet in Hosentasche, das Bambusstöckchen wedelt und scheucht einen imaginären Fliegenschwarm weg. Nach welchem Drehbuch wird hier denn gespielt?

What's the problem?

»Unglaublich, aber wahr, Alma, dieser Polizist hat nicht seiner persönlichen Missbilligung Ausdruck gegeben: Zärtlichkeiten zwischen Mann und Frau in der Öffentlichkeit gelten in Indien nicht nur als unschicklich, sie sind auch dem Gesetz nach ein Straftatbestand.«

Stellen Sie sich vor, als Richard Gere 2008 in Neu-Delhi während einer AIDS-Gala die indische Schauspielerin Shilpa Shetty auf die Wange küsste, wurde er wegen obszöner Handlungen in der Öffentlichkeit angeklagt. Es gibt tatsächlich ein Gesetz, das sich mit Fällen von *PDA* (*Public Display of Affection* – Öffentliche Zurschaustellung von Zärtlichkeiten) befasst, wobei willkürlichen Interpretationen, was als unanständig gilt, Tür und Tor geöffnet sind.

Viele Paare, die beim Austausch von Zärtlichkeiten geschnappt werden, scheuen keine Kosten, um nur ja nicht zur Polizeistation geschleppt zu werden. Traurige Berühmtheit erlangten nämlich Fälle, in denen Polizisten auf dem Revier den Mann verprügelt und die Frau vergewaltigt haben. Und unter dieser Angst auslösenden Drohung wittern die Polizisten ein einträgliches Geschäft, und Rupien wechseln den Besitzer. Es passiert ständig.

Abgesehen von der Strafbarkeit des Austauschs von Zärtlichkeiten in der Öffentlichkeit ist das Zurschaustellen von Zuneigung zwischen Paaren in Indien überhaupt verpönt. Jeglicher Körperkontakt zwischen Männern und Frauen wird in der Öffentlichkeit vermieden, selbst von verheirateten Paaren. Zuneigungsbekundungen gelten außerhalb der eigenen vier Wände als unschicklich, nicht einmal zu Hause vor der eigenen Familie oder vor Freunden sind sie zulässig. Intimität zwischen Paaren muss im Dunkeln bleiben.

No problem – relax!

Wenn uns auch die indischen Reaktionen als extrem prüde erscheinen mögen, so empfiehlt es sich doch, um unnötige Konflikte zu vermeiden, jedwede Zärtlichkeiten – ja, sogar Händchenhalten – in der Öffentlichkeit zu unterlassen.

Normalerweise sind Sie als touristisches Paar weniger in Gefahr vor polizeilicher Gewalt, dennoch gilt es, vorsichtig zu sein. Sicher bestand in Almas Fall eine verschärfte Situation, da es sich bei Karthik und ihr um ein gemischtfarbiges Paar handelte. Und sowohl indische Frauen, die mit westlichen Männern zusammen sind, als auch westliche Frauen mit einem indischen Mann als Begleiter werden als käuflich betrachtet und rechtfertigen in den Augen der Polizisten jedwede willkürliche Handlung, auch Gewalttätigkeiten. Auf alle Fälle rufen Zärtlichkeiten von Paaren in der Öffentlichkeit abfällige Blicke und Kommentare hervor und provozieren womöglich Handgreiflichkeiten durch rabiate Hindus, die sich durch diese »Unanständigkeit« in ihren Gefühlen verletzt sehen. Darüber hinaus ist zu beachten, dass ein westlicher Mann niemals eine fremde Inderin ansprechen sollte. Selbst die Frage nach dem Weg wird besser einem Mann gestellt. Und wichtig: Fremde Männer dürfen indischen Frauen keine Komplimente machen. Dies ist ein Privileg von Ehemännern und nahen Verwandten.

MOTHER INDIA'S TÖCHTER

Die Situation der indischen Frau ist genauso vielschichtig wie die Realität in anderen indischen Lebensbereichen. Paradoxerweise nehmen Frauen in dem Land, das mit Indira Gandhi weltweit eine der ersten Frauen im höchsten Regierungsamt sah, in der Gesellschaft trotz gesetzlicher Regelungen noch immer eine untergeordnete Rolle ein. Frauen der Mittelschicht dürfen heute studieren und außer Haus arbeiten, doch der Platz im öffentlichen Raum bleibt ihnen verwehrt, wird von den Männern beherrscht. Auf dem Land scheint man in ein anderes Jahrhundert zu blicken, dort werden Frauen noch vielfach als persönlicher Besitz des Mannes betrachtet und dementsprechend menschenunwürdig behandelt. Die Wurzeln der Benachteiligung reichen weit zurück in die Kultur und Geschichte des Hinduismus. Das vor mehr als 2.000 Jahren in den alten Schriften festgelegte Frauenbild prägt auch heute noch die weibliche Rolle in der Gesellschaft: Die Frau ist eine gehorsame Tochter und ihrem Ehemann eine treu ergebene Dienerin, die ihre Erfüllung in der Mutterschaft findet. So gelten Hausarbeit, Feldarbeit und Kindererziehung noch immer als die heiligsten Aufgaben der Frauen. Noch immer lernen viele Mädchen weder lesen noch schreiben, da jede Investition in ihre Bildung als Verlust angesehen wird.

Da eine Tochter meist als Belastung für die Familie angesehen wird, werden viele Mädchen gleich nach der Geburt getötet oder, wie in mittelständischen Kreisen üblich, abgetrieben, was dazu geführt hat, dass heute ein eklatanter Frauenmangel herrscht. »Ein Mädchen großzuziehen ist so, als würde man die Pflanzen im Garten seiner Nachbarn bewässern«, besagt ein indisches Sprichwort und verdeutlicht damit die Wertlosigkeit einer Tochter, die unter Aufwendung einer teuren Mitgift verheiratet werden muss und fortan nur noch im Haushalt des Ehemanns als Arbeitskraft zur Verfügung steht und für die Altersversorgung der eigenen Eltern ausfällt.

Die in unseren Augen himmelschreiende Benachteiligung der Frauen in Indien war nie ein politisch relevantes Thema, doch im Dezember 2012 hat die Gruppenvergewaltigung einer Studentin in einem Bus in Neu-Delhi im ganzen Land zu Massenprotesten geführt. Der Schock über die bestialische Tat hat ganz Indien erschüttert und eine moralische Revolte ausgelöst. Erstmals ging die Mittelschicht auf die Straße, um gegen sexuelle Gewalt zu demonstrieren. Die Medien, zur Aufdeckung der Missstände entschlossen, machten endlich das Ausmaß der gesellschaftlich geduldeten Gewalt gegen Frauen im Dickicht polizeilicher Willkür, politischer Korruption und sozialer Ungerechtigkeit öffentlich. Die zum Teil übertriebene Berichterstattung in den westlichen Medien zu den immer neuen Vergewaltigungsfällen in Indien übersieht, dass Vergewaltigung kein indienspezifisches Problem ist, sondern ein globales Phänomen. Eine EU-Studie zeigt auf, dass 40 Prozent aller Frauen hier bei uns schon einmal Opfer von sexueller Gewalt wurden. In Indien, dem Land der sichtbaren Gegensätze, hat die rasche Modernisierung der Gesellschaft Widersprüche verschärft und Spannungen potenziert. Viele der jungen Männer ohne Perspektive empfinden moderne Frauen als Bedrohung und die Vergewaltigung mag ihnen beweisen, dass sie mächtig sind. Die Basis dieser Exzesse ist nach wie vor das patriarchalische Gesellschaftsgefüge, das nun erstmals in Indien ins öffentliche Bewusstsein gerückt wurde. Offenbart wurde in diesem Zusammenhang auch, dass Indiens brutales Kastensystem die Gesellschaft weiterhin bestimmt. Vergewaltigungen an Dalit-Frauen – ehemals sogenannte »Unberührbare«, die ganz unten in der Hierarchie stehen – wird laut Amnesty International als politisches Instrument eingesetzt.

Die neue Sensibilisierung in Indien für das Thema der Gewalt gegen Frauen und die verschärften Strafen für Vergewaltigung können jedoch nicht darüber hinwegtäuschen, dass es noch viel zu tun gibt. Für die Frauen hat sich im Alltag noch nicht viel verändert. Es ist ein langer Prozess und es wird möglicherweise mehrere Generationen dauern, ehe ein wirklicher Wandel einsetzt, bis sich in den Köpfen der Männer die Haltung gegenüber Frauen verändert. Die Politik ist gefordert, diesen Wandel zu beschleunigen, indem sie Frauen Zugang zu Bildung und wirtschaftlicher Unabhängigkeit ermöglicht, um ihnen einen sicheren Platz in der Gesellschaft zu garantieren. Seit den Ereignissen im Dezember 2012 formiert sich eine starke Frauenbewegung, die sogar die Dörfer erreicht. Die bekannteste Bewegung ist die 150.000 Frauen starke Anhängerschaft der Gulabi Gang – kenntlich an pinkfarbenen *(gulabi)* Saris, einer weder ethnisch noch religiös besetzten Farbe. Mit weitgehend gewaltfreien Protestaktionen fordern sie unbeeindruckt von partriarchalischen Strukturen und politischer Korruption Recht und Gerechtigkeit für Opfer von männlicher Gewalt.

Immer mehr Frauen in ganz Indien finden sich in Gruppen zusammen, entschlossen, das Gesetz, das die Gleichstellung garantiert, mit der Wirklichkeit in Einklang zu bringen und sich von ihrer traditionellen Rolle zu befreien. Erstmals geschieht es auch, dass Männer öffentlich die Forderungen der Frauen unterstützen. Sicher hält Indien, dieses riesige Land mit seinen uralten Traditionen, noch eine Menge Aufgaben und Arbeit für die Frauenbewegung bereit, bis ein tiefgreifender Wandel herbeigeführt werden kann – doch haben wir in Mitteleuropa dafür nicht auch eine geraume Zeit gebraucht?

31 KASTE? *NO PROBLEM!*

SCHATTENWESEN

Alma befühlt ihre eiskalten Lippen, während sie steifbeinig aus dem Bus steigt. Für Stunden ist sie nun schon mit Karthik und Sunil in einem Bus der Luxusklasse von Mumbai unterwegs nach Goa. *Polar Freezer* wäre ein passender Name für diese Tiefkühltruhe, grummelt Alma. Klimaanlage am Gefrierpunkt und die nachtaktive Spezies Bollywoodfilm in Gehör zerfetzender Lautstärke. Natürlich haben die beiden Jungs süß geschlafen, kurzärmlige T-Shirts – *no problem*. Alma, die zähneklappernd unter einem Baumwollschal kauerte, hat kein Auge zugetan. Bange Gedanken an ihren geschäftlichen Auftrag in Chennai hatten sich durch ihren Kopf gewälzt. Würde es ihr wirklich gelingen, inmitten all dieser Fremdartigkeit, die sie immer wieder bis in die Knochen verstört, die nötige Sicherheit aufzubringen, um mit den Geschäftspartnern auf Augenhöhe zu verhandeln?

Zur Pause treibt der Busfahrer seine Schäfchen mit aufmunternden Rufen hinüber zu einer von bunten Lichtern begrenzten Oase aus Hütten und Tischen. Die Nacht überfällt Alma mit heißem Atem, der wie ein belebender Elektroschock durch ihre erstarrten Glieder fährt. Froh strebt sie Licht und *chai* entgegen, Sunil und Karthik verschlafen im Schlepptau. Auf dem Weg zur Toilette stolpert sie fast über einen Berg blecherner Teller und einen kleinen Jungen, der daneben hockt.

»Was zum Teufel!«, stößt Alma aus. Es ist weit nach Mitternacht, und hier findet sie ein Kind, das sich an einem tröpfelnden Wasserhahn mit einer Wagenladung Blechgeschirr abrackert. Höchstens sieben oder acht Jahre alt der Kleine, magerer Hals, knöcherne Knie, die in die Luft ragen. Der Ausdruck des verschlossenen Kindergesichts, grau und erschöpft, schneidet Alma ins Herz. Ärger schießt in ihr hoch.

KINDERSKLAVEN

Indien ist das Land mit der weltweit höchsten Rate an Kinderarbeit. Nach Regierungsangaben müssen 13 Millionen Kinder zwischen fünf und 14 Jahren in Indien schuften. In Wirklichkeit jedoch, so schätzen Hilfsorganisationen, sind es mehr als 40 Millionen Kinder. Die indischen Gesetze erlauben Kinderarbeit in »nicht gefährlichen« Unternehmen und die Mithilfe im Familienbetrieb. Die meisten Eltern sind aus purer Existenznot auf die Arbeit ihrer Kinder angewiesen, auch wenn sie sie lieber zur Schule schicken würden. Die Kleinen arbeiten bis zu zwölf Stunden am Tag in Steinbrüchen, in der Streichholz- und Teppichindustrie, auf Baumwollfeldern, stellen Werkzeuge, Schmuck und Stickereien her oder schuften als Haushaltshilfen und in der Landwirtschaft. Oft leben schon Sechsjährige unter sklavenähnlichen Bedingungen als Knechte am Arbeitsplatz, um die Schulden ihrer Eltern beim Landbesitzer abzuarbeiten. Die Gewinnspanne in diesen Geschäften ist sehr hoch, da Kinder billig sind und für ihre Knochenjobs umgerechnet nur acht bis zehn Euro im Monat erhalten. Ein Vorteil, den sich auch einige deutsche und europäische (Mode-)Unternehmen nicht entgehen lassen, die ihre Produkte von indischen Kindern z. B. besticken lassen. Da die Kinderarbeit zu einem erhöhten Angebot an billigen Arbeitskräften führt, das die Löhne drückt, ist sie zugleich auch eine Ursache für die Armut der Eltern. Ein Teufelskreis.

Als Alma sich zu dem Kind hinunterbeugt, fährt es fort, mechanisch einen Teller mit Sand zu schrubben. Alma berührt seine

Schulter: »Hast du gegessen?« Sie macht die Geste mit drei Fingern zum Mund.

Langsam richtet sich der Blick des Kleinen auf Almas Gesicht, er wirkt wie in Trance. Alma fasst seinen Arm und zieht ihn vorsichtig hoch.

»Es ist schon spät, jetzt isst du erst mal ordentlich, die Arbeit kann warten«, plappert sie.

Er leistet keinen Widerstand und folgt ihr in Richtung der Tische mit den Gästen. So zart ist er, dass es sich für Alma anfühlt, als halte sie ein Hühnchen an der Hand. Alma schiebt den Jungen auf einen freien Platz. Aufgeschreckt, als ob das Kind mit Pestbeulen übersät wäre, rutschen die dort sitzenden Frauen zum äußersten Ende der Bank. Rund um den Tisch verstummen die Gespräche, Hände verharren vor Mündern, Augen starren. Alma glaubt, plötzlich Feindseligkeit in den Mienen der stummen Mitreisenden zu erkennen. Hilfesuchend schaut sie sich nach Sunil und Karthik um, die sie nirgends entdecken kann. Und da bemerkt sie den Mann, ein kurzbeiniger, bulliger Inder, die Augen zornig verengt, den Mund entschlossen zusammengepresst, der auf sie zustapft. Der kleine Junge duckt sich ängstlich, Alma sackt das Herz in die Hose. Verdammt, wo bleiben bloß Sunil und Karthik?

What's the problem?

»Riesiges Fettnäpfchen, Alma. Jedenfalls in den Augen vieler Inder. Du hast die Leute der Gefahr der Verunreinigung durch Körperkontakt mit einem ›Unberührbaren‹ ausgesetzt. Ein Kind in dieser erbärmlichen Position ist unabdingbar von allerniedrigster Kastenzugehörigkeit oder kastenlos, das weiß jeder am Tisch. Zusätzlich hast du praktisch ein Eigentumsdelikt begangen, indem du über den Besitz des Restaurantbetreibers verfügt hast, seinen Kindersklaven entführt und von der Arbeit abgehalten hast. Er hat ihn von den Eltern gekauft, und nun soll er auch für sein Geld schuften. Mit deiner spontanen und auch naiven Tat in der besten

Absicht, einem Kind zu helfen, hast du dich in die inneren Angelegenheiten der indischen Gesellschaft eingemischt, und das wird dir wirklich übel genommen. Bei aller Toleranz, das gesteht man dir als Ausländerin nicht zu. Mit deiner Tat hast du den Finger auf zwei obszöne gesellschaftliche Missstände gelegt: Kaste und Kinderarbeit. Und wie du dir vorstellen kannst, möchte niemand sich von Außenstehenden die Schwachpunkte seiner Gesellschaft vorführen lassen, oder, wenn er diese als gerechte Ordnung anerkennt, kritisiert sehen.

Und trotzdem: Bravo, Alma, dass du so mutig warst! Du hast dich in den Augen vieler Einheimischer ins Unrecht gesetzt, hast aber durch dein Tun auch ein Zeichen gesetzt für eine menschlichere Haltung. Nur was ist wirklich erreicht damit? Der Arbeitgeber ist wütend, und möglicherweise wird es das Kind ausbaden müssen. Und alles bleibt, wie es ist.«

Kaste und Kinderarbeit, das geht gegen alles, was uns in unserer Gesellschaft wert und teuer ist: Gleichheit und Menschlichkeit. Kein Wunder, dass wir zurückzucken, wenn wir auf die harsche indische Realität treffen. Das Problem ist ein tiefgreifendes gesellschaftliches, das sich nicht mit einer netten Geste lösen lässt, das wir als Außenstehende nicht einmal im Ansatz lösen können.

Das Kastenwesen, die dunkle Seite Indiens hinter dem Glanz eines hochtechnologischen, fortschrittlichen Landes, der größten Demokratie der Welt, ist noch immer, obwohl durch die Verfassung außer Kraft gesetzt, eine Realität. Es ist ein soziales Phänomen, das sichtbar wird in einem System der Ab- und Ausgrenzung und der hierarchischen Ordnung gesellschaftlicher Gruppen. Was als Kastendenken bezeichnet wird, durchdringt die gesamte Gesellschaft: Es bestimmt, wer zu den Ärmsten gehört, wer wen heiraten darf, wer mit einer Ausbildung und Beschäftigung rechnen kann, wer die Freiheit hat, seine Religion auszuüben, und wer Zugang zur medizinischen Versorgung hat.

Die für uns unverständliche mehrheitliche Akzeptanz des Kastenwesens ergibt sich daraus, dass dieses System in den Augen der indischen Bevölkerung aus religiösen Gründen gerechtfertigt ist. Nach einem 4.000 Jahre alten Gesetzesbuch gilt die Einteilung der Gesellschaft in vier herrschende Kasten, die sich in mehr als dreitausend Unterkasten aufteilen, bis heute. Die Nachfahren der drawidischen Ureinwohner wurden von den indoarischen Einwanderern und Eroberern in diesem System aus rassistischen Gründen als Unberührbare am untersten Ende der gesellschaftlichen Leiter eingestuft oder gänzlich ausgeschlossen. Heute zählen 240 Millionen Menschen und damit fast ein Viertel der indischen Bevölkerung zu dieser Gruppe.

Da der Kontakt mit diesen Menschen als verunreinigend gilt, muss er unbedingt vermieden werden. Unrechtmäßig nach indischer Gesetzgebung werden *Dalits* (siehe Infokasten unten) oft auch heute noch aus der Gesellschaft ausgeschlossen. Sie müssen in Siedlungen außerhalb der Dörfer leben und werden am Betreten von Tempeln oder an der Benutzung der Gemeinschaftsbrunnen gehindert. Extremisten gilt bereits ihr Anblick oder die Berührung durch ihren Schatten als verunreinigend. Immer wieder kommt es vor, dass radikale Hindus aus höheren Kasten Unberührbare beschimpfen, tätlich angreifen oder sogar töten, wenn diese absichtlich oder unabsichtlich gegen die Kastengrenzen verstoßen.

No problem – relax!

Kaste ist eines der wenigen Themen, bei dem Sie im Kontakt mit Einheimischen kein Verständnis, Entgegenkommen oder Nachsicht erwarten können. Wie verhalten wir uns angesichts dieser Realität angemessen? Vermeiden Sie zunächst einmal in Gesprächen das heiße Thema. Missionarischer Eifer, um die Einheimischen von der Verwerflichkeit des Kastensystems überzeugen zu wollen, wird Ihnen von vielen Indern als grobe Unhöflichkeit ausgelegt.

Wenn sie in der Frage der Kaste und der Kinderarbeit den Wunsch haben, etwas Positives zu tun, gibt es die Möglichkeit, sich einer vertrauenswürdigen Organisation zu verpflichten, die Kindern den Schulbesuch ermöglicht. Wie wir alle wissen, ist der einzige Ausweg aus der Falle der vorbestimmten materiellen wie auch mentalen Armut auf der ganzen Welt Bildung in Form von Schulbildung und Alphabetisierung. Für den Betrag von fünf Kaffee Latte monatlich ermöglichen Sie einem Kind den Schulbesuch, denn sie sorgen mit Ihrem Beitrag für Schuluniform, Bücher und Schreibmaterial. Sie befreien ein Kind aus dem Elend zerstörerischer Arbeit und ermöglichen diesem Kind auch zukünftig ein besseres Leben. Wenn wir davon ausgehen, dass die globale Vernetzung eine Realität ist, ist diese Hilfe zur Selbsthilfe ein konstruktiver Beitrag in unsere eigene Zukunft.

UNTOUCHABLE

Die »Unberührbaren« bezeichnen sich heute selbstbewusst als *Dalits* (die Niedergetretenen), ein Begriff, der von dem indischen Politiker und Anwalt Bhimrao Ramji Ambedkar (1891–1956) populär gemacht wurde, selbst ein Unberührbarer, dem es als einem der Ersten gelang, zu einem Universitätsstudium zugelassen zu werden, und der ihr Sprecher im Kampf um die Gleichberechtigung wurde. Der Begriff, den Gandhi für die Unberührbaren prägte, *Harijan* (Kinder Gottes), wurde von den Betroffenen immer als zu paternalistisch abgelehnt. In der indischen Verwaltung werden die *Dalits* als *Scheduled Castes/Classes* (gelistete Kasten/Klassen) oder auch als *Other Backward Castes/Classes* (andere unterentwickelte Kasten/Klassen) geführt. Im deutschen Sprachraum werden sie oft als Paria, Ausgestoßene, bezeichnet.

Obwohl sich in den letzten Jahren die soziale Stellung der Unberührbaren durch ein Quotensystem an Universitäten und in der Verwaltung verbessert hat, bleibt das meiste im Argen, da weiterhin die betreffenden Gesetze ignoriert werden. Vielleicht verbessert sich die Situation, wenn indische Unternehmen, die von einigen der reichsten Menschen der Welt geführt werden, der Aufforderung der Regierung nachkommen, Arbeitsplätze speziell für *Dalits* zu reservieren. Diese global agierenden Firmen sind inzwischen am ehesten sensibilisiert für das rückschrittlich-feudale und beschämende Image, das mit der Kastendiskriminierung einhergeht.

32 DRESSCODE? *NO PROBLEM!*

NACKTE TATSACHEN

Wie ein Grashüpfer in einer heißen Pfanne springt Alma über den Strand von Goa, bis sie aufatmend ihre Füße in den auslaufenden Wellen kühlen kann. Mittagszeit. Hitzeflimmernde Stunde. Jeder mit etwas Grips in der Birne bleibt im Schatten, schilt sich Alma in Gedanken. Doch seit sie vor einer Stunde mit Sunil und Karthik hier an diesem ländlich ruhigen Strand eingetroffen ist und sie mit viel Glück zwei Palmblatthütten ergattert haben, ist sie nicht mehr zu halten gewesen: Das Meer so nah! Eins, zwei, drei hatte sie ihren Bikini zugehakt und flitzte hinunter zum Wasser. Ja! Genau so hatte sie sich immer ein Südseeparadies vorgestellt: türkisblaue Weite, sanft in die Bucht rollende Wellen, der breite Sandstrand von Palmen gesäumt, unter denen sich Hütten im Schatten ducken.

Mit einem Sprung taucht Alma unter der ersten Welle hindurch, krault kräftig ausholend im glasklaren Wasser hinaus und lässt sich weit draußen auf dem Rücken wiegen. Als sie zum Ufer zurückschwimmt, erkennt sie unter den wenigen Menschen am Strand eine Gruppe, die sich langsam entlang der Wasserkante bewegt. Vorneweg zwei hellhaarige Badenixen in allerknappsten Bikinis und – wie ihre hochgezogenen Schultern signalisieren – eindeutig ziemlich verspannt. Dicht dahinter, wie ein Schwarm Möwen in Verfolgung eines Fischkutters, fünf, nein sechs junge Männer, die sich gegenseitig anrempeln, pfeifen und lachen. Oh verflixt!, durchzuckt es Alma. Ein *Eve-teasing*-Team in Aktion. Kein Tuch, kein Hemd ist zur Hand, wie kommt sie ungesehen zurück zur schützenden Hütte? Als der Trupp außer Sichtweite ist, beißt sie die Zähne zusammen und fliegt wie ein Pfeil über den glühenden Sand. Gerade als sie die Tür zu ihrer Hütte öffnet, kommt Karthik vom Duschplatz zurück, Wassertropfen glitzern auf seinen braunen Schultern.

»*Hoops!*«, mustert er sie von oben bis unten: »*Paradise Style?*«

Alma wirft ihm einen grimmigen Blick zu und knallt die Tür.

»Prüde Bande!«, zischt sie durch das Flechtwerk der Hüttenwand.

What's the problem?

»Tja, Alma, manchmal ist mehr dann doch mehr, wenn es um Kleidung geht, selbst im freizügigen Goa«, gibt Friedrich seinen Senf dazu. »Auch wenn du zwischen den Falten der Saris jede Menge Bauch und Taille sehen kannst, zu viel Haut ist ein echtes No-Go. Niemals solltest du auf die Idee kommen, deinen Bauch ohne Sari zu zeigen. Das ist, als gingest du in Slip und Büstenhalter Unter den Linden spazieren. Und ein Tipp für deinen Auftritt vor potenziellen Geschäftspartnern in Chennai: Je näher an den indischen Konventionen, desto besser.«

Tatsächlich ist Indien in Sachen Bekleidung ein konservatives, ja sogar prüdes Land, und das umso mehr, je ländlicher die Umgebung ist. Unangemessene Nacktheit wird immer unerwünschte Aufmerksamkeit auf sich ziehen, und für ihre entblößten Schultern kann eine Frau bereits als Prostituierte angesehen werden. Männer haben in diesem Kleidersittenkanon den leichteren Part und kommen bei Übertretung ohne soziale Ächtung davon. Doch auch sie können das indische Feingefühl mit unangemessener Kleidung verletzten: Im Schmuddellook mit billigen Klamotten oder kurzen Hosen – nur Schulkinder tragen solche – beleidigen sie das Empfinden für Stil und Angemessenheit. Denn jeder Inder, der es sich irgendwie leisten kann, setzt alles daran, ein gepflegtes, respektables Äußeres zu präsentieren.

PARADISE LOST

Goa, der kleine südwestindische Bundesstaat, lange Zeit ein Paradies für Hippies, Partytouristen und Sonnenanbeter, hat nach vermehrten Überfällen und Vergewaltigungen Verordnungen erlassen, um den Ruf eines Sex- und Drogen-Eldorados abzuschütteln. Die Regierung lässt inzwischen an Touristen Broschüren verteilen, die darüber informieren, dass Nacktheit am Strand und auf öffentlichen Plätzen streng verboten ist, und in denen zum Verzicht auf allzu textilfreie Kleidung aufgerufen wird. Zusätzlich wird die Werbung mit Frauen in Bikinis für Goas Strände verboten.

No problem – relax!

Als Fremde in Indien sind wir gut beraten, die kulturellen Gegebenheiten zu respektieren und die konservative Art der Bekleidung zu akzeptieren und zu übernehmen. Auch wenn die Mikrofähnchen, die Bollywoodsternchen in Filmen, in Werbeclips und bei öffentlichen Auftritten präsentieren, suggerieren, dass knapp, knapper, am knappsten en vogue ist, so gilt das nur für die Glitzerwelt des Films. Und das Ansehen dieser jungen Frauen ist auch dort entsprechend niedrig. Der gültige Dresscode für den Rest der Bevölkerung besagt: Ein zu kurzer Rock, nackte Schultern, Durchsichtiges, eng Anliegendes, Shorts oder ein tiefer Ausschnitt sind unschicklich, ja sogar anrüchig. Frauen, derart entblößt, werden von Inderinnen verächtliche Blicke einfangen und von Männern schnell als willige Beute eingeordnet.

Natürlich findet in den großen Metropolen eine gewisse Annäherung an westliche Modestandards statt – Frauen tragen Jeans oder Röcke –, jedoch sollten Männer wie Frauen auch hier ihre Beine bedeckt halten. Und selbst an Orten, wo Sie auf Massen von Touristen treffen, z. B. in Goa oder Kerala, und wo Sie ärmellos und mit kniekurzen Röcken auftauchen können, werden Sie immer lästiges Aufsehen erregen mit mehr Nacktheit. Inderinnen baden grundsätzlich nur voll bekleidet im Meer oder Pool, deshalb ist beim Sonnenbaden oder Schwimmen ein einteiliger Badeanzug angebracht und beim Kontakt mit Einheimischen darüber ein Sarong, ein Wickelrock, und ein Shirt. Beim Besuch eines Tempels, auch in Goa, ist es ohne Frage besonders wichtig, die Bekleidungsvorschriften zu beachten (siehe Episode 26, Seite 162).

Positive Aufmerksamkeit hingegen werden Sie von den Einheimischen erfahren, wenn Sie traditionelle indische Kleidung tragen, zum Beispiel einen *salvar kameez*, ein knielanges an den Seiten geschlitztes Hemd *(kameez)* über einer pludrigen Hose *(salvar)* plus Schal *(dupatta)* oder auch einen Sari. Indische Männer kleiden sich, ob sie nun Erdnüsse aus dem Bauchladen verkaufen oder hinter einem Bankschalter sitzen, generell korrekt mit einer langen Hose oder adretten Jeans und einem knitterfreien Hemd. In ländlichen Gegenden und kleinen Städten in Südindien ist der *lungi* oder das *veshti*, ein um die Hüfte geschlungenes knöchellanges Tuch, das traditionelle Kleidungsstück für Männer. Immer frisch gebügelt und mit einem sauberen Hemd sind Männer damit perfekt gekleidet – einheimische. Bei Touristen würde ein solcher Aufzug Erheiterung auslösen.

Als Botschafter unserer Länder, die wir in gewissem Sinne immer sind, scheint es nur recht und billig, wenn wir uns auch in puncto Kleidung von unserer Schokoladenseite zeigen. Und vielleicht stellen Sie nach einiger Zeit fest, dass die formelle Kleidung auch von Vorteil sein kann. In einem Land, in dem die Zumutungen durch Klima, soziale Unterschiede und Menschenmassen eine stete Belastung sind, hilft angemessene Bekleidung eine positive Distanz zu wahren und erleichtert so den entspannten Umgang miteinander.

33 AYURVEDA? *NO PROBLEM!*

IM REICH DER ÖLSARDINE

»Ayurveda Massage« verkündet das Schild vor dem Haus an der Dorfstraße nahe dem Strand. Alma lässt ihre Schultern kreisen. Ja, hier fühlt sie ein kleines Zwicken und dort ein Kneifen und überhaupt: Indien kann ganz schön anstrengend sein. Und bald schon will sie doch in Hochform sein, in Chennai bei ihren Businessterminen, um ihr aufgetragenes Ziel, eine möglichst perfekte Softwareentwicklung zu günstigen Preisen einzukaufen, zu erreichen. Warum nicht neue Energie tanken? Kurz entschlossen tritt sie durch den Perlenvorhang ins Haus. Im Dämmerlicht des fensterlosen Raums, konfrontiert mit zwei kichernden Frauen, vielen Gesten und wenig Englisch, entschließt sie sich spontan zu einer *Village Massage*, was auch immer das sein mag. Haben nicht gerade die einfachen Menschen, die noch in harmonischer Verbindung mit den Kräften der Natur stehen, den besten Zugang zu heilenden Energien? Flugs rollen die beiden Frauen, unablässig schnatternd, eine Reisstrohmatte auf dem Betonboden aus und präsentieren eine Flasche aus braunem Glas. Alma muss an der öligen Flüssigkeit schnuppern, die als *»best«* von irgendetwas gepriesen wird. Und obwohl sie einen Hauch Ranzigkeit wahrnimmt – Natur ist eben Natur –, nickt sie zustimmend, streckt sich auf der Matte aus und rutscht hin und her,

bis ihre Schulterblätter und ihr Steißbein eine möglichst druckfreie Position auf dem harten Boden gefunden haben.

Eine halbe Stunde und eine Halbliterflasche Öl später strebt Alma, Modell panierte Ölsardine, fetttriefend mit Placken von Sand an allen möglichen Körperstellen durch die Felder zu ihrer Hütte. Ihre Haare hängen schwer und ölgetränkt in dunklen Strähnen auf ihre Schultern und ihre Arme glänzen wie bei einem Spanferkel auf dem Grill. Wird das jemals wieder abgehen oder muss sie Terpentin besorgen? Hemd und Hose kleben am Körper, sie schüttelt sich.

Die beiden Frauen haben, links und rechts von ihr sitzend, ohne Methode und erkennbares Ziel Teiche von Öl auf ihr verrieben, eingeklopft und nach dem Zufallsprinzip an ausgewählten Körperteilen herumgeknetet. Beim Durchhecheln des Dorfklatschs verstärkte sich der Druck ihrer Hände auf Alma immer wieder schmerzhaft. Begeisterung über besonders pikante Einzelheiten zogen bekräftigende Schläge mit der flachen Hand nach sich. »*Listen ...*«, versuchte Alma den Redefluss zu unterbrechen. Keine Chance, die beiden waren in Fahrt, und sie selbst wohl zu einem Wäschestück mutiert. Und wen interessiert schon dessen Befinden? Schließlich fuhr Alma mit einem lauten »*rukh!*« (stopp!) dazwischen. Sie setzte sich stöhnend auf und rieb sich die schmerzenden Beine. Zwischen ihren Brauen spürte sie eine Falte – Kopfschmerzen im Anmarsch.

So viel also zu den Fähigkeiten der ach so weisen, naturbegabten Dörfler, grollte sie im Geheimen, als sie beim Bezahlen fettige Fingerabdrücke auf den Rupienscheinen hinterließ. Die wirkliche Fähigkeit besteht wohl vielmehr darin, für komplettes Unvermögen Touristen die *paise*, das Geld, abzuknöpfen.

Hastig zog sie sich an, und, bevor ihr von dem ranzigen Ölgeruch noch schlecht wurde, nix wie raus an die Luft!

What's the problem?

»Alma, hallo, du bist in Indien! Windige Geschäfte lauern hinter jeder Ecke. Stolperst sonnenverblendet in die *paise*-Falle. Im Ernst:

Gutgläubige Touristen wie du sind ein echtes Problem. *Village Massage!* Schau doch, wie sie die Wäschc im Dorf behandeln.«

Ayurveda ist seit einigen Jahren das Label, das Menschen im Westen neben Hightech und Bollywood am ehesten mit Indien verbinden. An Ayurveda, Yoga und Meditation knüpft sich unsere Hoffnung, Hilfe für einen harmonischen Weg im Leben zu erhalten. Und gewiss ist diese Dreieinigkeit ein Geschenk, wenn es seriös angeboten und sinnvoll genutzt wird. Da sich der Begriff Ayurveda blendend an die gestressten Westler verkaufen lässt, kommt so mancher Geschäftstüchtige auf die Idee, sich an diese Geldquelle dranzuhängen. Oft werden die Angebote nicht einmal in betrügerischer Absicht gemacht. Denn Sie müssen wissen, dass Inder alles können, nein, genauer: Sie können alles sogar besser. Schreibtischeulen werden innerhalb von vier Wochen zum zertifizierten Yogalehrer ausgebildet, wer die Entertaste trifft, erklärt sich zum Computer-Ass, beim Anblick eines Ausländers verwandelt sich ein Getränkeverkäufer, der zehn englische Begriffe beherrscht, in einen Reiseführer. Und keine Frage, es gibt massenhaft hoch befähigte Leute in allen Bereichen und eben auch unter den vielen, vielen Menschen viele, die keine realistische Selbstwahrnehmung haben und deren falsches Bild auch niemand korrigiert. »Na klar können wir Massage, haben wir nicht Hände und Öl? Und wenn es Ayurveda sein muss, na bitte, dann heißt das eben so – *no problem!*«

AYURVEDA

»Das Wissen vom Leben« ist Indiens traditionelle ganzheitliche Heilkunde, die seit über 5.000 Jahren praktiziert wird. Ziel der ayurvedischen Heilkunst ist es, das Körpersystem durch die Harmonisierung von Körper, Geist und Seele, also durch eine ausbalancierte Lebensenergie, in die Lage zu versetzen, seine Selbstheilungskräfte zu aktivieren und zu stärken.

Die Behandlungen beinhalten Ölmassagen, Entschlackungs- und Reinigungsprogramme, einen individuellen Speiseplan, ayurvedische Arzneimittel und ein Yogaprogramm. Ein individueller Therapieplan wird auf der Grundlage einer umfangreichen Voruntersuchung erstellt. Daraus folgt eine auf persönliche Bedürfnisse abgestimmte Behandlung, die den Menschen in seiner ganzen individuellen Komplexität wahrnimmt, ihn verwöhnt und die sowohl dem Körper als auch Geist und Seele guttut.

No problem – relax!

Wenn Sie ernsthaft an Ayurveda interessiert sind, sollten Sie am besten von zu Hause aus eine Kur buchen, bei einem Reisevermittler, der damit Erfahrung hat. Zu bunt und unübersichtlich ist das Angebot, auf das Sie in Indien treffen. Wenn Sie hingegen vor Ort nur mal reinschnuppern wollen, lassen Sie sich von Leuten, denen Sie vertrauen, ein Institut empfehlen. Für authentische Ayurveda-Kuren ist Kerala, Ursprungsland des Ayurveda, als Ziel bestens geeignet. Da Ayurveda seine heilende Wirkung erst ab einer Anwendung von 14 Tagen entfaltet und eine Originalkur 48 Tage umfasst, sollten Sie unbedingt Zeit dafür mitbringen.

34 DROGEN? *NO PROBLEM!*

MITGEGANGEN, MITGEHANGEN

Mit Donnergetöse brechen sie aus dem Unterholz. Ein Rudel wilder Gesellen jagt auf Rajdoots, klassischen indischen Motorrädern, vorbei, zerrissene Tanktops, ausgefranste Jeans, Rastalocken, flatternde Haarbänder, die Bräute mit wehenden Mähnen und fliegenden Röcken auf dem Sozius.

»Hippies? Real Hippies?« Begeisterung leuchtet in Karthiks und Sunils Gesichtern auf – Forscher, die gerade ein Einhorn in freier Wildbahn entdeckt haben.

»Ja, bestimmt«, lacht Alma. »Wir haben das Reservat erreicht, Männer. Mir nach!«

Sie kickstarten ihre Motorroller und steuern durch die sich langsam senkende gelbe Staubwolke den Feldweg hinunter in Richtung Geheimtipp: originaler Goa-Strand. Alma, die sich aufgekratzt fühlt wie ein Schulkind zu Beginn der Ferien, gibt Gas und malträtiert die Hupe. Wenig später landen sie in einem wahren Disneyland-Goa, malerisch bunte Hütten, geheimnisvolle Skulpturen, bemalte Steine, und hinter jeder Palme singt Bob Marley. Am Strand werden sie von einer Gruppe junger Männer und Frauen, buntgefiederten Exemplaren unter einer Sonnenplane, lässig mit *»shanti, shanti«* (Friede) begrüßt, dazu das Victoryzeichen: »Tel Aviv!«.

»Berlin!«, grüßt Alma nach kurzem Stutzen mit dem V zurück, folgt der einladenden Geste und lässt sich im Kreis nieder. Karthik und Sunil bleiben zurück.

Mit der jungen Israelin neben ihr, die gerade ihren zweijährigen Militärdienst beendet hat, kommt Alma schnell in ein lebhaftes Gespräch. Wie entspannt sie wirkt. Wenig später taucht ein *chillum* in der Runde auf, ein nahezu unterarmlanges, kegelförmiges Tonrohr zum Kiffen. Alma kann ein Grinsen kaum unterdrücken. Je fetter der Joint, desto größer die Coolness, scheint der Subtext zu sein. Als die Riesentüte bei Alma anlangt, reicht sie sie weiter. »Nein, danke. Sorry«, sie muss noch zurückfahren.

Sie schaut sich nach Karthik und Sunil um und sieht die beiden mit einer *lassi* in der Hand von Weitem die Szene beobachten. Wissen die, was in ihrem Getränk wirklich drin ist?

What's the problem?

»Das war mal wieder knapp, Alma, Alma«, stöhnt Friedrich auf. »Rauchen oder nicht rauchen, Stoff haben oder nicht haben – das ist hier nicht die Frage. In solch einer Runde wirst du bei einer der häufig durchgeführten Razzien einfach eingesackt und darfst Bekanntschaft mit den unwirtlichen, überfüllten indischen Gefängnissen machen. Das idyllische Chill-out war praktisch mit Dynamit unterlegt, hochgefährlich.«

Das indische Drogengesetz sieht für Haschisch-*(charas-)*Besitz bis zu sieben Jahren Gefängnis vor. Auch der Besitz kleinster Mengen ist verboten und wird mit Haftstrafen geahndet. Einzig für *sadhus* (siehe Episode 10, Seite 73) ist der Genuss von Drogen als Bestandteil ihrer religiösen Praxis erlaubt. Auch wenn in manchen Gegenden noch öffentlich gekifft wird, sind Razzien an der Tagesordnung, und die Behörden fahren zunehmend eine Null-Toleranz-Linie. Und natürlich bilden die drakonischen Strafen als Druckmittel eine gute Geschäftsgrundlage für korrupte Polizisten, denn dann handelt es sich nicht mehr um Rupien, sondern um Dollar und Euro jenseits der Tausendergrenze.

Bhang, auch ein Cannabisprodukt mit einem vergleichsweise geringen psychoaktiven Wirkstoffanteil, kann man in einigen Bundesstaaten in von der Regierung autorisierten *bhang*-Shops kaufen. Häufig wird es als *bhang lassi* getrunken, traditionell zu *Holi*, dem indischen Frühlingsfest.

No problem – relax!

Es empfiehlt sich, die Finger von *charas* (Haschisch) oder *ganja* (Marihuana) sowie erst recht von harten Drogen zu lassen, wenn einem die eigene Freiheit lieb ist. Auch das legale *bhang* ist möglicherweise für sensiblere Naturen zu starker Tobak und sollte mit Vorsicht genossen werden. Nach Deutschland eingeführt fällt es, obwohl in Indien legal, unter das Betäubungsmittelgesetz.

Der Alkoholkonsum ist in Indien weit weniger akzeptiert als in westlichen Ländern. Im Hinduismus werden alle Drogen abgelehnt. Viele Inder trinken nie Alkohol, daher ist es ratsam, als Ausländer im Sinne eines unbelasteten Zusammenseins Alkohol in der Öffentlichkeit nur sehr dezent zu konsumieren. In der sogenannten Unterschicht ist der Alkoholmissbrauch, vor allem der Männer in Form von billigem, illegal gebranntem Fusel, ein weitverbreitetes Problem mit verheerenden Folgen für die Familien. Alkoholische Getränke kann man nur in wenigen, von der Regierung lizenzierten Läden kaufen, und zwar ausschließlich lokale Produkte. An bestimmten Feiertagen, den sogenannten *Dry Days*, wozu unter anderem Gandhis Geburtstag am 2. Oktober zählt, ist auch dort kein Bier, Wein oder Hochprozentiges erhältlich. In den großen Hotels, den teuren Restaurants und Bars der Städte werden zu entsprechend hohen Preisen auch westliche Produkte angeboten.

Rauchen ist seit Oktober 2008 in öffentlichen Gebäuden verboten. Das gilt auch für Restaurants und Hotels sowie für Kinos, Schulen, Busse und Züge. Rauchende und Alkohol trinkende Frauen haben übrigens, besonders in der Mittelklasse, einmal mehr den schwarzen Peter – sie gelten als anrüchig.

35 RESPEKT (2)? *NO PROBLEM!*

ALTER VOR SCHÖNHEIT

Almas Ohren summen, tamilische Wortsprenkel schwirren durch den weitläufigen Raum. Menschen stehen dicht an dicht in kleinen Gruppen beieinander, Inder in eleganten Anzügen oder traditionellen, cremefarben schimmernden *veshtis*, seidigen Hemden, fein gefaltete Tücher über eine Schulter gelegt, Frauen in kostbaren Saris, reichlich mit Gold geschmückt. Der Empfang im Fünf-Sterne-Hotel *Karamandel Taj* von Chennai ist ohne Zweifel ein gesellschaftliches Highlight. Alma fühlt sich ein wenig unsicher unter den vielen fremden Menschen und in ihrem Leinenanzug fehl am Platz. Gestern erst ist sie direkt von ihrer Goa-Robinsonade hier in Chennai eingeflogen, und die Millionenstadt ist wie ein Tornado über sie hereingebrochen, wirbelte sie herum, um sie heute hier auf spiegelnden Marmorböden wieder abzusetzen.

Noch ein wenig schwindelig reibt sie sich die Stirn, um sich auf ihren Gesprächspartner zu konzentrieren. Sie neigt sich dem rundlichen Inder mit dem Die-Sonne-geht-auf-Lächeln zu, der ihr sofort nach der Vorstellung seine Visitenkarte gereicht hat. Während Alma die Karte dankend in einem Seitenfach ihrer Handtasche verstaut, nimmt sie aus dem Augenwinkel die imposante Gestalt eines Mannes wahr, der, eine weiße Mähne über dem stolz erhobenen Haupt, die Menschenansammlung durchschreitet. Natürlich, da ist er! Professor J. Simbarassanam vom Indian Institute of Science. Er nickt nach allen Seiten, lächelt, wendet sich hier und dort jemandem zu, schüttelt Hände. Alma durchflutet Erleichterung. Endlich ein bekanntes Gesicht!

Er war es, der seine Verbindungen hat spielen lassen, der ihr die Tür geöffnet hat für das Zusammentreffen mit Vertretern wichtiger indischer Unternehmen. Letztes Jahr im November traf sie ihn in Berlin bei einem Empfang für eine indische Delegation. Sie erhoffte sich von jener Veranstaltung einen Kontakt zu den besten indischen Softwareentwicklern, um für das deutsche Unternehmen, für das sie als Projektleiterin arbeitet, neue Systemlösungen einzukaufen. Beeindruckt von seiner freundlichen, offenen Art fiel es Alma leicht, mit dem Professor ins Gespräch zu kommen, und noch lange nach der offiziellen Beendigung des Empfangs unterhielten sie sich angeregt und lachten dabei viel. Ein unkompliziertes Treffen in herzlicher Atmosphäre. Und tatsächlich machte Professor J. Simbarassanam keine leeren Versprechungen. Schon bald erhielt Alma die Einladung für eine Präsentation vor Unternehmern in Chennai. Und nun ist sie hier. Das hat sie ihm zu verdanken.

Als er sich ihr nähert, tritt Alma vor und geht mit einem strahlenden Lächeln auf ihn zu, beinahe hätte sie die Arme ausgebreitet, so erfreut und dankbar ist sie. Als sie seine Hand fasst, entzieht er sie ihr schnell wieder, grüßt sie lächelnd mit der *namaste*-Geste, richtet einige freundliche Sätze an sie und schon geht er weiter. Alma schaut ihm verstört nach. Was war das denn?

What's the Problem?

»Auweia, Alma, holterdiepolter in den Porzellanladen gestolpert«, seufzt Friedrich. »Hier hast du eine unsichtbare, aber sehr sensible Grenze überschritten, das in Stein gemeißelte Gesetz der hierarchischen Ordnung. Deine Frische und Direktheit mögen dir auf dem Empfang in Berlin die Türen zu diesem Kontakt geöffnet haben, doch dies hier ist Indien, ein völlig anderes gesellschaftliches

Setting. Hier sind mit der gesellschaftlichen Stellung einer Autoritätsperson strenge Rollen- und Verhaltenserwartungen verbunden. Jetzt, zu Hause, eingeholt von den Konventionen, ist dein freundlicher Förderer als bekannter Professor mit Macht und Einfluss Teil des hierarchischen Systems und somit in ein enges Korsett geschnürt. Seiner herausragenden Rolle steht ein freundschaftlicher Umgang auf Augenhöhe mit jemandem – sorry – so Unbedeutendem, wie du es in diesem Rahmen darstellst, entschieden entgegen und könnte unerwünschten Interpretationen Tür und Tor öffnen sowie Autoritätsverlust zur Folge haben. Deine Verwirrung ist verständlich, wäre ein solches Verhalten bei uns doch sehr brüskierend, geradezu beleidigend. Du kannst dir sicher sein, es ist nichts Persönliches, sondern voll und ganz der gesellschaftlichen Situation geschuldet. Bestimmt wird es bald eine Gelegenheit zum Gespräch in privaterem Rahmen geben.«

Und die übereilte Begrüßung war nicht Almas einziges Fettnäpfchen an diesem Abend. Noch ein anderer Mann fühlte sich auf den Schlips getreten: Almas freundlicher Gesprächspartner versteht die Welt nicht mehr. Diese nette Dame hat tatsächlich seine Visitenkarte ohne einen Blick darauf zu werfen achtlos weggesteckt? Womöglich landet sie sogar in einem Papierkorb? Das kränkt ihn wirklich. Und hier kann Almas, auch im Westen ansatzweise als unhöflich empfundene Art des Umgangs, nur damit begründet werden, dass Sie von der gesamten Situation komplett überfordert war.

No problem – relax!

Indien ist in allen Lebensbereichen eine durch und durch hierarchisch strukturierte Gesellschaft. Obwohl politisch eine Demokratie hat sich das demokratische Prinzip im gesellschaftlichen Leben bisher nicht etablieren können. Inder wissen von klein auf, indem sie den Forderungen und Launen der Autoritäten in ihrer Familie nachgeben müssen, welches ihr Platz in der Familienhierarchie ist, welche Rechte und Pflichten sie haben.

Als hierarchisch-paternalistisches Prinzip, geprägt durch Tradition und Religion, zeigt sich das in der Familie gelernte Verhaltensmuster in allen gesellschaftlichen Bereichen, insbesondere in Dorfgemeinschaften, Bildungseinrichtungen und in der Arbeitswelt. Alle, sowohl einzelne Menschen als auch Gruppen, sind eingebunden in ein Rankingsystem, das sich an verschiedenen Parametern wie Kaste, Geschlecht, Religion, Amt und Vermögen orientiert. Innerhalb dieser hierarchischen Gesellschaftsordnung ist die soziale Stellung des Einzelnen genau festgelegt, jeder kennt seinen Platz und den des anderen, akzeptiert ihn und handelt danach. Autoritätspersonen werden hoch geschätzt, ihnen wird großer Respekt entgegengebracht. Dieses tief verwurzelte rollenkonforme Verhalten dient dem Wunsch nach störungsfreiem Funktionieren der Gesellschaft.

Besonders in der Arbeits- und Geschäftswelt hat die hierarchische Struktur große Bedeutung. Der Chef ist ohne Frage die höchste Autorität, von ihm werden sowohl Führungsstärke als auch ein väterlich-fürsorgliches Verhalten erwartet. Untergebene und Angestellte bringen ihm dafür absolute Loyalität und Gehorsam entgegen. Da der Chef alle Entscheidungen alleine fällt und auch die alleinige Verantwortung trägt, sollten Sie genau wissen, wer die Schlüsselposition innehat, wenn Sie geschäftlich mit Indern zu tun haben, um Entscheidungen vorantreiben zu können.

In allen Situationen sollten Sie stets berücksichtigen, dass ranghohe Personen unbedingten Respekt verlangen, der sich in einem angemessenen Verhalten ihnen gegenüber zeigt.

IM KONTAKT MIT RESPEKTPERSONEN

Begrüßung: Wenn Sie mit Offiziellen zusammentreffen, ist spontanes Händeschütteln nicht angebracht. Warten Sie ab, ob Ihr Gegenüber von sich aus die Hand zum Gruß anbietet. Ansonsten reicht ein leichtes Nicken. Höflichkeit und Respekt vor älteren Menschen spielen in der indischen Kultur eine wesentliche Rolle, deshalb sollten Sie Ältere auf die typisch indische Art ehrerbietig mit der *namaste*-Geste grüßen. Dazu führen Sie Ihre Handflächen zusammen und berühren nahe am Herzen die Brust, wobei sich Ihr Kopf gleichzeitig leicht senkt. Auch einer indischen Frau sollten Sie nur dann die Hand reichen, wenn sie von sich aus diese Begrüßungsform wählt. Geschäftspartner können Sie wie bei uns per Handschlag begrüßen. Wenn Sie auf eine Gruppe treffen, so reicht es aus, allen kurz mit einem *namaste* zuzunicken.

Sich bedanken: Wenn Sie in den Begegnungen europäische Höflichkeitsfloskeln wie »bitte«, »danke« oder »entschuldigen Sie, bitte« vermissen, so handelt es sich dabei nicht um Unhöflichkeit Ihnen gegenüber – diese Floskeln sind in Indien nicht üblich. Stattdessen werden Sie oft ein freundliches Nicken oder ein breites Lächeln erhalten. Sie selbst sollten sich auch nicht zu überschwänglich bedanken, das wirkt befremdlich. Halten Sie es wie die Inder: Lächeln Sie!

Augenkontakt: Während eines Gesprächs kann direkter Augenkontakt als aufdringlich empfunden werden. Es gilt als respektvoll, gegenüber älteren, höhergestellten, nicht verwandten Personen und Personen des anderen Geschlechts in Gesprächen den Augenkontakt zu vermeiden.

Visitenkarten: Achten Sie darauf, Visitenkarten, die immer unmittelbar nach der Begrüßung ausgetauscht werden, mit der gebotenen Aufmerksamkeit zu studieren, wie es auch Ihr Gegenüber mit der Ihren tun wird. Visitenkarten, sozusagen der schriftliche Beweis des Kontakts, sind enorm wichtig in Indiens Geschäftswelt. Rüsten Sie sich mit ausreichend Karten aus, da diese gerne auch im privaten Rahmen ausgetauscht werden. Achten Sie darauf, die Karte nur mit der rechten Hand anzunehmen und Ihre ebenso weiterzugeben, da die linke Hand als unrein gilt. Graben Sie möglichst jeden Titel und jede Position in Verbänden oder Gesellschaften aus, die Sie je erworben haben, und drucken Sie sie auf Ihre Karte. Inder sind sehr statusbewusst, und ihr Respekt vor Ihnen wird mit jeder Nennung auf Ihrer Karte höher steigen.

Im Geschäftsleben sollten Sie Ihr Gegenüber immer mit dem **Nachnamen** und dem vorangestellten *Mister/Miss* bzw. im Norden mit *Sri/Srimathi* und im Süden mit *Thiru/Thirumathi* ansprechen und niemals den **Titel** mit angefügtem Namen vergessen!

Auch wenn es Ihnen vielleicht schwierig erscheint, den Respekt-Autorität-Hierarchie-Fettnäpfchen zu entkommen, seien Sie versichert, das klingt alles komplizierter als es ist. Wie auch in anderen Situationen haben Sie als Ausländer eine gewisse Narrenfreiheit. Zudem sind Inder sehr feinfühlig und können einschätzen, aus welcher Haltung heraus ein Ausrutscher in Fragen des Respekts geschieht: aus Unsicherheit oder aus Geringschätzung. Bleiben Sie entspannt und abwartend, so können Sie am leichtesten erkennen, was die jeweilige Situation erfordert.

INTERVIEW: DEUTSCH-INDISCHE WIRTSCHAFTLICHE ZUSAMMENARBEIT

Die indische Wirtschaft schreibt seit Beginn der Liberalisierung im Jahr 1991 eine Erfolgsgeschichte: Sieben Prozent Wirtschaftswachstum werden im Finanzjahr 2018/19 erwartet. Spitzenreiter sind Biotech und Pharmazie.

Deutschland ist heute Indiens größter Handelsparter in Europa (Bundesministerium für Wirtschaft 3/2018). Mehr als 1.600 deutsche Unternehmen sind in Indien aktiv – in einem der größten Wachstumsmärkte der Welt.

Andreas Waldraff berät indische Unternehmen bei ihrer Geschäftsentwicklung in Deutschland und Europa, führt Trainings für indische Unternehmen durch und ist Chairman des German Indian Round Table.

Herr Waldraff, wie eng sind die Wirtschaftsbeziehungen zwischen Indien und Deutschland aktuell?

Themen wie Umwelt, Energieversorgung oder Gesundheit bewegen beide Länder. Indien ist in ökologischer Hinsicht durchaus erfolgreich und hochgradig engagiert, auch wenn der Augenschein ausländische Besucher täuschen mag. Gerade auf diesen Gebieten sind auch kleinere deutsche Unternehmen und Ingenieurbüros gern gesehene Partner. Ihnen stehen alle Türen offen, ihre Ideen und Produkte zum gegenseitigen Nutzen einzubringen.

In Indien strömen jedes Jahr zwölf Millionen junge Leute auf den Arbeitsmarkt. Welches Potenzial sehen Sie darin für deutsche Unternehmen?

Wer als Unternehmer nach Indien kommt, wird sehr rasch feststellen, dass es an geeigneten Mitarbeitern mangelt trotz der großen Zahl junger Menschen, die Arbeit suchen. Das hängt damit zusammen, dass für die Berufsausbildung in Indien nur wenig differenzierte Konzepte und Kapazitäten zur Verfügung stehen. Ich sehe die Verbesserung der beruflichen Ausbildung als eine der zurzeit dominanten Herausforderungen für den wirtschaftlichen Erfolg Indiens an. Es gibt eine wachsende Zahl von Beispielen deutsch-indischer Zusammenarbeit auf diesem Sektor. So hat die deutsch-indische Handelskammer Pionierarbeit geleistet und bietet seit vielen Jahren Berufsabschlüsse nach dem dualen System an.

Wie unterstützt die Bundesregierung die wirtschaftliche Zusammenarbeit mit Indien?

Die wirtschaftliche und technologische Zusammenarbeit zwischen Deutschland und Indien wird seit langem von einer großen Zahl von Einrichtungen gefördert und vorangebracht. Hinzu kommen die vielen Projekte, die von der deutschen Regierung unterstützt und anteilig finanziert werden, und zwar mehrheitlich über die Deutsche

Gesellschaft für Internationale Zusammenarbeit (*GIZ*). Allerdings können diese Beispiele nicht darüber hinwegtäuschen, dass das generelle deutsche Interesse an Indien und Indiens Wirtschaft dem tatsächlichen Potenzial noch nicht entsprechen.

36 SPRACHE? *NO PROBLEM!*

BABYLONISCHE ZUSTÄNDE

Alma stützt die Arme auf den Konferenztisch und lässt ihren Blick wandern. Ihren Vortrag vor indischen Geschäftsleuten würde sie »indisch« begehen. Sie hat ihr scheinbar unentbehrliches weißes Kostüm noch nicht einmal aus dem Koffer genommen, ihre Kleidungslektion hat sie gelernt. Hier steht sie nun im traditionellen *salvar kameez »peacock blue«*, also in leuchtendem Pfauenblau. Die *dupatta,* der klassische Schal, kommt ihr gerade recht, denn wie gewöhnlich weht der eisige Luftzug der Klimaanlage durch den Raum. Trotzdem spürt Alma Schweißperlen vom Haaransatz zu den Ohren rinnen. Ist sie aufgeregt? Ja, sie schluckt, ist sie. Zwanzig dunkle Augenpaare sind erwartungsvoll auf sie gerichtet, jeder Platz am Konferenztisch ist besetzt. Sie legt die rechte Hand auf ihr Manuskript. Lange hat sie an den Fakten und Argumenten gefeilt, ihr Englisch poliert, sie hat sogar schon davon geträumt. Jetzt braucht sie die Seiten nicht einmal mehr aufzuschlagen. Sie will diese Menschen ganz direkt erreichen, sie für ihre Firma einnehmen, um sie zu einer Zusammenarbeit zu motivieren und das bestmögliche Angebot einzufahren. Die Powerpoint-Präsentation steht.

Als sie anfängt zu sprechen, rutscht ihre Stimme eine Oktave tiefer, sie räuspert sich, spricht erst stockend, dann leichter und flüssiger. Ja, sie spürt, während sie in die Gesichter der Zuhörer schaut, wie sie selbst immer neugieriger auf eine Zusammenarbeit wird, mehr verstehen will von dieser fremden Kultur, Anstöße für neues frisches Denken durch den Kontakt mit der Andersartigkeit erfahren will.

Nun ist sie richtig in Schwung, scherzt, lächelt – als plötzlich ein Klicken an ihre Ohren dringt. Irritiert sieht sie links von sich eine ältere Lady mit streng nach hinten gebundenen Haaren, die mit dem Ende ihres Bleistifts energisch auf den Tisch klopft. Alma hält inne. Die Dame richtet den Stift auf sie und jedes Wort stößt sie mit einem Stich ihres Stiftes betonend in die Stille: »*Would you please INDIANIZE your English!*«

»Äh ...« Alma wird bewusst, dass ihr Mund offen steht. Sie fühlt ihre Wangen heiß und ihre Handflächen feucht werden, ihre Schultern spannen sich. Drüben in der Spiegelung des Fensters sieht sie sich: ein einziges Fragezeichen in *peacock blue.*

What's the problem?

»Hoppla«, stutzt Friedrich, »das ist für indische Verhältnisse ungewöhnlich direkt. Wo liegt denn hier der Hase im Pfeffer? Einen Hinweis könnte das ›*indianize*‹ geben – etwas ›verindischen‹. Das ist reinstes Hinglisch (siehe Kasten am Kapitelende). Vielleicht wünschte sich die Lady den Vortrag unterhaltsamer, näher am indischen Alltag, flotter, lebendiger? Möglicherweise haben aber auch deine amerikanische Ausdrucksweise und dein Akzent, Erbe deines Studienaufenthaltes in den Staaten, ihr Missfallen erregt. Inder, geschult an britischem Englisch, haben damit manchmal Probleme. Gut, dass du nicht in Australien studiert hast!

Auch die Powerpoint-Präsentation könnte ein Stolperstein gewesen sein. Obwohl diese Form der Darbietung in Indien inzwischen sehr geläufig ist, ist es oft sinnvoll, einen präziser ausgearbeiteten Vortrag vorab zu schicken, um die Einzelheiten zu verdeutlichen.

Weißt du, was ich vermute? In Wirklichkeit ging es um einen Hierarchie-Autoritäts-Konflikt. Du weißt doch, wie stark das Hierarchiedenken in Indien ist, und hier soll sich nun eine ältere Dame etwas von einem jungen Hüpfer wie dir erklären lassen? Ihre Intervention hatte wohl zum Ziel, die Hierarchieleiter wieder zurechtzurücken.

Wie auch immer, Alma, wenn die Dame bei der anschließenden Gesprächsrunde auch schon gegangen war und du nicht mehr erfahren konntest, worum es ihr genau ging, das positive Feedback der übrigen Geschäftsleute hat gezeigt, dass du dein Ziel erreicht hast, dass deine Vorstellungen auf fruchtbaren Boden gefallen sind und interessante Abschlüsse in Aussicht sind. Jedenfalls hast du diesmal nur den Zeh in ein – teilweise privates – Fettnäpfchen getaucht.«

»INDISCH« SPRECHEN

Im Vielvölkerstaat Indien existiert keine spezielle indische Sprache. Es werden über 1.600 Einzelsprachen und Dialekte gesprochen. Neben der offiziellen Sprache des Landes, Hindi, und der zweiten offiziellen Sprache Englisch hat die indische Verfassung weitere 21 regionale Amtssprachen festgelegt. Von den Verfassungssprachen (ausgenommen der englischen Sprache) gehören 16 der indoarischen, vier der drawidischen, eine der austroasiatischen und eine der tibeto-birmanischen Sprachenfamilie an. Die Festlegung des Hindi als überregionale Verkehrssprache hat sich nur im Norden etabliert; südlich einer gedachten Grenze von Goa quer über den Kontinent wird meist Tamil als Verkehrssprache verwandt.

Erschwerend für eine reibungslose Kommunikation wirkt sich der Umstand aus, dass die meisten Sprachen unterschiedliche Schriftsysteme aufweisen. Amtliche Dokumente müssen in mindestens drei Sprachen verfasst sein: Englisch, Hindi und in der offiziellen Sprache des betreffenden Bundesstaates. Offiziell wird in den Schulen Britisches Englisch unterrichtet, jedoch verwenden von den etwa 1,15 Milliarden Einwohnern Indiens nur geschätzte 40 Millionen Englisch als Verkehrssprache.

No problem – relax!

Die immense Sprachenvielfalt hat zur Folge, dass sich selbst Inder untereinander oft nicht verständigen können. Aufgrund der gemeinsamen kolonialen Geschichte ist deshalb Englisch das Mittel der nationalen Verständigung, das die Inder eint. Für uns als Gäste im Land sind aus diesem Grund die sprachlichen Barrieren relativ niedrig; mit Englisch finden Sie sich im ganzen Land zurecht. Wenn Sie zudem noch ein paar Worte Hindi in die Unterhaltung einfließen lassen, machen Sie großen Eindruck und erwerben sich viele Sympathien. Dies allerdings nur im Norden, im Süden können Sie damit nicht punkten, dort ist Hindi eine Fremdsprache.

Englisch ist die Sprache der Regierung, der Eliten und der Medien. Sie werden sich problemlos mit gebildeten Indern auf Englisch unterhalten können, müssen sich jedoch darauf einstellen, dass das Englisch oft mit einem massiven Akzent, in einem rasanten Tempo und häufig durchsetzt mit Ausdrücken und Redewendungen, die uns unbekannt sind, gesprochen wird. Da heißt es dann, ganz genau hinzuhören und Rückfragen nicht zu scheuen. Wenn Sie geschäftlich in Indien unterwegs sind, erübrigt sich in der Regel der Dienst eines Dolmetschers, da viele Geschäftsleute ihre Ausbildung in Großbritannien oder den USA erhalten haben.

Wenn Englisch auch die Sprache ist, die den Subkontinent eint, so gibt es doch zu denken, dass nur vier bis fünf Prozent der Bevölkerung Englisch auf relativ hohem Niveau spricht. Für die Armen bildet Englisch nach wie vor eine gesellschaftliche Barriere. Kein Wunder, zumal die Analphabetenrate im Land noch immer mehr als 35 Prozent beträgt. Dies ist für die Armen eine verzweifelte Situation, da Englisch ein Ticket zu Jobs und Wohlstand darstellt.

Zum Schluss noch eine andere Beobachtung: Inder lieben Abkürzungen, in Politik, Wirtschaft und Kultur, im Grunde in allen Bereichen, und benutzen sie exzessiv sowohl gesprochen als auch in gedruckter Form. Dabei wird aus den Anfangsbuchstaben mehrerer Wörter ein neues Wort gebildet. Zum Beispiel:

- NRI – Non-Resident Indian – im Ausland lebender Inder
- PM – Prime Minister – Ministerpräsident/Premierminister
- CM – Chief Minister – Ministerpräsident eines Bundesstaates
- GPO – General Post Office – Hauptpostamt
- AIR – All India Radio – Staatlicher Hörfunksender
- 3KG – Klassiker des Bollywoodkinos mit dem Titel »Kabhi Khushi Kabhi Gham« (2001; deutscher Titel: »In guten wie in schweren Tagen«)

HINDI + ENGLISCH = HINGLISCH

Im modernen Indien gibt es eine wachsende Tendenz, Hindi und Englisch zu vermischen. Diese Hinglisch genannte Sprache – analog zum deutschen Denglisch –, die durch die zunehmende Bedeutung des IT-Sektors, der Callcenter und des Internets befördert wird, ist für ihre Sprecher extrem nützlich und für Außenstehende oft sehr witzig. Das kann folgende Formen annehmen:

Switch von einer Sprache in die andere innerhalb eines Satzes: *Daddy ki blue shirt bathroom ki table par padi hai* – Vaters blaues Hemd liegt auf dem Tisch im Badezimmer

Wortneubildungen: *to indianize* – etwas verindischen; *bamboozling* – quirlig, *filmi* – dramatisch/die Filmwelt betreffend

Umformung/Neu-Zusammensetzung englischer Begriffe samt eigenwilliger Bedeutungen: *to airdash* – sich schnell bewegen, da man dabei (wie jeder Comicleser weiß) eine Art Kondensstreifen *(airdash)* hinterlässt; *(to) timepass* – Zeitvertreib/Zeit totschlagen

Altmodische Wendungen aus der Kolonialzeit: *Your good name, please?* – Wie heißen Sie?; *pukka* – gut/abgemacht

Hinglisch ist zurzeit der hippste Slang auf den Straßen und Universitätsgeländen in ganz Indien. Die Sprache der Bollywoodfilme, dieser beschwipste Mix aus Englisch, Hindi und lokalen Sprachen, hat einen enormen Anteil an dieser Entwicklung. Viele Filmtitel spielen erfolgreich mit dieser jungen Mischung: *Jab we met* – Als wir uns trafen; *What's your rashee?* – Was ist dein Sternzeichen?; oder der Filmsong: *My dil goes* ... – mein Herz schlägt ...

Hinglisch ist eine sich derart explosiv entwickelnde Sprache, dass inzwischen sogar die größten Unternehmen gezwungen sind, ihr Haupt vor ihr zu beugen. Ford verkauft seinen Ikon in Indien als *»josh machine«* (aufregend/kraftvoll) während Coca Cola mit dem Slogan *»Life ho to aisi«* (So sollte das Leben sein) eine Kampagne startete. Werbeclips und ganze Sendungen bei MTV werden in einem unvergleichlichen Sprachenmix präsentiert. Da Hinglisch nicht nur indienweit gesprochen wird, sondern auch in den USA, Kanada und in Großbritannien unter den dort lebenden Indern, schätzen Experten, dass es sich via Internet schnell weltweit verbreiten könnte. So hat Indien buchstäblich Englisch, eine einst belastende Erinnerung an die koloniale Vergangenheit, in einen Billionen-Rupien-Wettbewerbsvorteil umgemünzt.

37 ZEIT? *NO PROBLEM!*

LEBE UND DENKE NICHT AN MORGEN[4]

Die wievielte Tasse Tee ist das eigentlich, die sie gerade serviert bekommt? Alma wirft stirnrunzelnd einen Blick auf die Uhr – halb vier. Sanjay, der Sekretär, schiebt ihr den Teller mit den Snacks zu.

»Boss will be here, five minutes only!« Diese fünf Minuten dehnen sich nun schon über die letzte Dreiviertelstunde.

Hat der Unternehmer das Interesse an dem Meeting verloren? Was hält ihn so lange auf? Sie selbst ist zwar auch nicht ganz pünktlich gewesen, wie auch, Stau, Megastau! Doch immerhin ist sie im akademischen Viertel geblieben. Aber eine Dreiviertelstunde? Sie geht noch einmal die ausgearbeiteten Angebote durch, die wie beim ersten telefonischen Kontakt besprochen nun im Detail ergänzt werden sollen. Und um 16 Uhr hat sie schon den nächsten Termin. Vor Nervosität beginnen ihre Füße zu kribbeln, am liebsten würde sie aufspringen und hin- und herlaufen. Mit Sanjay hat sie bereits die Smalltalk-Route mehrmals abgefahren, das Wetter, ihre Reise, Familie, Kinder – ihr fällt nichts mehr ein. Zum Geschäftlichen hat er abgewinkt, wegen *»boss …«*, und dabei nach oben gedeutet. Zu Gott im Himmel?

---

4 Deutscher Titel des Hindi-Blockbusters »Kal Ho Naa Ho« (2003) von Nikhil Advani mit Superstar Shah Rukh Khan.

Endlich erscheint Mister Swaminathan, strahlt über sein ganzes rundes Gesicht, reicht Alma die Hand und redet weiter in sein Handy.

»*Have some tea!*«, fordert er sie zwischendurch auf, und mit einer herrischen Handbewegung fügt er hinzu: »*Sanjay, tea!*«, was dieser sofort an den *chai-wallah*, der bei der Tür sitzt, weitergibt.

Okay, noch mehr Tee. Alma verdreht innerlich die Augen und schiebt betont die Unterlagen in die Mitte des Tisches.

»*Sir* ...«, setzt sie an, als Mister Swaminathan das Handy zuklappt. Doch der redet schon weiter: »*Did you have a nice stay, enjoying the city?*«

Und bevor Alma überhaupt Luft holen kann: »*Don't miss Marina Beach! Wonderful Marina Beach, second longest beach of the world. So, my driver is waiting downstairs, Sanjay will be your guide.*«

»*But* ...« Alma zeigt mit dem Teeglas auf die Papiere.

»*Oh, we will do it. No problem!*«

Mister Swaminathans wedelnde Hand beschreibt vage Kreise über den Papieren. Alma lässt ratlos die Arme sinken. Hier hat sie keine Chance. Gegen diese überrollende, unbeugsame Freundlichkeit der tausend Wörter pro Minute ist selbst sie als zertifizierte Berliner Schnellsprecherin machtlos. Was soll sie machen? Den nächsten Termin kann sie knicken.

»*See you tomorrow for dinner at my house. My wife is looking forward to meeting you!*«, ruft Mister Swaminathan mit fröhlichem Lachen Alma hinterher, die mit ihrem Handy am Ohr eine unangenehme Terminabsage vor sich hat.

What's the problem?

»Überraschung, Alma! Wer hätte gedacht, dass Bertolt Brecht mit den indischen Gepflogenheiten vertraut war: ›Ja, mach nur einen Plan, sei ein großes Licht. Und mach dann noch 'nen zweiten Plan, gehen tun sie beide nicht.‹ Tatsache ist, dass Pläne in Indien in allen Lebensbereichen, also auch im Geschäftsleben, immer wieder durchkreuzt werden. Da hast du wohl den Terminkalender zu eng geschnürt, Alma, und musst umplanen. *No problem*, irgendwann wird alles entspannter, glaub mir.«

No problem – relax!

Wie Sie auf Almas Reise schon mehrfach feststellen konnten, ist Indien ein Land, das einen geradezu herausfordert, Geduld zu üben und diese möglicherweise als zweite Natur in seinem Wesen zu etablieren. Wirklich, lassen Sie sich Zeit, bleiben Sie flexibel. Seien Sie auch bei Geschäftskontakten bereit, auf Veränderungen spontan zu reagieren und alternative Lösungen zu entwickeln. Denn tatsächlich kann sich jedes geplante Vorhaben, jeder Termin, jede Verabredung in null Komma nichts ändern, das ist ganz normal. Inder planen sowieso nicht gerne. Planungen sind ihnen meistens zu konkret, zu stringent und lassen zu wenig Raum für Kreativität und Flexibilität. Das Leben tickt doch sowieso ganz anders als der beste Plan, oder? Pläne und Termine werden nach Bedarf angepasst, da sie für die meisten Inder von anderen Menschen abhängen, denen möglicherweise gerade eine höhere Priorität eingeräumt werden muss. So müssen Sie immer bis zur letzten Minute mit Änderungen der Zeit und des Ortes Ihres Meetings rechnen.

Um Stress zu vermeiden, ist es empfehlenswert, immer nur einen Termin für den Vormittag oder den Nachmittag anzusetzen, denn wie für alle, gilt auch für Sie in Indien, dass alles, aber auch alles mehr Zeit in Anspruch nimmt, als wir das aus unserer Welt gewöhnt sind. Allein der chaotische Verkehr, die schiere Masse an Menschen und die Menge an unvorhersehbaren Ereignissen sind eine Kriegserklärung an unseren Terminkalender.

Wichtig ist es, wenn Sie geschäftlich in Indien sind, viel Zeit und Raum für den wichtigsten Teil der Geschäftsbeziehung zu veranschlagen: den Aufbau einer persönlichen Beziehung. Oft wird von Ihren Geschäftspartnern sogar die Fähigkeit, freundschaftliche Beziehungen einzugehen, für wichtiger erachtet als fachliche Kompetenz und Erfahrung, da die Qualität der persönlichen Beziehung und Gefühle im Vergleich zu anderen Kulturen eine größere Rolle bei Entscheidungen spielen. Doch Gefühl hin oder her: Ziehen Sie sich warm an, wenn es zum Verhandeln kommt. Inder sind kühl und klar in dem, was sie wollen, und trickreich darin, wie sie es bekommen können, hartnäckig, ausdauernd und äußerst geschickt und Ihnen am Ende umso tiefer freundschaftlich verbunden.

Ihr Geschäftspartner fühlt sich zuallererst als Gastgeber, der Ihnen etwas bieten und Sie für sich einnehmen will. Arrangierte Unternehmungen, um Ihnen Land und Leute näherzubringen, und Einladungen bei sich zu Hause sind ein großzügiges Entgegenkommen. Auch wenn diese nicht recht in ihren (Zeit-)Plan passen wollen, sollten Sie solche Gesten schätzen und niemals ablehnen, wenn Sie Ihre Geschäftsbeziehungen erfolgreich gestalten möchten. Haben Sie einmal eine freundschaftliche Beziehung zu Ihrem indischen Geschäftspartner aufgebaut, so wird diese aller Wahrscheinlichkeit nach sehr lange Bestand haben – Sie gelten dann fast schon als Familienmitglied.

Um die Geschäftsbeziehungen persönlich zu gestalten, stürzen sich Inder bei einem Meeting nie sofort in Verhandlungen, das würde sogar als ziemlich unhöflich gelten. Besprechungen beginnen immer mit Smalltalk, Tee und Snacks, bevor die geschäftlichen Angelegenheiten auf den Tisch kommen. Und: Inder sind in der Lage – für uns recht irritierend – mehrere Dinge gleichzeitig zu tun: zu diskutieren und E-Mails zu beantworten, zu telefonieren und Unterlagen durchzulesen – *no problem!*

DIE RELATIVITÄT DER ZEIT

»Komm ich heut' nicht, komm ich morgen« – so ließe sich Indiens Umgang mit der Zeit beschreiben. Selbst Inder reißen gerne Witze über die Indian Standard Time (IST), das Pendant zur Mitteleuropäischen Zeit (MEZ) in unseren Breitengraden, indem sie von *Indian Stretchable*

Time sprechen und damit ihr dehnbares Zeitverständnis beschreiben. Tatsächlich scheinen sie sogar ein bisschen stolz darauf zu sein: »Ihr habt die Uhr, wir haben die Zeit« wird westlichen Geschäftspartnern, die drohen, in diesem Meer aus Zeit unterzugehen, gerne lässig entgegengehalten. Bei diesem Zeit-Stretching handelt es sich nicht um mediterrane Gelassenheit oder das akademische Viertelstündchen. Nein, stellen Sie sich darauf ein, dass ein Treffen, das um 14 Uhr stattfinden soll, frühestens um 15 Uhr beginnt. Allerdings gibt es keinen Richtwert für Verspätungen, der Termin kann genauso gut pünktlich stattfinden, oder ihr Gesprächspartner erscheint ganz unerwartet zu einem anderen Termin – oder gar nicht. Besonders nervtötend kommt noch die Gewohnheit hinzu, immer von *five minutes only* zu sprechen, wenn es sich in Wirklichkeit – vorhersehbar – um eine halbe Stunde, eine Stunde oder mehr handelt. Besonders Behördengänge bringen stundenlange Wartezeiten mit sich.

Irritierend ist es, dass Inder umgekehrt von ihren westlichen Besuchern Pünktlichkeit erwarten und Unpünktlichkeit als unhöflich empfinden. Also ist es ratsam, im Sinne einer guten Zusammenarbeit die erwartete Pünktlichkeit als Zeichen des Respekts einzuhalten und bei Verspätungen des indischen Partners freundliche Gelassenheit zu bewahren. Denn wer leicht aus der Ruhe zu bringen ist, gilt als wenig vertrauenswürdig. Bei privaten Einladungen jedoch würden Sie indischen Gastgebern eine möglicherweise unangenehme Überraschung mit pünktlichem Erscheinen bereiten. Hier ist es geradezu Pflicht, zu spät zu kommen.

Das Zusammenprallen des unterschiedlichen Zeitverständnisses zeigt einmal mehr, dass hier zwei völlig konträre Auffassungen von der Welt und ihrem Funktionieren aufeinandertreffen. Während im Westen die Zeit abläuft, also vergänglich ist, so ist Zeit in Indien, die sich nach den Lehren des Hinduismus in einem Kreislauf ständig wiederholt, unendlich. Inder haben nicht das Gefühl, in einem Leben alles erreichen zu müssen, da sie ja noch viele Leben vor sich haben. So entwickeln sie auch wenig Stress bei Terminen und Deadlines, etwa nach dem Motto: Was du heute kannst besorgen, kannst du genauso gut auch morgen – oder im nächsten Leben – tun.

Die Sprache bringt das Phänomen auf den Punkt: In Hindi bedeutet das Wort *kal* sowohl »gestern« als auch »morgen«, erschließt sich nur aus dem Sinnzusammenhang und ist damit enorm interpretationsfähig. So stellt sich auch die Zukunft Indern nicht so konkret dar wie Menschen im Westen. Wir können meist mit genauen Vorstellungen auf Fragen zum nächsten Jahr oder zum kommenden Urlaub antworten. In Indien hält man es da eher mit Karl Valentin: »Prognosen sind schwierig, besonders wenn sie die Zukunft betreffen.«

38 ESSENS-EINLADUNG? *NO PROBLEM!*

JE SPÄTER DER ABEND …

Karthik hat sich buchstäblich ins Fäustchen gelacht, als er Almas entgeisterten Gesichtsausdruck sah, mit dem sie die Festtafel bei Tante Punitha musterte.

»Das Bananenblatt brauchst du nicht mitzuessen«, flüsterte er ihr grinsend zu.

Sie saßen im Schneidersitz am Boden, vor ihnen auf einer Binsenmatte für jeden ein Bananenblatt. Darauf waren in appetitlichen Häufchen Speisen arrangiert. Einladend leuchteten auf grün glänzendem Grund gelbes *paruppu* (Linsengericht), winzige rote Chilischoten, orangefarbenes Kürbisgemüse, weißer Reis – die Palette eines sinnenfreudigen Malers.

Jetzt im Fond des Daimlers, der von Mister Swaminathan mit Fahrer ausgesandt wurde, sie im Hotel abzuholen, fragt sich Alma, ob sie diesen Abend im Hause ihres Geschäftspartners wieder vor Bananenblättern auf dem Boden verbringen wird. *No problem*, jetzt hat sie ja Übung und freut sich darauf. Der Fahrer hält vor einem hohen Tor aus Eisenstäben, das eilfertig von einem kleinen Mann, hutzelig und braun wie eine Dörrpflaume, geöffnet wird. Der Bungalow, auf den sie zufahren, präsentiert sich pompös ausladend, Licht flutet durch hohe Glastüren über wuchtige Gartenmöbel, Kandelaber erhellen Rasenflächen. Bananenblätter adieu, vermutet Alma. Schade.

Kaum haben sie den Eingang zum Haus erreicht, treten auch schon die Gastgeber vor die Tür. Alma grüßt mit zusammengelegten Händen, und Mister Swaminathan legt ihr begleitet von ratternden englischen Worten eine Girlande aus Ringelblumen um den Hals. Alma lässt den Blick an sich herunterwandern und fühlt sich mit einem Mal ganz befangen, wie fremd und verkleidet. Sie würde das Gebinde gerne wieder loswerden und zupft verlegen an einer der Blumen. Plötzlich hebt ihr der Gastgeber die Girlande wieder über den Kopf und reicht sie weiter an einen Bediensteten. Seltsames Ritual. Hat sie mit ihrer Flasche Champagner als Gastgeschenk vielleicht doch nicht das Richtige getroffen? Die Art der Begrüßung scheint ihr zu einem traditionellen Hindu-Haushalt zu passen, und Alkohol ist da, wie sie gelernt hat, eher verpönt. Mit einem unsicheren Lächeln überreicht sie die Flasche. Doch die Zweifel werden ihr sofort genommen, als sie mit dem Hausherrn, seinem Sohn und dem im Familienverband lebenden Neffen mit Begrüßungsdrinks anstößt.

Die Hausfrau ist verschwunden, offensichtlich beaufsichtigt sie die Vorbereitungen in der Küche. Leider, denn Alma hätte gerne ein paar Fragen von Frau zu Frau an sie gerichtet, um dem Smalltalk im Wohnzimmer, der schon nach kürzester Zeit hohe Wellen schlägt, eine andere Richtung zu geben. Die Themen Familie (immer etwas stressig für Alma in Indien, da sie mit Ende dreißig noch keinen Ehemann vorweisen kann) und Reisen (hier hat sie einiges zu bieten und es gibt Berührungspunkte) kann sie langsam nicht mehr hören. Inzwischen hat Alma wie so oft in Indien das Gefühl, Dialoge eines immerwährenden Drehbuchs nachzusprechen.

Und schließlich Kricket! Alma lehnt sich zurück und betrachtet amüsiert, wie die drei Männer in leidenschaftliche Wortgefechte geraten. Die wollen gar nicht mehr enden, und Almas Magen beteiligt sich bereits mit vorlautem Knurren an der Diskussion. Noch ein Drink wird eingegossen. Wie es ihr in den Fingern juckt, die Geschäftsunterlagen aus der Tasche zu ziehen. Wann werden sie endlich aufs Geschäftliche zu sprechen kommen? Immer wieder setzt sie zu Fragen an, doch die könnte sie genauso gut dem Gummibaum in der Ecke stellen.

Als endlich das Essen aufgetragen wird und alle ihre Hände in den von der Hausfrau herumgereichten Messingschalen gewaschen haben, ist Alma bereits halb ohnmächtig vor Hunger und wegen der Alkoholturbulenzen in ihrem Kopf schwankt sie ein wenig. Seit Mittag hat sie nichts mehr gegessen, um sich bei diesem Dinner als guter Gast zu präsentieren, der als indirektes Lob für die Gastfreundschaft kräftig zulangt. Doch jetzt ist es bereits zehn Uhr durch! Als ihr die Hausfrau das Curry anbietet, muss sie sich zurückhalten, um nicht schon während des Auftuns mit dem Essen zu beginnen. Und nein, sie braucht Löffel und Gabel nicht, die für sie aufgedeckt sind, sie ist fast schon Expertin darin, mit den Fingern zu essen.

Schweigen legt sich über die Runde. Immer wieder nimmt Alma von den angebotenen Speisen und kommt durch das köstliche Essen wieder zu Sinnen. Als sie so satt ist, dass kein Reiskorn mehr in ihren Magen passt, wirft sie einen sehnsüchtigen Blick in den angrenzenden Raum: ein Espresso gemütlich dort drüben auf den voluminösen Polstermöbeln, das wär's jetzt – und dann könnten sie endlich zur Sache kommen. Wie stellt sich Herr Swaminathan die vertraglichen Bedingungen vor? In welchen finanziellen Größenordnungen denkt er? Aber, Sofa *illai* (tamilische Verneinung). Alle bleiben nach dem erneuten Händewaschen am Tisch sitzen, und so sehr Alma sich auch bemüht, ein Gespräch will nicht in Gang kommen. Die überbordende Gastfreundschaft zu Beginn des Abends ist einem lastenden Schweigen gewichen. Sie fühlt sich plötzlich hundemüde. Krampfhaft überlegt sie, mit welcher Ausrede sie sich baldmöglichst aus dem Staub machen könnte.

Da wendet sich Almas Geschäftspartner ihr direkt zu und verkündet: »Unser Fahrer hat in Kürze Feierabend.«

Uff, bei Alma fällt der Groschen: *the party's over*. Überstürzt steht sie auf, bedankt sich überschwänglich für den schönen Abend und, zack, schon sitzt sie wieder im Wagen. Als der Daimler aus der Einfahrt rollt, wird ihr klar, dass sie wegen der Absprachen keinen einzigen Schritt weitergekommen ist.

What's the problem?

»Alma, alte Zack-zack-Berlinerin, falsche Zeit und falscher Ort, um als kulturelle Besonderheit die deutsche Tugend des Aussitzens zu demonstrieren. Einladungen in Indien finden nach dem Abendessen oder nach einem Cocktailempfang ein abruptes Ende, und Gäste sollten das Haus des Gastgebers schnellstens verlassen, um nicht als unhöflich zu gelten. Und noch etwas, Alma, wusstest du schon, dass du ein echter Gierhals bist? So jedenfalls hast du dich in den Augen deiner Gastgeber gezeigt, indem du gleich bei der ersten Aufforderung über das Essen hergefallen bist.

Dein Gastgeschenk lag gerade noch im grünen Bereich, hätte aber bei einer sehr konservativen Hindu-Familie, die niemals Alkohol trinkt, leicht im Fettnäpfchen landen können. Und schade, dass du so krampfhaft auf dein Geschäftsthema fixiert warst. Du hättest dich schön verwöhnen lassen können, als sehr willkommener Gast, wie das ehrenvolle *garlanding* zum Empfang gezeigt hat.«

No problem – relax!

Inder sind gemäß dem Sprichwort *»atithee devo bhava«* (der Gast ist Gott) sehr gastfreundlich, und eine Einladung ins eigene Zuhause, das für einen Inder, ob arm oder reich, sein wertvollstes Gut darstellt, ist eine Ehre. Lehnen Sie diese deshalb niemals ab.

Als Zeichen der Freundschaft ist es bei privaten Einladungen üblich, Geschenke zu machen. Beliebt sind Präsente, die mit Ihrem Heimatland in Beziehung stehen und als typisch für dessen Kultur gelten. Dinge, die wir für Kitsch halten, wirken auf Inder interessant und exotisch. Wenn Sie also noch Platz im Koffer haben, packen Sie eine Schwarzwälder Kuckucksuhr, einen bayrischen Bierseidel oder einen Schmuckteller mit dem Wappen Ihrer Heimatstadt ein. Die

Kinder Ihres Gastgebers sind ganz sicher hocherfreut über schicke Stifte und alles, was blinkt, leuchtet und Töne macht. Da sich Inder gerne für Geschenke revanchieren, sollten Ihre, um Verlegenheit zu vermeiden, nicht zu aufwendig sein. Teure Geschenke werden üblicherweise nur zu großen Familienereignissen gemacht. Die Geschenke werden nicht im Beisein des Schenkenden geöffnet, deshalb sollten Sie eine Karte beilegen. Geschenkpapier in den Farben schwarz und weiß, Farben der Trauer, sind tabu und gleichermaßen Blumengestecke mit *frangipani*, Blüten des Tempelbaumes, die Beerdigungen vorbehalten sind.

Sie sind zu 19 Uhr eingeladen? Erscheinen Sie keinesfalls pünktlich! Bei einer privaten Einladung gehört es zum guten Ton, (zu) spät zu kommen. Inder erscheinen in der Regel sogar ein bis zwei Stunden verspätet.

Das für uns sehr ungewöhnliche *garlanding* beim Empfang, bei dem der Gast eine Girlande umgehängt bekommt, soll die Freude über den Besuch ausdrücken und die Wichtigkeit des Gastes unterstreichen.

Bei Abendeinladungen gibt es, bevor das Essen beginnt, ausgiebigen Smalltalk und Drinks, je nach Einstellung Ihres Gastgebers auch alkoholische Getränke. Auch wenn Alkohol im Hause Ihres Gastgebers nicht tabu sein sollte, werden die anwesenden Frauen, etwa die Gastgeberin, nichts Alkoholisches zu sich nehmen. Als Ausländerin haben Sie jedoch die Freiheit, etwas zu trinken, wenn Sie mögen. Diese Auftaktphase kann sich bis 22 Uhr hinziehen.

Bevor das Essen beginnt, waschen sich alle die Hände in den bereitgestellten Wasserschalen oder an einem speziell dafür vorgesehenen Waschbecken. Die Tafel werden Sie gedeckt und mit einer reichen Auswahl an Speisen in Schüsseln, Schalen und auf Platten vorfinden. Die Hausfrau wird Ihnen Verschiedenes anbieten und gegebenenfalls auftun. Es zeugt von guten Manieren, das erste Angebot abzulehnen, mit dem Hinweis, dass man keine Umstände machen möchte, das zweite oder dritte dann jedoch anzunehmen. Während des Essens wird die Hausfrau Sie immer wieder nötigen, mehr zu essen – *just a little more* –, selbst wenn Sie unmissverständlich sagen, dass Sie satt sind. Versuchen Sie nicht abzulehnen, das wird als unfreundlich bewertet, denn je mehr Sie essen, desto stärker beweisen Sie, dass Sie das Essen genießen und dass Ihre Gastgeber ihr Bestes gegeben haben. Sie machen sie glücklich. Bevor Ihnen jedoch schlecht wird, entschuldigen Sie sich einfach mit einem empfindlichen Magen, das wird akzeptiert, das kennen alle von den ach so sensiblen Ausländern. Wundern Sie sich nicht, wenn die Frau des Hauses bei Tisch fehlt. Anders als in modernen indischen Familien essen in strenggläubigen Hindu-Familien die Frauen noch oft getrennt von ihren Angehörigen.

In Indien ist es, außer bei Geschäftseinladungen, selbstverständlich, mit der Hand zu essen. Wenn Sie lieber mit Besteck essen wollen, wird man Ihnen Löffel und Gabel bringen. Ein Messer ist überflüssig, da alles schon mundgerecht zerkleinert ist. Benutzen Sie nur die rechte Hand, wenn Sie mit der Hand essen, da die linke als unrein gilt. Die Linke ruht unter dem Tisch. Selbst wenn Sie mit Besteck essen, sollten Sie nur die rechte Hand zum Mund führen. Eleganterweise werden zum Aufnehmen der Nahrung per Hand Daumen, Zeige- und Mittelfinger benutzt; Sie können jedoch problemlos mit allen fünf Fingern essen, wenn es Ihnen leichter fällt. Dabei hält der Daumen das, was die anderen Finger zu einem kleinen Hügel zusammengeschoben haben, fest, während die abgewinkelte Hand wie eine kleine Schale zum Mund geführt wird. Möglicherweise bestätigt sich Ihnen ja beim Essen mit den Fingern das indische Sprichwort: »Nur über die Fingerspitzen kann sich die Seele einer Speise entfalten.«

Nach dem Essen ist der Abend ziemlich plötzlich zu Ende. Als guter Gast sollten Sie sich schnell verabschieden und auf den Heimweg machen. Sowieso gestaltet sich das gemeinsame Essen anders, als wir es gewohnt sind: Es wird konzentriert und zügig gegessen, Tischgespräche finden selten statt. Ungewöhnlich nach europäischen Maßstäben ist auch, dass es nach dem Essen völlig normal ist, zu rülpsen, unabhängig vom Bildungsstand.

INDISCHE GERICHTE

Genauso wenig wie es eine einheitliche indische Sprache gibt, existiert *die* indische Küche. Indisches Essen ist eng verbunden mit der jeweiligen Kultur und Region. Abhängig von der Gegend findet man außerdem jeweils eigene Gewürzmischungen. Meist wird mit der indischen Küche der Begriff Curry verbunden, was nicht, wie bei uns häufig, eine Gewürzmischung meint. Ein indisches Curry ist ein Gericht, das einem Eintopf ähnelt und in einer sämigen Soße Fleisch, Fisch oder Gemüse enthält. Dabei werden die unterschiedlichsten Gewürze miteinander kombiniert, und jeder Koch und jede Hausfrau legt ihren Stolz darein, ihr eigenes einzigartiges Aroma zu kreieren. Meist ist indisches Essen ziemlich fett und scharf. Die gefürchtete Schärfe erhält das Essen durch rotes Chilipulver und die Gewürzmischung Garam Masala, die in Indien wesentlich schärfer ausfällt als bei uns. Die Schärfe soll die Verdauung anregen und durch die Hitze, die sie erzeugt, soll sie den Essenden zum Schwitzen bringen, was wiederum die Haut kühlt. Fettes Essen drückt Wohlstand aus und den Wunsch, der Familie etwas Gutes zukommen zu lassen.

Nord- und südindische Küche unterscheiden sich in einigen Punkten grundsätzlich voneinander. In der südindischen Küche dominiert Reis, entweder gekocht oder aus Reismehl hergestellte *idlis* und *dosas*, während in Nordindien vor allem Weizen zu *rotis*, *naan* und *chapati* verarbeitet wird. In Südindien basieren viele Gerichte auf Hülsenfrüchten, und das Essen ist leichter, meist vegetarisch und wesentlich schärfer als im Norden, wo viel mehr Fleisch und fettige schwere Soßen gegessen werden. Indisches Essen bedeutet also nicht automatisch vegetarisches Essen, denn auch Hindus nehmen Fleisch zu sich, allerdings niemals Rindfleisch.

Überall in Indien werden aus Reis- oder Milchpudding und aus verschiedenen schweren Siruparten Desserts, Süßigkeiten und süße Pasteten hergestellt. Sie sind für den deutschen Geschmack oft übersüßt.

39 FESTE? *NO PROBLEM!*

GRÜN UND BLAU GEJUBELT

»*Appuram!*« (Tschüss!), ruft Alma gen Rezeption und tritt mit dem Handy am Ohr durch die Eingangstür ihres Hotels nach draußen.

»In fünfzehn Minuten bin ich da«, sagt sie ins Handy. Gleich wird sie endlich Tacheles mit Herrn Swaminathan reden. Ihre Geduld ist zu Ende. Wie stellt er sich das vor? Nach mehrfachen gemütlichen Treffen, bei denen Geschäftliches nur am Rande vorkam, will sie ihn jetzt auf Tatsachen festnageln. Wenn das so weitergeht, kann sie nämlich gleich bei ihrem Chef eine Verlängerung bis Weihnachten beantragen!

Mit einem Mal wird Alma gelb vor Augen. Durch die halb geschlossenen Lider blinzelt sie gegen Schleier in Gelb an und niest.

»*Oyyooyoo!*« (Ach herrje!), stößt sie aus. Was für ein Irrsinn!

Eine wilde Fiesta, überstäubt von Farbwolken, wälzt sich die Straße hinunter. Vielstimmig schlägt ihr der Ruf »*Holi! Holi! Holi!*« entgegen. Trommeln dröhnen wie verrückt, Menschen schüttelten ihre Körper und tanzen mit erhobenen Armen. Starr vor Staunen steht Alma vor diesem Jubel. Sie fährt sich durch die Haare und schaut ungläubig auf ihre quittengelbe Hand. Auch ihr *kameez* scheint von Blütenpollen gepudert. Während sie am Stoff herumwischt und alles nur noch schlimmer verschmiert, umringt sie ein

Trupp kleiner Jungen, bunt gescheckt, und ehe sie reagieren kann, wird sie mitgerissen unter die Feiernden. Tanzende stoßen sie an, Hände ergreifen sie und wirbeln sie herum. Alma, überwältigt von dem Angriff, zwingt sich zu lächeln und versucht sogar ein paar *filmi*-Tanzschritte. Plötzlich, inmitten von all diesem Tanzen, Lachen und den *Holi!*-Rufen entdeckt sie einen klapprigen Alten mit einer aus Stöcken zusammengebastelten Krücke, einem gräulichen *dhoti* und zersprungenen Brillengläsern. Er steht dort und wippt im Takt des rhythmischen Trommelns, voll und ganz dem Lärm und der Aufregung hingegeben. Mit einem Mal löst sich Almas Anspannung, sie spürt eine Welle unbändiger Freude durch ihren Körper rollen und wirft die Arme in die Luft: »*Holi!*«

Und da, mit Röhren, Kreischen und Schreien bricht eine Truppe Burschen und Mädchen mit riesigen Spritzen bewaffnet in die Masse der Menschen und sprüht in langen Strahlen gefärbtes Wasser in die Luft. Rot, gelb und blau regnet es auf die kreiselnden Menschen nieder, die die Hände nach dem Farbregen ausstrecken. Für einen Augenblick wird Alma gegen einen breitschultrigen Mann geschleudert, der den Kopf zurückgeworfen hat und mit weit offenem Mund singt. Neben ihm blickt sie in ein Gesicht, auf dem das Orange und Gelb fluoreszierend auf der dunklen Haut leuchtet, im Wettbewerb mit einem strahlenden Grinsen ausgelassener Fröhlichkeit.

Jetzt hat eine Bande Farbwerfer Alma entdeckt. Händeweise schmeißen sie Farbpulver auf sie, und die Spritzentruppe sprüht, was das Zeug hält, farbiges Wasser über ihren Körper. Die Arme vors Gesicht gepresst versucht Alma sich zu schützen. Aber da sind sie schon, von allen Seiten. In Sekunden ist sie überzogen von nassem Blau, klatschnassem Rot und triefnassem Gelb und obendrein gepudert in Pink, Türkis und Orange, was sich auf ihrem Shirt zu einer dicken Schmiere vermischt. Ein Lachen, halb mit Ärger gemischt, bricht aus Alma hervor. Sie stürzt sich auf einen Jungen mit einem Topf voller Farbpulver, greift in das Grün, wirbelt herum und schleudert einem entgegenkommenden Mädchen die Ladung vor die Brust. In voller Fahrt greift sie noch einmal in den Topf, den der Junge ihr bereitwillig hinhält, und feuert ein zweites Mal. Das Mädchen holt aus, Alma duckt sich und eingehüllt von einer roten Wolke schließt sie die Augen. Gerade als sie wieder auftauchen will, ist mit einem Schlag die Luft von einem Zischen und Heulen erfüllt. Inmitten der auseinanderspritzenden Menge explodieren Knaller. Feuerwerkskörper sirren und krachen links und rechts von Alma, der stechende Geruch der Explosionen vermischt sich mit dem von Hunderten schwitzenden Körpern. Vor Schreck und Farbe halbblind stolpert Alma vorwärts. In Panik drängelt sie sich durch die Menge und findet sich in einer Seitengasse wieder, von Kopf bis Fuß in jeder erdenklichen Farbschattierung schillernd und vom Sonnenlicht in einen strahlenden Regenbogen verwandelt. Als sie sich umwendet, um zum Hotel zurückzugehen, hinterlässt sie eine rot-gelbe Tropfspur.

What's the problem?

»Hey, Alma, wie kommt der pinkfarbene Punkt auf meine Nase?« Friedrich lacht ins Handy. »Relax! Nicht alle Tage ist Holi, wobei ... Fast jeden Tag gibt es irgendein Fest, das Massen mobilisiert, Straßen blockiert und Menschen euphorisiert. Besser, du bist vorbereitet!«

No problem – relax!

Alma ist mitten in das sprichwörtliche Fest der Farben geraten, Holi, das den Frühling willkommen heißt. Und das ist nur eines der vielen fröhlichen Festivitäten im Land der Feste. Inder finden immer einen Grund zum Feiern, sei es die kommende Ernte, historische Momente, Geburtstage der Götter oder einfach das Erscheinen des Vollmonds. Alles wird in ein Ereignis der Freude und der Festlichkeit verwandelt. Begleitet von Musik und Tanz verbinden sich die Menschen mit ihren kulturellen Wurzeln, indem sie Rituale vollziehen, die seit Jahrhunderten von einer Generation zur anderen weitergegeben wurden. Da Indien ein Land ist, das tief verbunden ist mit seinen spirituellen Traditionen, nehmen die religiösen Feste einen bevorzugten Platz im Kalender ein. Die meisten Feste finden zeitgleich im ganzen Land statt, werden jedoch von Region zu Region unterschiedlich begangen, mit der Eigenart des jeweiligen Ortes, seinen einzigartigen Farben, seiner Musik, seinen Tänzen und Liedern verbunden. Die Bedeutung in der Tiefe bleibt jedoch unverändert. Trotz großer Entfernungen, die es zu überwinden gilt, kommen während der Festtage Familien und Freunde zusammen, man isst gemeinsam, die Häuser sind üppig geschmückt und alle tragen neue Kleider. Als Besucher können Sie die Lebendigkeit der indischen Kultur am intensivsten bei diesen Festen erleben.

Seien Sie darauf gefasst, dass solche Feste oft laut und wild und immer mit Menschenmassen und Gedränge vonstatten gehen. Manchmal kann so ein Fest auch außer Kontrolle geraten, deshalb sollten Sie genau beobachten, wie sich die Stimmung entwickelt, und sich bei allerersten Anzeichen von Massenhysterie oder Tumulten zurückziehen. Möchten Sie es etwas ruhiger angehen, informieren Sie sich, wo in Ihrer Nähe Feste auf Dörfern stattfinden. Dort können Sie die faszinierende Kraft des indischen Feierns ganz entspannt genießen.

Denken Sie bei jedweder Unternehmung daran, vorher den Kalender zu befragen, ob nicht gerade einer der unzähligen Feiertage Ihr Konzept durchkreuzt.

FEIERTAGE – NUR EINE KLITZEKLEINE AUSWAHL

Pongal

Das Erntedankfest wird vor allem in Südindien vom 13. bis zum 16. Januar bei großen Familienzusammenkünften mit *pujas*, religiösen Andachten, und Umzügen zu Ehren der Götter gefeiert.

Kumbh Mela

Das größte Fest des Hinduismus und zugleich das größte Fest der Welt findet in einem Zwölf-Jahres-Rhythmus an wechselnden Orten statt: Allahabad, Haridwar, Ujjain und Nasik. Eine rituelle Waschung in einem heiligen Fluss zu einer besonders günstigen Zeit ist der tiefere Sinn der Mela. 90 Millionen Menschen besuchten die letzte Kumbh Mela in Allahabad von Januar bis Mitte Februar 2001. Wie berichtet wird, soll es die bisher einzige vom All aus sichtbare Menschenansammlung auf unserem Planeten gewesen sein.

Republic Day

Zum Geburtstag der Republik, dem Tag, an dem Indien ein souveräner Staat wurde und sich eine Verfassung gegeben hat, am 26. Januar (1950) finden jedes Jahr in der Hauptstadt Neu-Delhi große Paraden statt, die Indiens Stärke mit Waffen und Raketen vorführen.

Holi

Das Fest der Farben findet am ersten Vollmondtag im März statt. Gefeiert wird das Kommen des Frühlings und der Sieg des Guten über das Böse, das am Vorabend mit großen Freudenfeuern verbrannt wird. Am Tag selbst bewerfen sich alle ausgelassen mit Farben und gefärbtem Wasser.

Eid-ul-fitr

An einem Neumondtag im April oder Mai feiern die muslimischen Inder das Ende des Ramadan, der Fastenzeit, mit Gebeten, Festmahlen und Familientreffen.

Independence Day

Am 15. August wird in ganz Indien der Tag der Befreiung des Landes von der Kolonialherrschaft der Briten im Jahr 1947 mit Reden, Kulturprogrammen und Fahnenappellen gefeiert.

Ganesh Chaturthi

An zehn Tagen im August/September wird der Geburtstag des beliebten elefantenhäuptigen Gottes Ganesha – dem Überwinder von

Hindernissen – gefeiert. Am Ende der Feiern werden in einem Festzug alle speziell angefertigten überdimensionalen Skulpturen des Gottes unter Gebeten und Gesängen im Meer oder Fluss versenkt.

Diwali

Diwali ist ein fünf Tage andauerndes Fest, das den Beginn des Hindu-Jahres im Oktober oder November (je nach Stand des Mondes) markiert. Es wird Fest der Lichter genannt, da unzählige Lichter, *dayas*, in Häusern, auf Straßen, auf Dächern und in Tempeln entzündet werden, ebenso ein Feuerwerk, das den Sieg des Guten über das Böse symbolisiert. Verwandte, Freunde und Nachbarn tauschen Geschenke aus und feiern gemeinsam.

Kalachakra

Zu den buddhistischen Initiationen und Lehren der Kalachakra (wörtlich: das Rad der Zeit) durch den Dalai Lama finden sich von Dezember bis Januar alle ein bis zwei Jahre an speziellen buddhistischen Orten wie Bodhgaya (Nordindien) oder Amravaati (Südindien) über hunderttausend Tibeter und Buddhisten aus aller Welt ein.

Weihnachten

In den christlichen Gemeinden Indiens wird Weihnachten am 25. Dezember mit feierlichen Gottesdiensten und anschließendem Tanz und Gesang gefeiert.

40 POLITIK? *NO PROBLEM!*

KRIEG UND FRIEDEN

In Slow Motion bewegt sich ein athletischer Mann mit fließenden Bewegungen über den riesigen Flachbildschirm. Atemlos verfolgt Alma das ästhetische Schauspiel. Sein muskulöser brauner Arm holt aus – Alma sieht die Kraft wie eine Leuchtspur durch seinen Körper strömen –, schießt nach vorn und schleudert einen kleinen Ball wie aus einer Kanone gefeuert ins Feld. Mein Gott, wie schön, wie vollkommen, wie göttlich! *Das* erkennt sie deutlich, *das* versteht sie. Ansonsten ist ihr alles ein Geheimnis in dieser Königsdisziplin der indischen Spiele – Kricket. Bälle werden geschleudert und zurückgeschlagen, Männer sprinten um den Platz, dann wieder stehen sie gelassen herum wie auf einer Cocktailparty, hin und wieder fallen die Hölzchen in der Mitte der beiden Mannschaften um. Alma möchte am liebsten »Tor!« rufen.

Der Schläger ruht sicher und gleichzeitig locker in den Händen des *batsman*, wie der Schlagmann genannt wird, er schwingt ihn mit einer Kraft, als könne er ein Meer teilen, und mit einer Eleganz wie im Tanz über die Schulter, um den Ball in einem halben Kniefall mit Schallgeschwindigkeit zurückzusenden.

Alma starrt hypnotisiert auf den Bildschirm. Nun sieht sie erhobene Schläger, Männer die über den Rasen rennen und einen Spieler auf ihre Schultern heben. Karthik und seine Freunde schnellen in die Luft: »*India! India! India!*«

Wie eine Welle rauscht der Ruf über den Platz, über die Häuser zum Himmel. In die eben noch leergefegten Straßen fluten Menschen, die sich umarmen, rufen, schreien, tanzen und lachen. Ist ein Krieg zu Ende? Eine Belagerung aufgehoben? Ein Diktator gestürzt? Der Weltuntergang verhindert?

Besser! Viel, viel besser!

Die Schicksalsfrage ist gelöst. Indien hat im Kricket-Weltcup gegen den Erzfeind Pakistan gewonnen. Die Nation explodiert im Siegestaumel. Karthik und Sunil liegen sich in den Armen und tanzen herum wie betrunken. Und Alma, ganz benommen von diesem Vulkanausbruch, verharrt auf der Stelle.

Die Anspannung von vor dem Spiel kehrt in ihre zusammengepressten Kiefer zurück, als sie sich gefragt hat: Was würde nach dem Spiel passieren? Ein wenig erschienen ihr die beiden Nationen wie kleine Jungen im Sandkasten, die sich beim geringsten Anlass mit Sand bewerfen. Mal im Ernst, würde der Verlierer seine Atomraketen in Stellung bringen? Würden die beiden Atommächte schließlich sogar ihre Waffen aufeinander richten? Sie schaudert und denkt an die Zeit nach den Anschlägen vom 11. September, als jeder der beiden Staaten den Finger am Abzug hatte. Au weh! In diesem Augenblick erinnert sich Alma, wie sie sich vorhin selbst mit ihrem unbedachten Gerede in den Fuß geschossen hat. Daran zu denken treibt ihr die Schamesröte ins Gesicht. Sie hätte das nicht sagen dürfen. Aber sie hat es gesagt.

Vor dem Spiel mit Karthiks Freunden bei McDonald's, als alle vor Aufregung und Anspannung durcheinanderredeten, immer wieder der Name »Sachin *Master Blaster*, Sachin *Little Master*« fiel und die *Paki*-Spieler praktisch in der Luft zerpflückt wurden, hing plötzlich »Kaschmir« wie ein Ausrufezeichen im Raum. Alma beißt sich auf die Knöchel, als sie daran denkt, wie ihr die Worte unkontrolliert aus dem Mund gefallen sind, wie sie sich selbst noch stoppen wollte, doch die Worte schon draußen waren, ein atemloses, aufgeregtes Statement darüber, »wie Indien in der Kaschmirfrage ein grausames politisches Machtspiel auf dem Rücken der dort lebenden

Menschen gnadenlos mit militärischer Gewalt durchzieht und ...«. Worte, die in einem plötzlichen sekundenlangen Schweigen in der Runde verhallten, um augenblicklich mit witzelnden Wortkaskaden über das bevorstehende Spiel unter den Tisch gespült zu werden. Und dem Himmel sei Dank, da war Karthik, ihr Ritter, der sie genau im richtigen Augenblick fragte: *»How do you like Sachin?«*

Auch jetzt ist Karthik da. Während Alma ganz verloren unter den Jubelnden steht und sich innerlich zerfleischt wegen ihres Fauxpas, ist er wieder an ihrer Seite: *»Hey, where is this big fat smile of yours for our victory?«*

Er fasst ihre Hand und zieht sie mitten unter die Siegestrunkenen.

What's the problem?

»Autsch! Das ging ins Auge. Doch, Alma, genug, lass ab von dir. Okay, du hast einen Fehler gemacht, aber es war bloß ein Fehler, kein Verbrechen, kein Anschlag. Etwas hat gefehlt an dieser Stelle: Feingefühl. Ja, du hast dich wie die Axt im Haus deiner Gastgeber aufgeführt, dir ein harsches Urteil erlaubt über eine sehr sensible politische Situation, die das Selbstbewusstsein der indischen Nation berührt. Dieses nach Jahrhunderten der Fremdbestimmtheit noch fragile Selbstbewusstsein einer extrem jungen Nation gilt es zu respektieren, und Kommentare zum Indien-Pakistan-Konflikt sind deshalb absolut tabu.«

DIE EWIGE WUNDE

Kurz nach der Teilung des Subkontinents 1947 in das hinduistische Indien und das muslimische Pakistan erhoben beide Nachfolgestaaten des Britisch-Indischen Empires Anspruch auf den unabhängigen Fürstenstaat Kaschmir im äußersten Norden. Aus dem Einmarsch Pakistans 1947 in das umstrittene Gebiet entwickelte sich der erste Kaschmirkrieg. Durch die Vermittlung der Vereinten Nationen endete dieser Konflikt, und das Gebiet wurde unter den beiden Parteien aufgeteilt. Die Waffenstillstandslinie zwischen dem pakistanischen und dem indischen Teil, die sog. Line of Control, ist etwa 750 km lang. Eine Volksabstimmung über den Beitritt Kaschmirs zu Indien oder Pakistan, wie vom Sicherheitsrat der Vereinten Nationen schon seit Ende dieses ersten Krieges gefordert, hat bis heute nicht stattgefunden.

Im August 1965 überschritten indische Truppen die Line of Control und lösten damit den zweiten Kaschmirkrieg aus, der wiederum durch Vermittlung der UNO in einem Waffenstillstand endete.

Das Eindringen von bewaffneten Einheiten 1999 auf indisch kontrolliertes Territorium, das Indien als von Pakistan gesteuert ansah, war der Auslöser für den dritten indisch-pakistanischen Krieg, den Indien durch das Zurückschlagen der Invasoren für sich entscheiden konnte.

Unzählige weitere Krisen brachten Indien und Pakistan immer wieder an den Rand eines Krieges, zuletzt 2001/2002 nach den Anschlägen vom 11. September. Im Dezember 2008 hatte Indien die Gespräche mit Pakistan abgebrochen, nachdem klar wurde, dass die Anschläge in Mumbai, bei denen 170 Menschen ums Leben kamen, von Pakistan aus geplant worden waren.

Zu den Kricket-Weltcupspielen 2011 haben Indien und Pakistan erstmals wieder Friedensgespräche aufgenommen. Bei einem möglichen Sieg Pakistans drohte allerdings eine erneute Konfliktsituation, denn dann hätten die Pakistaner zum Endspiel gegen Sri Lanka in Mumbai antreten müssen, wo die rechtsextreme Hindu-Partei Shiv Sena bereits angekündigt hatte, sie werde keine pakistanischen Spieler in der Stadt dulden. Ein Glück, dass diese Situation nicht eintrat. Indien besiegte Pakistan in der Vorrunde und erkämpfte im heimischen Mumbai gegen Sri Lanka den Weltcuppokal.

Da die ungeklärte staatliche Zugehörigkeit der Region weiter besteht, gehört das Thema Kaschmir noch immer zu den brisantesten Konflikten in Indien. Die Region, ehemals wegen der Schönheit ihrer Natur in der Literatur und von Reisenden als wahrhaftiges Paradies gepriesen, ist nun ein von Krieg, Gewalt und Vertreibung gezeichnetes Areal.

No problem – relax!

Inder sehen ihre Nation als aufstrebende Macht im globalen Verbund und sind stolz auf ihre technischen Errungenschaften und das schnelle Wirtschaftswachstum, ebenso auf ihre jahrtausendealte Kultur.

Das Gefühl der Gemeinsamkeit ist ein existenzielles Bedürfnis der Menschen, deshalb reagieren sie auf jedwede Kritik an ihrer Nation, sei sie nun berechtigt oder nicht, wie auf einen Angriff von außen, sehr empfindlich. Bei allen innerindischen Differenzen, die die Menschen untereinander austragen, empfinden sie es als überheblich, aus einem westlichen Blickwinkel beurteilt zu werden. Inder selbst drücken es selten direkt aus, wenn sie unterschiedlicher Meinung sind, da offene Gegenpositionen meist als feindselig und aggressiv empfunden werden. Kritik wird nur von Vorgesetzten oder älteren Respektspersonen akzeptiert.

Um nicht wie Alma mit hochsensiblen Themen aneinanderzurasseln, gilt es, ein paar Smalltalk-Regeln zu beachten. Für Inder beginnt nämlich jedes Treffen, privat oder geschäftlich, mit ausführlichem Smalltalk. Fremdheit wird abgebaut und eine Vertrauensbasis aufgebaut, die die Grundlage für jede weitere Beziehung ist. Ist dieses Fundament erst einmal gelegt, ist es leichter, auch in heiklen Situationen gelassen zu reagieren.

Wie Sie bereits in vorhergehenden Episoden erfahren konnten, gibt es einige Tabuthemen, die im Gespräch mit Indern nicht berührt werden sollten, wenn Sie einen freundlichen, respektvollen Umgang wünschen: Vermeiden Sie Gespräche über Indiens Armut, den Schmutz auf den Straßen, die Kasten – fragen Sie einen Inder niemals nach seiner Kaste! –, Kinderarbeit, Atommacht, Korruption oder heikle politische Themen. Allerdings lieben es Inder, über europäische Politik zu sprechen. Hier können Sie ohne Umschweife zur Sache kommen und sich ein bisschen in positivem Nationalbewusstsein üben.

Und worüber reden Inder am liebsten? Natürlich über die Familie – und über Kricket.

KRICKET *ODER* WO LAUFEN SIE DENN?

Kricket ist eine Mannschaftssportart, die vor allem in Ländern des Commonwealth betrieben wird. Inder können sich bis zur Hysterie für Kricket begeistern, ähnlich wie Europäer für Fußball. Überall in Indien trifft man auf Gruppen kleiner Jungen, Jugendlicher oder junger Männer, die auf Feldern, am Strand, in den Straßen, auf Flachdächern, wo immer sich ein wenig Raum auftut, hingebungsvoll Bälle schleudern und Schläger schwingen. Für Europäer, wenn es sich nicht gerade um Engländer handelt, sind die Regeln schwer zu verstehen, ein Geheimcode ohne Schlüssel.

Der *batsman* Sachin Tendulkar, Jahrgang 1973, gilt als der größte Held im indischen Kricket. Er startete als *Little Master* im Alter von 16 Jahren seine internationale Karriere mit einem Spiel gegen Pakistan und hält seit 2008 alle indischen Rekorde als *Master Blaster*. Der Weltcup 2011 war sein letztes Weltcupspiel, und nach dem Sieg gegen Sri Lanka trugen ihn seine Mannschaftskameraden auf den Schultern über das Feld: *»He has carried India on his shoulders for 21 years, so it was the least we could do.«*

Das Vorrundenmatch Indien gegen Pakistan war das Ereignis des Jahres auf dem Subkontinent, das mehr als hundert Millionen Menschen im Fernsehen verfolgten. Zwar überschatteten Terrordrohungen die gesamte Weltmeisterschaft, doch nach dem Sieg Indiens gegen Pakistan herrschte zwischen den gegnerischen Mannschaften und sogar zwischen den beiden verfeindeten Ländern eine sportlich entspannte Atmosphäre der Anerkennung der jeweiligen Leistung. Die Gespräche zwischen Indiens damaligem Premierminister Manmohan Singh und seinem von ihm eingeladenen pakistanischen Amtskollegen Yousuf Raza Gilani am Rande des Spiels gaben vielen Menschen in Indien und Pakistan Hoffnung, dass Kricket schließlich eine dauerhafte Brücke zwischen den beiden Nationen schlagen könnte.

41 HYGIENE? *NO PROBLEM!*

LINKSRADIKAL

»Gewonnen!« Alma, Karthik und Sunil klatschen ihre Handflächen aneinander.

Alma wirft sich auf die Knie in den Sand. »Haben wir nicht gekämpft wie die Löwen?«

Und wie auf Kommando stimmt das ganze gegnerische Team dieses interfamiliären Volleyballduells – Cousins und Cousinen von Karthik, die in Hochzeitsfeier-Warteposition mit ihnen in einem Hotel am Strand von Mamallapuram untergebracht sind – den Titelsong des tamilischen Hitfilms »Singam« (wörtlich: Löwe) an. Sie tanzen wie einstudiert unter dem Volleyballnetz hindurch, schwingen die Hüften und schütteln die Schultern zu *»singam, singam!«*. Dann schmeißen sie sich lachend neben Alma in den Sand.

Meine Güte, welche Energie! In dieser Hitze! Die Nachmittagssonne glüht noch immer am Himmel, nur wenig gemildert von einer leichten Meeresbrise. Alma fühlt, wie ihr Gesicht unter ihrer weißen Kappe tomatenrot angelaufen ist. Volleyball im Strandbad Wannsee hat sie definitiv nicht auf diesen Härtetest vorbereitet. Und Feiern mit ihrer Familie ebenso wenig.

Ah! Sunil reicht eine Flasche alarmierend orangeroter Limo herum, die Alma begierig ergreift und ohne Zögern ansetzt. Sie trinkt in großen Schlucken und spürt Kühle durch ihre Kehle fluten. Dann reicht sie die Flasche an den Jungen, der neben ihr sitzt weiter, doch dieser wehrt mit beiden Händen ab. Als Alma in die Runde blickt, schaut sie in betretene Gesichter.

»Oh je«, sagt sie, »Was ist los?«

What's the problem?

»Alarmstufe Orangerot! Das ist los, Alma«, grinst Friedrich. »Reinheitsvergehen. Hast du nicht schon oft gesehen, wie Inder, den Kopf zurückgelegt, das Wasser aus der Flasche ohne Lippenberührung fast auf Armeslänge entfernt in den Mund fließen lassen, ohne einen Tropfen zu verschütten? Vielleicht hast du das für ein übermütiges Kunststück gehalten. In Wirklichkeit ist es eine Technik, um die Verunreinigung eines Getränks durch Speichel, sei es in Flasche oder Becher, zu vermeiden. Indem du die Flasche mit den Lippen berührt hast und der Inhalt sich mit deinem Speichel vermischt hat, wurde die Limonade für die anderen Hindus untrinkbar gemacht. Ein muslimisches Mitglied der Runde hätte sich wahrscheinlich nicht daran gestoßen, da für ihn oder sie die hinduistischen Reinheitsregeln keine Bedeutung haben. Und dieses Beispiel ist nur eines unter vielen Reinheitsgeboten, die du ohne es zu wissen verletzen könntest.«

No problem – relax!

Pingelige Reinheit ausgerechnet in einem Land, das uns mit seinem überall herumliegenden Abfall, dem Gestank nach Müll und mit menschlichen und tierischen Ausscheidungen schockt? Überraschenderweise ja. Reinheit ist ein zentraler Begriff in der Hindukultur. Was Sie in den Straßen abstößt, befindet sich alles außerhalb des Heims eines Hindus. Und tatsächlich interessiert es ihn kaum, wie verunreinigt die Umgebung und die Umwelt sind – irgendwer wird den Dreck schon wegmachen. Wichtig ist, dass zu Hause alles blitzblank ist und er selbst nicht nur sauber, sondern vor allem rein ist. Immer wieder werden Sie Männer sehen, die auf der Straße leben und sich hingebungsvoll unter den öffentlichen Pumpen in der Stadt reinigen, ihre armseligen Kleidungsstücke sorgsam gewaschen über einen Zaun oder einen Busch zum Trocknen gebreitet. Das Bedürfnis nach Reinheit, auch unter schwersten Bedingungen, ist bei Hindus tief verwurzelt.

Wie in allen Religionen gibt es im Hinduismus den Gedanken, dass der Mensch vor Gott rein in Geist und Körper, Worten und Taten erscheinen sollte. So entstammt die körperlich-geistige Hygiene einem tiefen religiösen Bedürfnis und wird konkret erfahrbar in vielen Reinheitsgeboten. Die Zugehörigkeit zu einer hohen Kaste wird mit Reinheit und die zu einer niedrigen Kaste mit Verunreinigung verbunden. Jenseits dieser »innewohnenden« Reinheit oder Unreinheit sind kultische Reinigungsgebräuche sehr präsent und stellen einen wesentlichen Teil der Alltagskultur dar.

Natürlich werden die Reinheitsregeln in unterschiedlichem Ausmaß befolgt. Konservative Brahmanen baden zum Beispiel bis zu viermal am Tag und ziehen jedes Mal vollständig frische Kleidung an. Dann wiederum gibt es eine Reihe von Ritualen, die so tief in der Kultur verwurzelt sind, dass sie auch von modernen Hindus, die ein lockeres Verhältnis zur Religion haben, wie selbstverständlich eingehalten werden. Einige davon haben auch für Sie während Ihres Aufenthalts Bedeutung im Sinne der Aufrechterhaltung eines unbeschwerten Kontakts und der respektvollen Anerkennung der Kultur.

REINHEITSGEBOTE

Linke Hand: In der Hindukultur wird die linke Hand als unrein betrachtet, da sie unter Benutzung von Wasser und ohne Verwendung von Toilettenpapier der Reinigung nach dem Toilettengang dient. Daraus folgt, dass diese Hand niemals während des Essens benutzt werden darf, denn die Nahrung würde dadurch verunreinigt werden.

Selbst wenn Sie mit Besteck essen, zum Mund geführt werden darf nur die rechte Hand. Aus der Unreinheit der linken Hand folgt auch, dass Sie zum Anreichen oder Entgegennehmen von Gegenständen wie etwa Geschenken, Lebensmitteln oder Visitenkarten ausschließlich die rechte Hand benutzen sollten. Waschen Sie sich immer vor und nach dem Essen die Hände, wie es Brauch ist. Sie finden überall, selbst in dem kleinsten *dhaba*, dafür eine Waschgelegenheit.

Speichel: Knabbereien schütten Sie am besten aus dem Schälchen in die rechte Hand und befördern sie ohne Lippenberührung in den Mund, da Speichel als unrein gilt und die Berührung damit vermieden werden muss. Aus diesem Grund ist es auch nicht angebracht, die Finger nach oder während des Essens abzulecken. Inder schütteln Essensreste an den Fingern mit schnellen Bewegungen auf den Teller und streben sofort zum Waschbecken, um die Hände zu waschen, oder gießen Wasser aus dem Krug auf dem Tisch über ihre Hand in den benutzten Teller. Die Sorge wegen der möglichen Verunreinigung durch Speichel ist es auch, die Inder die Lippenberührung mit dem Rand von Flaschen oder Bechern, die gleichzeitig von anderen benutzt werden, vermeiden lässt. Vielleicht wird aus diesem Grund, neben der üblichen Prüderie, auf der Filmleinwand kaum geküsst?

Nase: Ganz wichtig, putzen Sie sich niemals die Nase in Anwesenheit anderer. Inder empfinden dies als äußerst ungehörig.

Füße: *Sie* gelten als niederster und unreinster Körperteil und die Schuhe umso mehr. Achten Sie darauf, Ihre Schuhe abzulegen, sei es vor Betreten eines Tempels, des Heims eines Hindus oder vor einem Laden, wenn Sie dort eine Ansammlung Schuhe bemerken. Nehmen Sie, wenn Sie Ihre Schuhe abstellen, diese wiederum in die linke unreine Hand. Berühren Sie jemanden aus Versehen mit Ihren Füßen oder Schuhen, sollten Sie sich sofort entschuldigen. Die schwerste Beleidigung ist der Schlag mit einem Schuh. So schleudert das empörte Kinopublikum häufig Schuhe gegen die Leinwand, um Missfallen am Verhalten des Helden auszudrücken.

REINIGUNGSRITUALE

Ein wesentlicher Teil der rituellen Reinigung im Leben jedes Hindus ist die tägliche Reinigung des ganzen Körpers – *taking bath* – vor den Gebeten, speziell am Morgen, als Zeichen der Ehrerbietung gegenüber dem Gott. *Bath* bedeutet jedoch kein Bad in der Wanne. Hindus empfinden die westliche Gewohnheit, in der Wanne zu baden, als abstoßend, da sie keinesfalls in ihrem eigenen Dreck sitzen wollen. Gebadet wird unter fließendem Wasser. In der Mittelklasse unter der Dusche, bei einfachen Leuten wird das Wasser von den Frauen in Eimern vom Brunnen herbeigeschleppt und aus den Behältern über den Kopf gegossen. Die Armen nutzen die öffentlichen Pumpen an der Straße, wobei Frauen benachteiligt sind, da sie sich notwendigerweise bedeckt halten müssen. Nach dem Bad ist es wichtig, frische Kleidung anzulegen. Zu besonderen Ereignissen werden auch Bäder im Tempelteich oder in heiligen Gewässern vorgenommen.

Inder hegen Europäern gegenüber häufig das Vorurteil, dass diese wenig reinlich seien, da sie von der in ihren Augen geringen Sorgfalt der täglichen körperlichen Reinigungsrituale ausgehen statt vom sichtbaren Zustand der Außenwelt – so wie wir schnell den umgekehrten Schluss ziehen. Vorurteile global!

42 NOTFALL? *NO PROBLEM!*

SCHLAFENDE HUNDE WECKEN

Alma macht einen Satz. Um ein Haar hätte ihr die Wucht einer Welle den Boden unter den Füßen weggezogen. Die Sonne sinkt hinter die tanzenden Wipfel der Palmen, sendet letzte rosige Strahlen und hinterlässt das Meer graugrün mit einer Ahnung der kommenden Nacht. Donnernd werfen sich Wogen auf den Strand, verschlingen gierig Fläche um Fläche des sandigen Untergrunds und schicken weißen Schaum in langen Zungen die flachen Dünen hinauf. Alma geht schneller. Bevor die Dunkelheit hereinbricht, will sie zurück im Hotel sein.

Obwohl die Luft noch warm ist, spürt sie ein Frösteln. Das Gerippe eines Hotels, das der Tsunami zerstört hat, und der verlassene Strand wirken bedrohlich im schwindenden Licht. Alma fällt in Trab. Plötzlich stoppen sie geiferndes Gebell und heiseres Gekeuche, das von hinten kommt. Alarmiert fährt sie herum und sieht eine junge Frau wie ein flügelschlagendes Wesen hilflos mit den Händen wedelnd fliehen, eine Meute Hunde dicht auf den Fersen. Nach einer Schrecksekunde rennt Alma los, bückt sich im Laufen und fasst zwei Hände des feuchten Sands – Wurfgeschosse, mit denen sie die Tiere in Schach zu halten hofft, die von allen Seiten auf die junge Frau losstürmen. Da ertönt ein Pfiff. Alma fährt herum und sieht, wie sich zwei Gestalten aus dem Schatten unter den Palmen lösen. Zwei junge Männer, der eine mit einem Stock in der Hand, sprinten auf den Tumult zu. Nun zieht der andere den Gürtel aus den Schlaufen seiner Jeans, schwingt ihn über dem Kopf und brüllt wie ein Berserker. Schon haben sie die Hunde, die ihr Opfer eingekreist haben, erreicht und schlagen wild nach der Meute. Die Tiere heulen auf und ergreifen mit eingekniffenen Schwänzen und angelegten Ohren die Flucht. Sekunden später sind sie von der Dämmerung verschluckt.

Alma atmet auf. Sie nähert sich der Frau und reicht der am ganzen Körper Zitternden die Hand. Die greift nach ihr wie eine Ertrinkende. Alma führt sie behutsam über den Strand in Richtung Straße, die jungen Männer, stolze Retter, umgeben die beiden Frauen wie ein Schutzwall. Die Angegriffene, ganz sicher keine Inderin – rote Haare, helle Haut –, hinkt. Stammelnd erklärt sie, dass einer der Köter sie gebissen hat. Im Halbdunkel sieht Alma tiefe Abdrücke von Zähnen, die durch das Hosenbein in die Wade gedrungen sind. Blutstropfen treten aus, die junge Frau krempelt ihr Hosenbein ein Stück hoch. Rund um die Wunde schwellen blutunterlaufene Stellen an. Es hätte schlimmer sein können, doch Alma läuft es kalt den Rücken hinunter. Das Wort Tollwut schießt ihr wie ein Giftpfeil durch den Kopf. Eines ist klar: Die Frau muss sofort zum Arzt.

»*Doctor! Doctor!*«, ruft sie dem Fahrer der von den Jungen herbeigewunkenen Motorrikscha zu.

Gott sei Dank, der scheint sofort verstanden zu haben, wendet rasant und fädelt sich mit Alma und der Verletzten auf der Rückbank in den Verkehrsstrom zurück nach Mamallapuram ein. Kreuz und quer durch Seitenstraßen kurvend hält er schließlich vor einem Eingang mit flappendem rostrotem Vorhang, darüber auf die Mauer gemalte tamilische Zeichen.

»*Doctor*«, sagt der Fahrer.

Alma runzelt die Stirn. Ihr erscheint das Ambiente wenig vertrauenswürdig. Viel lieber wäre sie bei einer dieser schicken Privatkliniken gelandet, die es hier doch auch geben muss. Die Verletzte aber, vor Angst schlotternd, will keine Zeit verlieren. Sie steigt mit wackligen Beinen aus der Rikscha und kauert sich auf die Bank neben dem Vorhang. Alma hockt sich neben sie und nimmt ihre zitternde Hand. Als ein alter Mann mit einem klumpigen Verband um den Kopf heraustritt und unsicheren Schrittes davonschleicht, können sie eintreten. Eine winzige Frau im gelbroten Sari, dessen Ende im Luftzug des Deckenventilators flattert, sitzt kerzengerade und mit stolzem Gesichtsausdruck hinter einem ausladenden Schreibtisch, davor ein Schemel für Patienten. Sie grüßt knapp und schaut die Eintretenden durch ihre strassglitzernde Brille kühl an. Alma lehnt sich an die Wand. Sie hat das unangenehme Gefühl, ein lästiger Bittsteller zu sein. Und geschäftsmäßig kassiert die Ärztin – immerhin weist ein gerahmtes Dokument hinter ihr sie als solche aus – zuerst den Betrag für die Tollwutspritze und die Behandlung, bevor sie auch nur einen Blick auf die Wunde geworfen hat. Dann öffnet sie den klapprigen Kühlschrank in der Ecke und kramt nach dem Serum. Alma krümmt sich ein wenig vor Unbehagen. Wer weiß, wie lange der Impfstoff dort schon liegt? Ohne weitere Worte setzt die Ärztin die Spritze, die Patientin zuckt nicht einmal, so geschockt ist sie. Wundversorgung? Fehlanzeige. Auf Almas Frage kommt nur ein knappes *»no problem, it's okay«* von der Ärztin. Alma schüttelt den Kopf. Buschmedizin, denkt sie mit einem Anflug von Groll.

Als sie durch den Vorhang treten, sehen sie draußen auf der Bank zwei Frauen sitzen, die sie ängstlich mustern.

»Tja, leider, ihr habt allen Grund besorgt zu sein«, murmelt Alma, *»good luck!«*

What's the problem?

»Himmel, ja, Alma, du hast vollkommen recht. In solch einem Notfall ist das Beste gerade gut genug.«

In der Tat, es ist notwendig und vernünftig, bei einem Notfall eine moderne Klinik aufzusuchen. Die Risiken in den kleinen Praxen in der Provinz sind einfach zu hoch, da die hygienischen Bedingungen und die technische Ausrüstung meist unzureichend sind. Noch dazu finden Sie dort, wie in vielen anderen Bereichen in Indien, den Servicegedanken wenig ausgeprägt. Die Patienten haben sich den Bedürfnissen der Behandelnden anzupassen und, wie gegenüber Autoritäten üblich, jedweden Anspruch oder gar Kritik zu unterlassen. Leider ist es oftmals so, dass Sie in einer echten »Buschpraxis«, die von westlichen Medizinern als humanitäres Projekt geführt wird, irgendwo im Nirgendwo eine bessere medizinische Versorgung erhalten.

Und was ist bloß passiert, das die normalerweise friedlichen, ja sogar ängstlichen Hunde in wilde Bestien verwandelt hat? Hier können viele Faktoren eine Rolle spielen. Die Angegriffene kann in eine Revierauseinandersetzung rivalisierender Banden geraten sein, die nach Einbruch der Dämmerung den Strand beherrschen. Möglich, dass sie es unterlassen hat, durch Drohgesten ihre Rolle als Überlegene zu demonstrieren und somit die aggressive Energie auf sich gelenkt hat.

PARIAHUNDE

Schon seit Hunderten von Jahren leben in den asiatischen Gebieten die Pariahunde, verwilderte Haushunde, die keiner bestimmten Rasse angehören, da sie nie gezüchtet wurden. In Indien allgegenwärtig lebt der Pariahund als Nomade halbwild zumeist in Rudeln nahe menschlicher Siedlungen. *Paria* ist ein Begriff aus dem indischen Kastenwesen und bedeutet Ausgestoßene. Ringelschwänzig, große Stehohren, gelb bis orangefarbenes oder schmutzig braunes Fell, klein bis mittelgroß hat er sich in den vergangenen Jahren sprunghaft vermehrt und ist als Hauptverursacher der Tollwut beim Menschen zu einer nicht zu unterschätzenden Gefahr geworden. Allerdings werden die Hunde nur in den seltensten Fällen aggressiv. Meist sind sie ausgesprochen ängstlich, misstrauisch und schreckhaft. Eine hastige Handbewegung genügt, dass sie zusammenzucken. Sie kommen selten so nahe, dass sie gestreichelt werden könnten, denn sie haben ihre Lektion gelernt: Außer Fußtritten und Steinwürfen haben sie wenig von den Menschen zu erwarten.

TOLLWUT

Tollwut ist eine Virusinfektion, die eine fast immer zum Tode führende Gehirnhautentzündung auslöst. Indien gehört weltweit zu den Ländern mit der höchsten Zahl an Tollwuterkrankungen. Bisse von Hunden stellen das größte Risiko dar, hinzu kommt die Gefahr, durch Affenbisse und Verletzungen durch Fledermäuse infiziert zu werden. Falls ein Tollwutverdacht vorliegt und kein Impfschutz besteht, muss umgehend mit einer Tollwutbehandlung, optimalerweise innerhalb der nächsten 72 Stunden, begonnen werden. Das Risiko einer Infektion kann außerdem durch eine sofortige sorgfältige Wundversorgung drastisch reduziert werden.

Besonders Touristen, die Outdoor-Aktivitäten betreiben, sollten eine prophylaktische Tollwut-Schutzimpfung durchführen lassen.

No problem – relax!

Um erst gar nicht in unangenehme Situationen mit Pariahunden verwickelt zu werden, ist es sicherer, menschenleere Gelände und Strände nach Einbruch der Dunkelheit zu meiden oder sich zumindest mit einem Stock auszurüsten. Sollte Ihnen einmal einer zu nahe kommen, genügt es, ihn mit lauter Stimme anzuherrschen und eine Handbewegung zu machen, als wollten Sie einen Stein aufheben und schleudern. Er wird sich mit eingezogenem Schwanz zurückziehen. Sollten Sie doch einmal auf ein zutraulicheres Exemplar treffen, wenden Sie sich ihm auf keinen Fall zu – Sie werden ihn nie wieder los!

Obwohl der Gesundheitstourismus in Indien wegen der geringen Kosten und der qualifizierten Behandlung boomt, ist die medizinische Versorgung auf dem Land und in kleinen und mittleren Städten nicht mit der in Europa zu vergleichen. Häufig ist der Zustand der kommunalen Krankenhäuser auch in den großen Städten verheerend. Deshalb ist dringend anzuraten, wenn Sie als Tourist erkranken, sich in einer guten Privatklinik oder einer der renommierten Kliniken in den großen Städten behandeln zu lassen.

In Indien gibt es viele qualifizierte Ärzte mit Arbeitserfahrung im westlichen Ausland, die eigene Kliniken betreiben. Am besten, Sie informieren sich vorab, wo es in Ihrem Urlaubsgebiet vertrauenswürdige Ärzte, Zahnärzte und Kliniken gibt. Auf der Website des Deutschen Auswärtigen Amtes (www.auswaertiges-amt.de) finden Sie unter »Reise und Sicherheit« Listen mit Adressen von medizinischen Einrichtungen in den Städten, in denen es deutsche Vertretungen gibt.

Während Ihres Aufenthalts sollten Sie auch auf kleine Verletzungen ein Augenmerk haben, da sich wegen des Klimas auch kleinste Kratzer oder Mückenstiche leicht entzünden können oder sehr langsam verheilen. Reinigen Sie verletzte Stellen mit desinfizierenden Mitteln und achten Sie auf peinliche Sauberkeit. Schon Monate vor der Reise sollten Sie sich mit Ihrem Hausarzt beraten, welche Impfungen nötig sind. Auch die Tropeninstitute in Deutschland sind zur Vor- und gegebenenfalls Nachsorge sehr zu empfehlen. Folgende Impfungen sollten in jedem Fall aufgefrischt werden: Tetanus (Wundstarrkrampf), Diphtherie, Poliomyelitis (Kinderlähmung), Hepatitis A und B und Typhus. (Zur Malariavorsorge siehe Episode 21, Seite 138.) Ihre Reiseapotheke sollte neben den üblichen Medikamenten auch ein Mittel gegen Durchfall sowie ein Akutpräparat gegen Malaria und außerdem Desinfektionsmittel enthalten.

43 KONTAKTE? NO PROBLEM!

HI, MY FRIEND!

Flimmernder Staub, schlappe Wimpel am Tempel, Fliegen in taumelndem Tiefflug. Mittagstille und Hitze hüllen Alma und Cathy, das Opfer der Hundemeute, auf der Bank vor der »Buschpraxis« ein. Sie dösen in der Warteschleife, bis Cathy die nächste Injektion verabreicht bekommt.

Alma lässt voller Behagen die Gedanken wandern, streckt die Beine aus und gähnt.

Klappern und Quietschen. Sie öffnet ein Auge.

Ein Junge in Schuluniform auf einem staubigen Drahtesel, graue Hose, weißes Hemd, magere Handgelenke, lackschwarz geöltes Haar, stoppt direkt vor ihnen.

»*Hi!*«

Er stemmt die Füße in den zu großen Sandalen in den Boden, schiebt mit dem Zeigefinger die Brille, die auf seiner Nasenspitze balanciert, zur Stirn und starrt. Die Augen unnatürlich durch die Brillengläser vergrößert, starrt er gründlich – ein Forscher vor dem Objekt seiner wissenschaftlichen Passion. Im Visier hat er Cathy, die junge Frau mit den Sommersprossen und den kupferroten Locken.

»*Where are you coming from?*«

»*I come from Ireland but I live in England.*« Cathy nickt ihm zu.

Mehr Starren. Finger ans Kinn. Kopfwackeln.

»*Where is your husband?*«

»*I don't have a husband. I have a boyfriend, we are not married.*«

Noch mehr Kopfwackeln.

»*What are you working?*«

»*I'm trained as a teacher but I work in a bookshop.*«

Die Brille rutscht in Zeitlupe zur Nasenspitze. Kurzes energisches Kopfwackeln. Mit einem ungeduldigen Schubs wird die Brille wieder nach oben befördert.

»*You living in one country but coming from other.*«

Wackel, wackel.

»*You having boyfriend but not married.*«

Wackel, wackel.

»*You having profession but working another.*«

Wackel, wackel.

Stille.

»*Very confusing!*«

Der junge Forscher setzt einen Fuß auf das Pedal seines Fahrrads und radelt kopfwackelnd davon.

Jetzt starren Alma und Cathy. Sie starren ihm hinterher, wie er schwankend von einer Straßenseite zur anderen kurvt und im Abfall scharrende Hühner aufscheucht.

Perplex schauen sie sich an, heben die Schultern und drehen die Handflächen zum Himmel: »*Indeed!*«, und brechen in wildes bejahendes Kopfschütteln aus.

What's the problem?

»Alma, *my friend*, wie erfrischend! Ja, so sieht's nun mal aus: Wir Westler sind eine hochkomplizierte, äußerst befremdliche Gattung. Zuweilen selbst in unseren eigenen Augen.«

Unterwegs in Indien treffen Sie immer und überall auf Menschen, die Sie anstarren und sich zu selbsternannten Freunden machen: »*Hello, my friend! Want to visit my school?*«, oder sich mit dem allgegenwärtigen »Wie-heißt-du-wo-kommst-du-her-bist-du-verheiratet?«-Mantra an Ihre Sohlen heften. Und das in Situationen, wo Sie womöglich das Gefühl haben, kurz vor einem Hitzschlag zu stehen, die Orientierung verloren haben und Ihnen vor Durst die Zunge aus dem Hals hängt. Da geben Ihnen diese inquisitorischen Fragen einfach den Rest. Und Fakt ist, dass, auch wenn sich die meisten Reisenden zuweilen wie Angelina Jolie auf der Flucht vor Paparazzi fühlen mögen, der Wunsch nach Alleinsein Indern ziemlich schwer zu vermitteln ist. Selbst deutliche Signale, die zeigen, dass Sie Ihre Ruhe haben wollen, verhallen unverstanden. Kein Wunder, dass Sie da aus der Haut fahren möchten.

No problem – relax!

Als Ausländer, besonders als Weißer, werden Sie in Indien häufig auf der Straße angesprochen. Ihnen wird viel Aufmerksamkeit geschenkt, und oft stehen Sie im Mittelpunkt des Interesses, in ländlichen Gebieten werden Sie häufig einfach stumm angestarrt und verfolgt. Als lebendiges Exemplar eines Westlers sind Sie oft so etwas wie eine seltene Spezies. Auf dem Land haben viele noch nie einen Menschen mit heller Haut und blauen oder grünen Augen gesehen, und so sind Sie schlicht ein extrem interessantes Ereignis.

Immer wieder werden Sie erleben, dass sich spontan Begegnungen mit leichten Unterhaltungen ergeben, Tee wird spendiert, oft aus reiner Freundlichkeit. Bleiben Sie dennoch realistisch, auch die warmherzigsten Kontakte können sich nur in seltenen Fällen zu dauerhaften Freundschaften entwickeln. Nehmen Sie es als das, was es ist: ein schöner Augenblick. Vermeiden Sie romantische Ansichten über Freundlichkeit und Freundschaft, bleiben Sie wach. Die große Armut bewirkt eben doch häufig, dass ein westlicher Tourist einfach als guter Fang gesehen wird, der möglichst nutzbringend ausgenommen werden soll. Vertrauen Sie Ihren Instinkten und halten Sie eine gesunde Distanz zu den Bekanntschaften am Wege.

Wollen Sie mit jemandem ins Gespräch kommen, müssen Sie sich nur fünf Minuten an einem belebten Ort aufhalten, also praktisch überall in Indien. Wobei der Begriff »Gespräch« nur ungenau beschreibt, was wirklich stattfindet. Da das Reisen ins Ausland für viele Inder ein unerfüllbarer Traum ist – die meisten besitzen nicht einmal einen Pass, und ein Visum ist nur unter allergrößten Schwierigkeiten zu erhalten –, lieben sie den Kontakt mit Ausländern. Doch oft reichen die Sprachkenntnisse nicht aus, und es bleibt bei den immer gleichen Fragen, bei einem Frage-Antwort-Spiel mit geringen Variationen. Wundern Sie sich nicht, wenn Sie schon nach allerkürzester Bekanntschaft nach Ihrer Visitenkarte oder Adresse gefragt werden – Kontakte nach Europa oder in die USA zu haben, hebt das Ansehen.

Sie sollten sich in jedem Fall darauf einrichten, viele persönliche Fragen gestellt zu bekommen – *How old are you? How much money do you make? How much costs your watch?* –, die wir in Europa als viel zu aufdringlich empfinden, genauso wie immerzu angestarrt zu werden. Doch das Anstarren gilt nicht als unhöflich, bezeugt es doch ein lebendiges Interesse an dem anderen Menschen. Auch die distanzlosen Fragen sind nur eine Form der ersten Kontaktaufnahme; Inder lieben es zu kommunizieren, nehmen jede Gelegenheit dazu wahr und sind auch untereinander auf Reisen schnell im lebhaften Austausch.

Da Inder für gewöhnlich sehr dicht zusammenleben, sind persönlicher Raum und Rückzug für die meisten Menschen äußerst fremdartige Vorstellungen. Sie kommen gar nicht auf den Gedanken, dass jemand allein sein möchte, was auf Dauer sehr anstrengend sein kann. Auch wenn Ihnen die Annäherungen lästig sein sollten, so weisen Sie die gut gemeinten Gesprächsangebote nicht brüsk zurück. Antworten Sie kurz und freundlich. Oft sind die Fragenden schon nach ein paar Antworten zufrieden und ziehen ab. Und überlegen Sie sich am besten schon jetzt eine plausible Erklärung dafür, warum Sie gerade mit niemandem sprechen möchten – Ansagen, die zugegebenermaßen oft ohne Wirkung bleiben. Warum drehen

Sie nicht einfach den Spieß um und richten dieselben Fragen an Ihr Gegenüber? Das wird in den meisten Fällen erfreut aufgenommen. Möglicherweise finden Sie auf diese Weise etwas über das wirkliche Leben hinter den vielen Gesichtern heraus.

Louis Malle, französischer Filmemacher (1932–1995), reiste Anfang der 60er-Jahre durch Indien und dokumentierte in seinem Film an vielen Orten das indische Leben mit der Kamera.Gleich zu Beginn stellte er überwältigt fest: »Wir sind hergekommen, um *sie* zu beobachten, und nun sind sie es, die *uns* anschauen. Die Rollen sind vertauscht, wir sind es, die das Schauspiel darstellen.«

44 FAMILIENANGELEGENHEITEN (1)? *NO PROBLEM!*

NICHT OHNE MEINE SIPPE

»*Crazy! Totally crazy!*« Karthik fährt sich mit beiden Händen durchs Haar. »Die Hochzeit als größtes Ereignis im Leben, besessen von der Idee, zu heiraten – so sind wir Inder. Alle drehen komplett durch, Männer, Frauen, ganze Familien.«

Er windet seinen Hals in dem engen Stehkragen seines Brokat-*sherwani*. Sein Gesicht eine Grimasse der Qual. Nun fährt er mit dem Zeigefinger in den Kragen und zerrt daran.

»Egal, was du machst, erst mit der Heirat bist du wirklich ein Mann, dann hast du es geschafft. Dann *bist* du jemand und kannst mitreden. Und … *dammit!*«

Der oberste Knopf seiner goldglänzenden Jacke, ein kleiner Halbedelstein, ist abgesprungen und im hohen Bogen im Kies der Auffahrt verschwunden. Mit einem weiteren gemurmelten Fluch geht Karthik in die Hocke und stochert im Dunkeln zwischen den Steinchen herum.

»Ach ja?« Alma starrt auf seinen gebeugten Rücken. »Und wie kommt's, dass du dich mit deinen über dreißig Jahren bis jetzt ausklinken konntest aus dieser Massenbewegung?«

Karthik richtet sich auf. Alma mustert sein Gesicht, auf dem ein leichter Schweißfilm glänzt, die zusammengezogenen Brauen, den zusammengepressten Mund. Selbst seine Haare, ein widerspenstiger Wirbel über der Stirn, drücken Ärger und Trotz aus. Er weicht Almas Blick aus und sucht weiter mit den Augen den Boden ab.

»Das«, mit einem heftigen Tritt kickt er einen Stein in Richtung Parkplatz, »ist eine längere Geschichte.«

Er dreht sich um und geht mit großen Schritten auf den Eingang des Hotels zu. Als Alma ihn eingeholt hat, lassen sie sich schweigend in einer Woge aus seidenen Saris und Kindern in Tüllwolken unter einem von blinkenden Lichtern umrahmten Banner, groß wie eine Filmleinwand, hindurchtreiben. Mit glitzernden Lettern verkündet das Banner die Namen von Karthiks Cousine Radha und ihrem Verlobten Vikram sowie die Willkommensgrüße des Brautpaares.

Was Alma auf dem Rasen und in dem riesigen orientalischen Zelt erwartet, raubt ihr den Atem und offenbart ihr eine ganz neue Bedeutung des Begriffes *over the top*: Glitzernde Wasserfälle ergießen sich in opale Becken, Palmen, smaragdgrün ausgeleuchtet, blinken mit Tausenden von Lichtern, Früchte-Arrangements fluten über Tische und Podeste, Blütengirlanden umrahmen jeden Zentimeter des Märchenbildes, fassen jeden Weg ein und verströmen süße Düfte. Und hoch oben unter dem Dach des Zeltes leuchtet ein Sternenhimmel, der als Silberfeuerwerk in den unzähligen winzigen Spiegelscherben der Wände aufblitzt und mit den Klängen der tamilischen Flöten und Trommeln wetteifert. Inder mit Turbanen und Schärpen servieren Getränke auf Silbertabletts, und wie um das Gemälde vollkommen zu machen, wiegt sich in dem zum Meer hin offenen Zelteingang am Himmelsgewölbe die haarfeine Sichel des Mondes. Alma fühlt sich weggetragen und ins Reich der Zuckerfee der weihnachtlichen Nussknacker-Aufführungen ihrer Kindheit versetzt. Einmal Prinzessin sein, hier wird es wahr! Wie auf Wolken wandelt sie neben Karthik und Sunil durch die Menge, die Falten ihres Saris streichen bei jedem Schritt wie eine zärtliche Berührung um ihre Fesseln.

Karthik schleust sie durch die Menge der Familienmitglieder – es müssen Hunderte sein, schätzt Alma –, und sie begrüßt »die zweitälteste Cousine der Tante meiner Mutter« und den »Großonkel des jüngsten Sohns des Schwiegervaters meiner ältesten Schwester«. Schon bald wirbeln Namen und Gesichter unentwirrbar durch ihren Kopf, doch tapfer lächelt sie und spricht die gerade erst erlernten tamilischen Worte, die immer wieder Entzücken hervorrufen: »*Maalai vanakkam, romba sandoshan, nalwaarttukkal!*« (Guten Abend, sehr erfreut, Glückwünsche!) Sie wird überschüttet und überwältigt von Freundlichkeit und strahlendem Lächeln.

Die *auspicious time* rückt näher, der Zeitpunkt, der von den Astrologen beider Familien als der Glück verheißende Termin für die Eheschließung errechnet wurde. Schon trifft der Bräutigam von Männern seiner Familie eskortiert in einem weißen BMW, der den traditionellen Schimmel ersetzt, ein. Bald darauf, geleitet von Frauen ihrer Familie, erscheint die Braut in einem schimmernden Sari in Rot, der Farbe der Fruchtbarkeit, gold geschmückt, Jasminrispen wie eine Krone im tiefschwarzen Haar. Die Augen gesenkt nimmt sie auf dem Podest im Schneidersitz neben dem Bräutigam Platz. Vor ihnen lodert in einer Schale das heilige Feuer, über ihnen wölbt sich ein Blütenbaldachin. Alma seufzt tief – wie romantisch! Einem geheimnisvollen Magier gleich sitzt der Priester neben dem Feuerbecken und führt mit eleganten Gesten die uralten Rituale aus, in denen Früchte, Kokosnüsse, belaubte Zweige, Kräuter, Milch, Wasser, Samenkapseln und Pflanzenpulver in leuchtenden Farben eine tragende Rolle spielen. Eingebettet in den Klang seiner Mantras und den Rhythmus der Musik, das Lachen und Plaudern der Hochzeitsgesellschaft vollzieht das Brautpaar die rituellen Handlungen, die den Segen für ein glückliches und fruchtbares Eheleben besiegeln sollen. Da sitzen sie, die Augen auf die Hände des *pandit* gerichtet, kein Blick, kein Lächeln, keine Berührung, kein Wort zueinander – zwei Fremde.

Um Himmels Willen, grübelt Alma, wie würde sie selbst sich neben einem Mann fühlen, den sie nur wenige Male, vielleicht noch nie allein, gesehen hat und der innerhalb der nächsten zwei Stunden ihr Ehemann fürs Leben sein wird?

Als die Schalmeien lauter und lauter jubeln und die Trommeln immer heftiger feuern, legt der Bräutigam der Braut das *thali* (Hindi: *mangalsutra*) um, ein goldenes Schmuckstück an gelben zusammengezwirbelten Baumwollfäden, die die Verbindung der Familien symbolisieren, das Zeichen ihrer neuen Rolle als Ehefrau. Er knüpft den Knoten in ihrem gebeugten Nacken – jetzt sind sie Mann und Frau!

Die Menge flutet in einem Taumel der Begeisterung zum Podest. Alma mittendrin. Eine Frau häuft Blütenblätter in Almas Hände, Karthik ruft: »*Go!*«, und sie wird mitgerissen im Wirbel der Menschen, sieht Blumen auf das neuvermählte Paar regnen, holt mit Schwung aus – und über dem *pandit* sinken Blüten herab, gleiten über seine braunen Schultern und landen im Schoß seines *veshti*. Alma vernimmt Kichern neben sich und zuckt zusammen. Oh Schreck, wie peinlich! Am liebsten möchte sie weglaufen und sich in der Menge verdrücken. Doch sie kann den Blick nicht von der statuenhaften Gestalt des Priesters wenden. Irgendwie ..., sinniert sie, irgendwie sieht er aus wie ein Gott.

What's the problem?

»Jawohl, total verrückt, Alma«, lacht Friedrich. »Der Süden scheint dir den Kopf verdreht zu haben. Nicht überraschend, denn nirgendwo habe ich solch ein Lächeln getroffen, so viel wärmende Freundlichkeit und so viel Schönheit. Einige der berühmtesten Schönheiten des Hindi-Films kommen übrigens aus dem Süden, misstrauisch beäugt von den anderen Diven, die sie verächtlich der schwarzen (!) Magie bezichtigen. Und die Männer? Tja, da sorgen die Machos aus dem Norden schon dafür, dass die Konkurrenz hinter dem Dekkan-Plateau – dem Hochland also, das Indien in Norden und Süden teilt – in sicherer Distanz bleibt. Also kein Wunder, dass du geblendet von Schönheit den Falschen beworfen hast. *No problem!*

Alle Anwesenden haben die Hochzeitsrituale schon unzählige Male erlebt, und du als Neuling darfst da ruhig mal ein wenig daneben landen, meine ich.«

No problem – relax!

Lehnen Sie sich bei einer Hochzeitsfeier als Zuschauer eines opulenten Schauspiels zurück und genießen Sie die Pracht der Farben, der Klänge und der Wohlgerüche. Eine indische Hochzeit ist ein größeres und opulenteres Ereignis als es Hochzeitsfeiern in den meisten anderen Ländern der Welt sind. Besonders in der Mittelschicht ist die Hochzeit eine Angelegenheit, die den Status der Familie entschieden erhöhen kann, und gleichermaßen kann sie einen Statusverlust darstellen, wenn die hochfliegenden Erwartungen des Umfelds nicht erfüllt werden. Oft verschuldet sich die Familie der Braut, die nach der Konvention verpflichtet ist, die Hochzeit auszurichten und eine Mitgift zu bieten, auf Jahre, um die Hochzeit möglichst glanzvoll zu begehen. Vor dem Hintergrund der grassierenden Armut mag dieser Pomp und Luxus, der in der Mittelschicht blüht und der bei armen Menschen desaströse Anstrengungen voraussetzt, verstörend auf Sie wirken. Um mehr zu verstehen und Urteile und Wertungen zu vermeiden, ist es wichtig, ein wenig mehr über den gesellschaftlichen und kulturellen Hintergrund der Heirat in Indien zu wissen.

Das alles überragende gesellschaftliche Thema ist die Familie, und deshalb liegt der Fokus bei der indischen Hochzeit nicht auf dem Bund der beiden Individuen, sondern es geht vor allem um den Zusammenschluss zweier Familien. Die indische Gesellschaft feiert mit der Hochzeit die Familie als wichtigste Institution, die dem Einzelnen in einem Land, das kein soziales Netz kennt, Überlebenssicherheit bietet. Eine Erweiterung und Stärkung der Familie mindert die größte Angst des Individuums, allein gelassen zu werden. Familie ist quasi die indische Form der Sozialversicherung. Familie bedeutet Unterstützung in Notzeiten, Hilfe bei Krankheit,

Arbeitslosigkeit und Alter. Sie nimmt sich der Witwen, Behinderten, Verwaisten oder Unverheirateten an und spendet moralischen Beistand. In der wohlhabenden Schicht dient eine Heirat oft auch dazu, durch die Vereinigung der Familien Imperien zu erweitern, Macht und Einfluss zu steigern. Welche Absichten auch immer im Vordergrund stehen, klar ist: Das Wohl der Familie steht über den Bedürfnissen des Einzelnen.

Für die Brautleute stellt erst die Hochzeit, unabhängig vom Alter, den Übergang ins Erwachsensein dar. Damit sind auch sie an der Reihe, praktische Verantwortung innerhalb des Familienclans zu übernehmen. Die enge Verbindung der Familien nach der Heirat drückt sich sichtbar in der Tatsache aus, dass die Braut üblicherweise fortan im Haushalt der Eltern des Mannes lebt, zusammen mit dessen Geschwistern, Onkeln, Tanten, Nichten, Neffen und Großeltern. Viele Inder leben in solchen Großfamilien und sehen diese als Ideal. Selbst jene, die in der Kleinfamilie leben, pflegen einen intensiven Umgang mit ihrer Ursprungsfamilie und der gesamten Verwandtschaft nah und fern, wovon überfüllte Züge und gigantische Staus auf den Straßen zum Wochenende und besonders an Festtagen zeugen. Und so ist auch ein Hochzeitsfest *die* Gelegenheit, zu der sich die in alle Welt verstreuten Familienmitglieder, die manchmal Jahre getrennt waren, zusammenfinden, um ihre Familie zu feiern.

Wie sehr der traditionelle Gedanke der Familie im modernen Indien fortbesteht, zeigt wunderbar lebendig und humorvoll der autobiografisch gefärbte Roman »Two States« (2009) von Chetan Bhagat. Indiens junger Bestsellerautor erzählt hier von einem Paar aus Indiens Businesswelt, das sich gegen alle Widerstände, auch über den innerindischen Nord-Süd-Konflikt hinweg, nicht beirren lässt und erst dann heiratet, als es die beiden Familien zusammengeführt und deren Zustimmung und Segen erhalten hat. Diesen jungen hochgebildeten Indern aus der Mittelschicht ist der Gedanke nach wie vor vollkommen unerträglich, sich durch eine Eheschließung gegen den Willen der Familie von ihren Wurzeln zu trennen.

HINDUISTISCHE HOCHZEIT

In Indien ist die religiöse Hochzeitszeremonie rechtsgültig. Allerdings fordern die meisten Bundesstaaten eine gleichzeitige amtliche Registrierung, was kaum kontrolliert werden kann und nur im Falle der Beantragung eines Passes wichtig wird. Wenn die hinduistische Hochzeitszeremonie auch einem Grundmuster folgt, so sind doch die Hochzeitsriten landesweit unterschiedlich, abhängig von der ethnischen Gruppe, der Region, der Kaste und dem Wohlstand. Neuerdings sind z. B. in den großen Städten Massenhochzeiten sehr populär, bei der bis zu vierzig Paare gleichzeitig getraut werden, was die preiswerteste Lösung der Zeremonie darstellt. Allen Trauungen gemein ist: Es gibt keinen Vertrag, das Feuer bezeugt die Verbindung.

Ein heikles Thema in Zusammenhang mit der Heirat ist die Mitgift. Gesetzlich verboten, wird sie jedoch fast immer gefordert und gezahlt. Das kann bedeuten, dass Eltern mit mehr als einer Tochter in den Ruin getrieben werden oder dass sie mit der – wie es die heiligen Schriften bezeichnen – Sünde, eine Tochter nicht verheiratet zu haben, leben müssen. Grausame Realität ist, dass tausendfach Frauen aus Geldgier nach der Hochzeit, wenn die Summe zu niedrig war oder nicht vollständig gezahlt wird, einen sogenannten Haushaltsunfall erleiden: Sie verbrennen in der Küche, weil sich ihr Sari am offenen Feuer entzündet hat. Fast nie kann ein Mord nachgewiesen werden, und der Sohn ist frei, um die nächste Mitgift für die Familie zu kassieren.

45 FAMILIENANGE-LEGENHEITEN (2)? *NO PROBLEM!*

DIE BRAUT, DIE SICH WAS TRAUT

»Pst!« Karthik fasst Almas Arm und dirigiert sie vom Hochzeitszelt weg zum entfernten Saum des Meeres, wo die Schaumkronen der Wogen weiß in der Dunkelheit leuchten.

Alma folgt ihm barfuß durch den warmen Sand. Flöten und Trommeln, Gesang und Lachen, ein klingendes Band weht hinter ihnen her, immer wieder eingeholt vom Rollen und Dröhnen der Wellen. Den Sari gerafft, in der anderen Hand Gläser, Karthiks Finger auf ihrem Arm fühlt sich Alma wie ein Schulkind, das sich heimlich vom Unterricht davonstiehlt, und kann ein Lachen nicht unterdrücken. Bei den Schaukeln zwischen den Palmenstämmen ganz nah am Meer halten sie an. Alma gibt dem massiven Schaukelbrett einen Schubs, und an langen Seilen schwingt es hinaus zu den Wellen. Karthik füllt die Gläser und lässt sich auf einer der Schaukeln nieder. Alma setzt sich auf eine Schaukel gegenüber, lässt die Beine baumeln, und während beide am kühlen Weißwein nippen, schaukeln sie in Zeitlupe aufeinander zu.

»Und jetzt«, sagt Alma, »zurück auf Anfang.« Sie nimmt einen Schluck aus ihrem Glas. »Deine zu Beginn des Abends gekappte Story, die ›längere Geschichte‹, die möchte ich gerne hören.«

Ein Lachen lässt Karthiks Zähne weiß aufblitzen: *»My own private Bollywood movie?«*

Alma nickt.

»Okay. Kurzfassung?«

Sie brummt zustimmend. Mit einem Fuß im Sand stoppt Karthik seine Schaukel.

»Film ab«, stimmt er an, *»To Arrange or Not to Arrange.«*

ARRANGIERTE HEIRAT

Die große Abhängigkeit von der Familie als Lebensversicherung in einem Land ohne soziales Netzwerk gibt dem Akt des Heiratens eine hohe Bedeutung. Damit die Verbindung im ökonomischen Sinne langfristig produktiv ist, müssen die zukünftigen Brautleute in optimaler Weise zusammengeführt werden. Um die notwendigen Eckdaten wie gleicher finanzieller Hintergrund, Religion und Kaste zu sichern, ist es die Aufgabe der Kernfamilien, diese Ehen zu arrangieren.

Ursprünglich wurzelt die arrangierte Heirat in dem Brauch der Kinderheirat, die frühzeitig sicherstellen sollte, dass alles im Sinne der Familien geregelt wird. Dieser Brauch hat sich bis heute gehalten, und obwohl verboten – das Heiratsmindestalter für Frauen ist 18 Jahre und für Männer 21 Jahre –, finden in den Tempeln jährlich Tausende von Kinderhochzeiten statt.

Die ungebrochene Akzeptanz arrangierter Hochzeiten ergibt sich u. a. daraus, dass die Umstände einer solchen Heirat den veränderten sozialen Bedingungen des modernen Lebens angepasst wurden. Heutzutage sind arrangierte Heiraten in der Mittelklasse keine erzwungenen Heiraten mehr. Ein Arrangement im besten Sinne bedeutet, dass Eltern ihre Kinder darin unterstützen, ihre Lebenspartner gemäß den eigenen Vorlieben und Wünschen aus einem angemessenen sozialen Umfeld auszuwählen. Die Suche nach dem richtigen Partner ist eine große Verantwortung der Eltern. Oft werden sie dabei durch den erweiterten Familienkreis unterstützt. Sogenannte *matrimonials*, Heiratsbüros vor Ort oder im Internet, bieten dazu professionelle Hilfe an.

Sind die jeweiligen Familien sich einig geworden, besiegelt eine Verlobung den Pakt. Jetzt haben die zukünftigen Brautleute, die sich zuvor nur im Rahmen eines Treffens beider Familien gesehen haben, Gelegenheit, sich bei Zusammenkünften in Begleitung Verwandter, manchmal sogar alleine, kennenzulernen. Diese »Verlobungszeit« kann bis zu einem Jahr dauern. Sollte sich dann allerdings herausstellen, dass einer der Beteiligten aussteigt, wirft das schwere Probleme für die Familien auf. Gesellschaftlich stehen sie damit auf der Verliererseite. Sie haben ihr Gesicht als umsichtige Eltern verloren oder es wird ihnen gar unmöglich sein, den Jungen oder das Mädchen wieder einer Ehe zuzuführen. Viele Singles in Indien über dreißig sind Übriggebliebene einer solchen Familientragödie.

Natürlich kann auch bei der arrangierten Ehe nicht vorhergesagt werden, ob das Arrangement funktioniert – genauso wenig wie bei der üblichen Liebesheirat im Westen. Garantien gibt es nirgendwo. Einen Vorteil hat der Brauch der arrangierten Heirat vielleicht: Das Bewusstsein, dass eine erfüllte Ehe nicht vom Himmel fällt, bloß weil beide unsterblich ineinander verliebt sind, sondern viel Verständnis und Umsicht, ja Arbeit an der Beziehung von beiden Partnern verlangt, wird in Indien möglicherweise eher als Realität und Aufgabe akzeptiert.

Dass hinter all dem Sichfügen und der Übereinstimmung mit der Familie doch auch der Wunsch nach Romantik und dem ganz persönlichen Glück als Paar besteht, zeigt die überwältigende Zahl der indischen Filme, die sich mit Liebe und Ehe beschäftigt. *Mouna Ragam* (wörtlich: Leise Melodie; 1986) ist ein Kinoklassiker von Indiens anerkanntem Regisseur Mani Ratnam, in dem es um ein Paar geht, dessen Ehe von der Frau unfreiwillig geschlossen wurde, und die schließlich die Scheidung einreicht. Die beiden sind jedoch gezwungen, noch ein Jahr unter demselben Dach zusammenzuleben und lernen sich in dieser Zeit kennen, schätzen und lieben. Genau dieses Happy End erhoffen und erträumen sich all die jungen Paare in Indien von einer arrangierten Heirat.

Doch auch Liebesheiraten, die im Einverständnis mit den Familien geplant und durchgeführt werden, sind mehr und mehr akzeptiert. In der gut ausgebildeten Mittelschicht hat man verstanden, dass Ehen heute nur in Übereinstimmung der Partner bei gegenseitigem Verstehen Bestand haben können.

Karthik steht jetzt vor Alma, die gleichfalls die Schaukel gestoppt hat, und wühlt den Sand mit einem Fuß auf, bevor er weiterspricht. »Action! Kamera Close-up: Die stolzen Eltern strahlen. Alles ist arrangiert, alles Wesentliche geklärt, alles abgesprochen. Endlich, nach vier fehlgeschlagenen Versuchen. Ihr Sohn hat Ja gesagt zu diesem einen, besonderen Mädchen. Mit ihr wäre er sogar um die Bäume getanzt, wenn es das Drehbuch verlangt hätte, denn sie soll es sein!

Spät am Abend vor der Verlobung klopft es an der Tür: Sie ist es! Doch sie ist nicht allein. Ein Mann ist bei ihr. Sie schluchzt und klammert sich an ihren Begleiter: ›Dies ist die Liebe meines Lebens. Schon lange!‹ Ihn will sie, keinen anderen. Ihre Eltern wissen nichts davon, doch sie weiß jetzt, wenn sie einen anderen heiraten muss, bringt sie sich um. Er sich auch.

Kamera Close-up: Die Gesichter der am Boden zerstörten Eltern. Das Schlimmste wurde offenbar, alles zerbrochen, es ist der Tag des Desasters.

Kamera Totale: Der Junge wandert auf einer einsamen Straße ins Off und singt ein herzzerreißendes Lied. *Intermission.*«

»Karthik, das ist ja total *filmi*! Wie schrecklich! Sag schnell, was passiert nach der Pause?«

»Wie soll ich das wissen?« Karthik zieht die Schultern hoch und breitet die Arme aus, die Handflächen zum Nachthimmel geöffnet. »Die Pause dauert doch erst vier Jahre.«

Er nimmt Alma das leere Glas aus der Hand.

»Und du? Was ist mit dir? Was läuft bei dir dort drüben? *Movie? Opera?*«

»Ach«, lächelt Alma, »das ist eine längere Geschichte.«

Sie umfasst die Seile mit einem festen Griff, lehnt sich weit nach hinten und nimmt Schwung. Und nun fliegt sie auf der Schaukel hinaus in die warme indische Nacht, über das Glitzern und Leuchten des Meeres. Nur noch ein winziges bisschen höher, und ihr großer Zeh berührt den Mond.

What's the problem? – No problem – relax!

Friedrich rutscht tiefer in seinen Sessel und räkelt sich. Draußen schneit es schon wieder. Wird der Frühling niemals kommen? Seine Gedanken wandern nach Indien: »Alma, liebe Alma, Schluss mit den ollen Problemen! Wärme, Mondschein, Lächeln – Indien? *No problem!* Genieß das Leben!

Ja, unschicklicherweise hast du als Frau auf einer Hochzeit Alkohol getrunken. Na und? Hat doch keiner gesehen. Und du bist mit dem Prinzen in der Nacht verschwunden? Super, einmal Prinzessin sein. Hab Spaß!

Übermorgen schon geht dein indisches Reiseabenteuer zu Ende. Ich freu mich auf dich in unserer kalten Heimat und bin stolz auf dich, Alma. Du hast dich gut geschlagen auf dem fremden Planeten. Und ich bin sehr gespannt auf die dreiundfünfzig weiteren Fettnäpfchen, die du mir bislang verschwiegen hast! *Phir milenge, appuram paarkkalaam* – bis bald!«

EPILOG

MOTHER INDIA

»Willkommen zurück in Struktur und Ordnung. Willkommen zurück im, nun ja, Vaterland!« Mit diesen Worten hat Friedrich Alma in seiner Küche in die Arme geschlossen. »Wie wird dir das alles wohl schmecken nach dieser Packung Chaosfrohsinn, Sinnlichkeit, Wärme und Gewusel?«

»Ach«, lacht Alma, »ich möchte das alles hier nicht missen. Hier bin ich zu Hause. Zuerst muss ich mich allerdings an die Stille gewöhnen, diese unendliche Stille. Meine Ohren glauben immer noch an einen Gehörverlust.«

Unterwegs nach Hause, auf der Museumsinsel, stützt Alma die Arme auf ein Geländer an der Spree und lässt den Blick schweifen: daheim. Unten am Kai stößt ein Ausflugsschiff schwarze Dieselwolken aus und legt im Rückwärtsgang mit schäumender Heckwelle ab.

Da! Ganz vorne an der Spitze auf dem vollgepackten Oberdeck erspäht Alma drei dunkelhäutige Männer: adrette Windjacken, tiefschwarzes, korrekt gescheiteltes Haar, Kameras wie Monstranzen zum Ufer erhoben. Ihr Herz hüpft, sie lacht auf vor Freude, lehnt sich weit übers Geländer und wedelt mit den Armen: »Hallo! Hallo!«

Das Boot dreht langsam zur Mitte des Flusses. Einer der Männer hat Alma entdeckt, er hebt die Hand.

»*Are you from India?*«, überschreit Alma das Röhren der Maschinen.

»*Yes, yes, India. Bangalore!*«

Alle drei drängen sich zur Reling, ihre Kameras auf Alma gerichtet. Alma stellt sich auf die Zehenspitzen: »*Great!*« Die Hände zum Trichter vor dem Mund geformt ruft sie: »*I love India!*«

Das Boot nimmt Fahrt auf und langsam verschwindet es mit den dreien unter der Brücke. Ihr Lachen blitzt bis zuletzt zu Alma herüber, die immer noch winkt.

Sie ist glücklich. Gerade hat sie ihre Sehnsucht auf die Reise geschickt, zurück zu *Mother India*, heim ins Mutterland.

DANKSAGUNG

An dieser Stelle möchte ich mich bei denjenigen Menschen bedanken, die mich im Prozess der Entstehung dieses Buches unterstützt haben. Allen voran danke ich meiner Lektorin Julia Kaufhold für ihre kompetente, einfühlsame und inspirierende Arbeit. Mein herzlichster Dank für Anregungen, Feedback und Information geht an: Hans-Peter Adamski, Kaaren Beckhoff, Anke Burger, Selvam Desappan, Andreas Greiffenhagen, Vinnakota Gupta, Dr. Arne Harms, Ute John, Ingrid Kaech, Gunhild Kronenberg, Rafaela Kunz, Helen Leutloff, Devagy Manoharen, Kalam Sri Prakash Narayana, Kerstin Nelson, Gabriele Nöldner, Sheik Babu Basha Pran, Anuya Rane, Ronald Richter, Sandra Ripke, Marlies Schlippes, Horst Schmidt, Artur Senger, Vishakha Tak, Rohan Sehgal, Lalita Vajra, Satiadev Vasigala, Prof. Dr. Andreas Waldraff , Dr. Corinna Wessels-Mevissen und Lisa Zimmermann. ...

GLOSSAR

Sofern nicht anders vermerkt, sind die genannten Begriffe in den Sprachen Hindi oder Englisch notiert.

aap se milkar bahut khushi hui	sehr erfreut, Sie zu treffen
Aashray Adhikar Abhiyan	Nichtregierungsorganisation, die sich um Obdachlose und Bettler kümmert
achaa	gut/ach so/nun
achkan	knielange, durchgeknöpfte Jacke mit Stehkragen, auch als *Nehru jacket* bekannt, ähnelt dem → *sherwani,* der länger ist
agarbatti	Räucherstäbchen
Agra	Stadt im nordindischen Bundesstaat Uttar Pradesh, wo sich das Taj Mahal befindet
aiee, aiee!	kommt, kommt! (Singular: *aao!*)
aloo sabji	Kartoffelgemüse
Ambassador	Autotyp von Hindustan Motors, seit über 50 Jahren fast unverändert produziert
appuram!	tschüss! (Tamil)
appuram paarkkalaam!	bis bald! (Tamil)
Aravid Adiga	indischer Bestsellerautor in englischer Sprache; »Der weiße Tiger« (2008)
arrey!	he!
ashram	Ort der religiösen Suche und Praxis; Aschram
atithee devo bhava	der Gast ist Gott
auto	anderes Wort für Motorrikscha
ayaa	Kindermädchen

badshah	Herrscher
bahut achaa	vorzüglich
baitii daadii	setz dich, Großmütterchen!
bakshisch	Geldgabe
Banarasi Sari	Sari aus Benares/Varanasi
baraat	Hochzeitszug des Bräutigams
barsaati	Häuschen auf dem Flachdach eines Wohnhauses
bas!	genug!
bhang	leichtes Haschisch, traditionell in der → *lassi* getrunken
billu	Registrierungsplakette der → *kulis*
Bindeshwar Pathak	Soziologe, der eine Toilette neuer Art für Indien erfunden hat
bindi	punktförmiges Schmuckzeichen für Frauen auf der Stirn über der Nasenwurzel
Bisleri	populäres abgepacktes Wasser
Bodhgaya	Stadt von Buddhas Erleuchtung in Bihar/Nordindien
bodhi	Erleuchtung
bodhi-Baum	Pappelfeige
bolo!	rede!/sprich!
British Raj	Kolonialherrschaft der Briten
burning ghat	hinduistische Toten-Verbrennungsstätte
cella	allerheiligster Raum im Tempel, der die wichtigste Götterstatue beherbergt
chai	gesüßter schwarzer Tee mit Gewürzen und Milch
chalo!	auf geht's!
channe	Kichererbsen, auch chole genannt

chapati	Fladenbrot aus einer Vollkornmischung aus Weizen, Gerste und Hirse → *puri*
charas	Haschisch
charpai	mit Seilen bespanntes, niedriges, vierfüßiges Gestell; (Ruhe-)Bett
Chetan Bhagat	Indiens meistverkaufter, englisch schreibender Autor aller Zeiten; »Two States« (2009)
chillum	Haschischpfeife
chole	Kichererbsen, auch channe genannt
choli	Leibchen zum Sari, oft blouse genannt
chutney	scharf-pikante Soße cremiger Konsistenz
crorepati	Millionär
curry	Eintopfgericht in würzig sämiger Soße
dal	Linsengericht
dalits	wörtlich: die Niedergetretenen; Selbstbezeichnung der sog. Unberührbaren; niederste Kaste
darshan	Zusammentreffen von spirituellem Meister und Schüler
Dekkan	Hochplateau, das Indien in Norden und Süden teilt
Delhi Belly	Durchfallerkrankung
dhaba	Garküche an der Straße, Einfachst-Restaurant
dhobi-wallah	Wäscher
dhoti	traditionelles Beinkleid für Männer, das hosenartig um die Beine geschlungen wird
dil	Herz
dilli-wallah	Bewohner Neu-Delhis
diya	Öllämpchen aus Ton
dosa	Reismehlpfannkuchen (Tamil)

dupatta	Schal zum → *salvar kameez*
ek minute	eine Minute
Eve teasing	beschönigender Ausdruck für das Belästigen von Frauen
filmi	dramatisch, Film betreffend
firangi	Weißer
frangipani	Blüte des Tempelbaums, bei Bestattungen verwendet
Gandhi	Mohandas Karamchand Gandhi, 1869–1948, geistiger Führer der indischen Unabhängigkeitsbewegung, die 1947 das Ende der britischen Kolonialherrschaft über Indien gewaltfrei herbeiführte.
Ganga	Ganges; heiliger Fluss in Nordindien; Göttin
ganja	Marihuana
garibi hatao	Kampf der Armut (Indira Gandhi im Wahlkampf 1971)
garlanding	jemandem als Ehrbezeugung eine Girlande aus Blüten umlegen
ghats	Stufen, die in ein Gewässer führen; Gebirgshänge
ghee	Butterschmalz
Government Emporia	staatliche Geschäfte, die traditionelle Handwerksprodukte und Kunsthandwerk verkaufen
Grand Trunk Road	Nationalstraße in Nordindien
guru	(spiritueller) Lehrer
halva	Süßigkeitenspezialität aus Ölsamen, Honig oder Zucker, oft mit Pistazien, Mandeln oder Kakao verfeinert
harijan	Kinder Gottes; von Gandhi geprägter Begriff für die sog. Unberührbaren
hero/heroine	Filmstar

hijras	Menschen mit zwitterhaften oder uneindeutigen Geschlechtsmerkmalen
hill station	hochgelegene Sommerfrische der Engländer
Holi	hinduistisches Frühlingsfest, das mit religiösen Ritualen und Farbenschlachten begangen wird
hotel	einfaches Restaurant; Hotel
idli	Reismehl-Linsenküchlein (Tamil)
illai	nein/nicht (Tamil)
Indian Institute of Sciene	indische Elite-Universität
Indian Railways	staatliche indische Eisenbahngesellschaft
Indira Gandhi	Premierministerin Indiens (1966–1977 und 1980–1984)
jaldi-jaldi!	schnell!
jalebi	Sirupgebäck
jao-jao!	hau ab!
kaapi	Milchkaffe (Tamil)
Kashi	alter Name Varanasis/Benares
Kingfisher/Cobra	bekannte indische Biersorten
koi baat nahin	macht nichts/kein Problem
kuli	Träger auf indischen Bahnhöfen
Kumbh Mela	größtes Hindufest, das alle 12 Jahre stattfindet
kumkum	rote Paste aus der Kurkumawurzel, die auf der Stirn aufgetragen wird; → *tilak*
kurta	traditionelles knielanges, kragenloses Hemd für Männer, an den Seiten geschlitzt
lassi	traditionelles Joghurtgetränk
lathi	schmale Bambuslatten; Waffe der Polizei
lungi	langes Tuch, das von Männern um die Hüften geschlungen getragen wird

maa	Mutter
maalai vanakkam	Guten Abend (Tamil)
Mahindra	indische Automarke
mala	(Gebets-)Kette
mangalsutra	Kette mit Anhänger für Frauen als Zeichen der Verheiratung → *thali*
Mani Ratnam	hoch geschätzter indischer Regisseur und Produzent aus dem südindischen Bundesstaat Tamil Nadu
mantra	formelhafte Wortfolge während eines Gebets
Marine Drive	3 km lange Promenade entlang der Bucht am Arabischen Meer in Mumbai
Marnikarnika Ghat	größte Verbrennungsstätte in Varanasi
garam masala	intensive, scharfe Gewürzmischung
naan	Hirse- oder Weizenmehlfladen mit Hefe
naashtaa	Frühstück
nada brama	die Welt ist Klang – hinduistischer Weisheitssatz
Nairman Point	Distrikt am südlichen Ende des → *Marine Drive* in Mumbai
nalwaarttukkal!	herzlichen Glückwunsch! (Tamil)
namaste/namaskar	gleichwertige Grußformeln; beide sowohl zur Begrüßung als auch zum Abschied
neem-Baum	immergrüner hoch wachsender Baum; Heilpflanze
nimbu pani	Sodawasser mit Zitronensaft
nirvana	Erlösung aus dem Kreislauf des Leidens und der Wiedergeburten
Odomos	indisches Anti-Mückenmittel
Oyyooyoo!	ach herrje! (Tamil)
paan	Mischung aus Arecanuss, Gewürzen und ggf. Tabak zum Kauen; in Betelblätter gerollt

paise	Hundertstel einer Rupie; allgemein für (Klein-)Geld
pakora	in Kichererbsenmehl frittierte Küchlein mit Gemüse
pandit	religiöser Gelehrter oder Priester; auch Meister in der Musik
paratha	Weizenpfannkuchen
petticoat	Unterrock zum Sari
phir milenge!	bis bald!
prasad	geweihte Speise
puri	frittiertes → *chapati*
Ram! Ram!	Anrufung des Gottes Rama, Inkarnation von Vishnu
rikshaw	Rikscha; Personenbeförderungsmittel, als Motorrikscha oder Fahrradrikscha gebräuchlich
romba sandoshan	sehr erfreut (Tamil)
roti	Fladenbrot, dünnere Variante des → *chapati*
Rudyard Kipling	britischer Schriftsteller (1865–1936); »Das Dschungelbuch« (1894)
sabkutch	alles
sadhu	heiliger Mann im Hinduismus
Salman Rushdie	indisch-britischer Bestsellerautor; »Die satanischen Verse« (1988)
salvar kameez	Kleidungskombination für Frauen aus pyjamaartiger Hose und losem Hemd
sambar	scharfe Tomaten-Linsen-Soße (Tamil)
samosa	gefüllte dreieckige Teigtasche
sari	klassisches indisches Kleidungsstück für Frauen
shabash!	bravo!
shanti	Frieden

Shashi Tharoor	indischer Politiker, ehemaliger UNO-Mitarbeiter und profilierter Autor; »Der große Roman Indiens« (1989)
Shatabdi Express	Schnellzug der indischen Eisenbahn
sherwani	durchgeknöpfter, wadenlanger Mantel mit Stehkragen, ähnlich dem → *achkan*, der kürzer ist
shishya	Schüler eines Gurus
shukria	danke
sindur	zinnoberrote Pigmentfarbe, die auf der Stirn und auf dem Scheitel verheirateter Frauen aufgetragen wird
sleeper	einfache Schlafwagenklasse
tabla	nordindische Trommel
Tamil	Sprache, die in Tamil Nadu, Südindien und Sri Lanka gesprochen wird
thali	Kette mit Anhänger für Frauen als Zeichen der Verheiratung (Tamil) → *mangalsutra*
tiffin	stapelbare Edelstahldosen für Essen
tilak	punktförmiges Segenszeichen auf der Stirn aus → *kumkum* oder → *sindur*
toy trains	Schmalspurbahnen, die zu den → *hill stations* fahren
tulsi	indisches Basilikum; heilige Pflanze
underworld	indische Mafia
Urvashi Butalia	indische Historikerin und Feministin
vanakkam	willkommen/guten Tag (Tamil)
veshti	südindischer → *lungi*
vibuti	heilige Asche
Vikram Seth	englisch schreibender indischer internationaler Bestsellerautor; »Eine gute Partie« (1993)

Packender Erfahrungsbericht über eine Wanderung durch die Mongolei

Zu Fuß und ganz auf sich allein gestellt durchqueren die 22-jährige Franziska und ihr Freund Felix den Westen der Mongolei. Ihr Weg führt sie mitten ins Nirgendwo, wo es weder feste Pfade noch Wegweiser gibt und wo sie tagelang keiner Menschenseele begegnen. Mit dabei: ein Zelt, Astronautennahrung und ein paar uralte russische Militärlandkarten.

Franziska und Felix quälen sich Berge hoch und fallen Böschungen runter, sie stecken in reißenden Gletscherflüssen fest und werden von einer donnernden Herde Yaks umzingelt. In der Einsamkeit haben sie aber auch seltene, magische Begegnungen. Und sie lernen viel über sich als Paar, das durch die extreme Erfahrung über sich hinauswächst.

Franziska Bär
Ins Nirgendwo, bitte!
Zu Fuß durch die mongolische Wildnis

ISBN 978-3-95889-179-1
ISBN 978-3-95889-208-8

CON BOOK.